Diogenes Taschenbuch 24214

de
te
be

STEFAN ZWEIG wurde 1881 in Wien als Sohn einer wohlhabenden jüdischen Kaufmannsfamilie geboren. Der Romancier, Lyriker, Biograph, Übersetzer, Journalist – schon zu Lebzeiten ein Bestsellerautor – emigrierte 1934 über London nach Brasilien, wo er 1942, verzweifelt über den Verlust seiner »geistigen Heimat Europa«, seinem Leben ein Ende setzte.

Stefan Zweig

Sternstunden der Menschheit

Vierzehn historische Miniaturen

Diogenes

›Sternstunden der Menschheit‹
erschien erstmals 1927 als Teilsammlung
von fünf historischen Miniaturen im Insel-Verlag, Leipzig
Die vorliegende Fassung basiert auf
der Ausgabe *Sternstunden der Menschheit*
von Stefan Zweig, S. Fischer Verlag, Frankfurt am Main
Covermotiv: Foto von Todd Gipstein (Ausschnitt)

info@diogenes.ch · www.diogenes.ch
In Fragen zur Produktsicherheit (GPSR):
truepages UG (haftungsbeschränkt)
Westermühlstraße 29, 80469 München
info@truepages.de
ASR/22/852/5
ISBN 978 3 257 24214 0

Inhalt

Vorwort

Kein Künstler ist während der ganzen vierundzwanzig Stunden seines täglichen Tages ununterbrochen Künstler; alles Wesentliche, alles Dauernde, das ihm gelingt, geschieht immer nur in den wenigen und seltenen Augenblicken der Inspiration. So ist auch die Geschichte, in der wir die größte Dichterin und Darstellerin aller Zeiten bewundern, keineswegs unablässig Schöpferin. Auch in dieser »geheimnisvollen Werkstatt Gottes«, wie Goethe ehrfürchtig die Historie nennt, geschieht unermesslich viel Gleichgültiges und Alltägliches. Auch hier sind wie überall in der Kunst und im Leben die sublimen, die unvergesslichen Momente selten. Meist reiht sie als Chronistin nur gleichgültig und beharrlich Masche an Masche in jener riesigen Kette, die durch die Jahrtausende reicht, Faktum an Faktum, denn alle Spannung braucht Zeit der Vorbereitung, jedes wirkliche Ereignis Entwicklung. Immer sind Millionen Menschen innerhalb eines Volkes nötig, damit ein Genius entsteht, immer müssen Millionen müßige Weltstunden verrinnen, ehe eine wahrhaft historische, eine Sternstunde der Menschheit in Erscheinung tritt.

Entsteht aber in der Kunst ein Genius, so überdauert er die Zeiten; ereignet sich eine solche Weltstunde, so schafft sie Entscheidung für Jahrzehnte und Jahrhunderte. Wie in der Spitze eines Blitzableiters die Elektrizität der ganzen Atmosphäre, ist dann eine unermessliche Fülle von Geschehnissen zusammengedrängt in die engste Spanne von Zeit. Was ansonsten gemächlich nacheinander und nebeneinander abläuft, komprimiert sich in einen einzigen Augenblick, der alles bestimmt und alles entscheidet: Ein einziges Ja, ein einziges Nein, ein Zufrüh oder ein Zuspät macht diese Stunde unwiderruflich für hundert Geschlechter und bestimmt das Leben eines Einzelnen, eines Volkes und sogar den Schicksalslauf der ganzen Menschheit.

Solche dramatisch geballten, solche schicksalsträchtigen Stunden, in denen eine zeitüberdauernde Entscheidung auf ein einziges Datum, eine einzige Stunde und oft nur eine Minute zusammengedrängt ist, sind selten im Leben eines Einzelnen und selten im Laufe der Geschichte. Einige solcher Sternstunden – ich habe sie so genannt, weil sie leuchtend und unwandelbar wie Sterne die Nacht der Vergänglichkeit überglänzen – versuche ich hier aus den verschiedensten Zeiten und Zonen zu erinnern. Nirgends ist versucht, die seelische Wahrheit der äußern oder innern Geschehnisse durch eigene Erfindung zu verfärben oder zu verstärken. Denn in jenen sublimen Augenblicken, wo sie vollendet gestaltet, bedarf die Geschichte keiner nachhelfenden Hand. Wo sie wahrhaft als Dichterin, als Dramatikerin waltet, darf kein Dichter versuchen, sie zu überbieten.

Flucht in die Unsterblichkeit
Die Entdeckung des Pazifischen Ozeans
25. September 1513

Ein Schiff wird ausgerüstet

Bei seiner ersten Rückkehr aus dem entdeckten Amerika hatte Kolumbus auf seinem Triumphzug durch die gedrängten Straßen Sevillas und Barcelonas eine Unzahl Kostbarkeiten und Kuriositäten gezeigt, rotfarbene Menschen einer bisher unbekannten Rasse, niegesehene Tiere, die bunten, schreienden Papageien, die schwerfälligen Tapire, dann merkwürdige Pflanzen und Früchte, die bald in Europa ihre Heimat finden werden, das indische Korn, den Tabak und die Kokosnuss. All das wird von der jubelnden Menge neugierig bestaunt, aber was das Königspaar und seine Ratgeber am meisten erregt, sind die paar Kästchen und Körbchen mit Gold. Es ist nicht viel Gold, das Kolumbus aus dem neuen Indien bringt, ein paar Zierdinge, die er den Eingeborenen abgetauscht oder abgeraubt hat, ein paar kleine Barren und einige Handvoll loser Körner, Goldstaub mehr als Gold – die ganze Beute höchstens ausreichend für die Prägung von ein paar hundert Dukaten. Aber der geniale Kolumbus, der fanatisch immer das glaubt, was er gerade glauben will, und der eben so glorreich mit seinem Seeweg nach Indien recht behalten hat, flunkert in ehrlicher Überschwenglichkeit, dies sei nur eine winzige erste Probe. Zuverlässige Nachricht sei ihm gegeben worden von unermesslichen Goldminen auf diesen neuen Inseln; ganz flach, unter dünner Erdschicht, läge dort das kostbare Metall in manchen Feldern. Mit einem gewöhnlichen Spaten könne man es leichthin aufgraben. Weiter südlich aber seien Reiche, wo die Könige aus goldenen Gefäßen becherten und das Gold geringer gelte als in Spanien das Blei. Berauscht hört der ewig geldbedürftige König von diesem neuen Ophir, das sein eigen ist, noch kennt man Kolumbus nicht genug in seiner erhabenen Narrheit, um an seinen Versprechungen zu zweifeln. Sofort wird für die zweite Fahrt eine große Flotte ausgerüstet, und nun braucht man nicht mehr Werber und Trommler, um Mannschaft zu heuern. Die Kunde von dem neuentdeckten Ophir, wo das Gold mit bloßer Hand aufgehoben werden kann, macht ganz Spanien toll: zu Hunderten, zu Tausenden strömen die Leute heran, um nach dem El Dorado, dem Goldland, zu reisen.

Aber welch eine trübe Flut ist es, welche die Gier jetzt aus allen Städten und Dörfern und Weilern heranwirft. Nicht nur ehrliche Edelleute melden sich, die ihr Wappenschild gründlich vergolden wollen, nicht nur verwegene Abenteurer und tapfere Soldaten, sondern aller Schmutz und Abschaum Spaniens schwemmt nach Palos und Cadiz. Gebrandmarkte Diebe, Wegelagerer und Strauchdiebe, die im Goldland einträglicheres Handwerk suchen, Schuldner, die ihren Gläubigern, Gatten, die ihren zänkischen Frauen entfliehen wollen, all die Desperados und gescheiterten Existenzen, die Gebrandmarkten und von den Alguacils

Gesuchten melden sich zur Flotte, eine toll zusammengewürfelte Bande gescheiterter Existenzen, die entschlossen sind, endlich mit einem Ruck reich zu werden, und dafür zu jeder Gewalttat und jedem Verbrechen entschlossen sind. So toll haben sie einer dem andern die Phantasterei des Kolumbus suggeriert, dass man in jenen Ländern nur den Spaten in die Erde zu stoßen brauche, und schon glänzten einem die goldenen Klumpen entgegen, dass sich die Wohlhabenden unter den Auswanderern Diener mitnehmen und Maultiere, um gleich in großen Massen das kostbare Metall wegschleppen zu können. Wem es nicht gelingt, in die Expedition aufgenommen zu werden, der erzwingt sich anderen Weg; ohne viel nach königlicher Erlaubnis zu fragen, rüsten auf eigene Faust wüste Abenteurer Schiffe aus, um nur rasch hinüberzugelangen und Gold, Gold, Gold zu raffen; mit einem Schlage ist Spanien von unruhigen Existenzen und gefährlichstem Gesindel befreit.

Der Gouverneur von Española (dem späteren San Domingo oder Haiti) sieht mit Schrecken diese ungebetenen Gäste die ihm anvertraute Insel überschwemmen. Von Jahr zu Jahr bringen die Schiffe neue Fracht und immer ungebärdigere Gesellen. Aber ebenso bitter enttäuscht sind die Ankömmlinge, denn keineswegs liegt das Gold hier locker auf der Straße, und den unglücklichen Eingeborenen, über welche die Bestien herfallen, ist kein Körnchen mehr abzupressen. So streifen und lungern diese Horden räuberisch herum, ein Schrecken der unseligen Indios, ein Schrecken des Gouverneurs. Vergebens sucht er sie zu Kolonisatoren zu machen, indem er ihnen Land anweist, ihnen Vieh zuteilt und reichlich sogar auch menschliches Vieh, nämlich sechzig bis siebzig Eingeborene jedem Einzelnen als Sklaven. Aber sowohl die hochgeborenen Hidalgos als die einstigen Wegelagerer haben wenig Sinn für Farmertum. Nicht dazu sind sie herübergekommen, Weizen zu bauen und Vieh zu hüten; statt sich um Saat und Ernte zu kümmern, peinigen sie die unseligen Indios – in wenigen Jahren werden sie die ganze Bevölkerung ausgerottet haben – oder sitzen in den Spelunken. In kurzer Zeit sind die meisten derart verschuldet, dass sie nach ihren Gütern noch Mantel und Hut und das letzte Hemd verkaufen müssen und bis zum Halse den Kaufleuten und Wucherern verhaftet sind.

Willkommene Botschaft darum für alle diese gescheiterten Existenzen auf Española, dass ein wohlangesehener Mann der Insel, der Rechtsgelehrte, der »bachiller« Martin Fernandez de Enciso, 1510 ein Schiff ausrüstet, um mit neuer Mannschaft seiner Kolonie an der *terra firma* zu Hilfe zu kommen. Zwei berühmte Abenteurer, Alonzo de Ojeda und Diego de Nicuesa, hatten von König Ferdinand 1509 das Privileg erhalten, nahe der Meerenge von Panama und der Küste von Venezuela eine Kolonie zu gründen, die sie etwas voreilig Castilia del Oro, Goldkastilien, nennen; berauscht von dem klingenden Namen und betört von Flunkereien, hatte der weltunkundige Rechtskundige sein ganzes Vermögen in dieses Unternehmen gesteckt. Aber von der neugegründeten Kolonie in San Sebastian am Golf von Uraba kommt kein Gold, sondern nur schriller Hilferuf. Die Hälfte der Mannschaft ist in den Kämpfen mit den Eingeborenen aufgerieben worden und die andere Hälfte am Verhungern. Um das investierte Geld zu retten, wagt Enciso den Rest seines Vermögens und rüstet eine Hilfsexpedition aus. Kaum vernehmen die die Nachricht, dass Enciso Soldaten braucht, so wollen alle Desperados, alle Loafers von Española die Gelegenheit nützen und sich mit ihm davonmachen. Nur fort, nur den Gläubigern entkommen und der Wachsamkeit des strengen Gouverneurs! Aber auch die Gläubiger sind auf ihrer Hut. Sie merken, dass ihre schwersten Schuldner ihnen auf Nimmerwiedersehen auspaschen wollen, und so bestürmen sie den Gouverneur, niemanden abreisen zu lassen ohne seine besondere Erlaubnis. Der Gouverneur billigt ihren Wunsch. Eine strenge Überwachung wird eingesetzt, das Schiff Encisos muss außerhalb des Hafens bleiben, Regierungsboote patrouillieren und verhindern, dass ein Unberufener sich an Bord schmuggelt. Und mit maßloser Erbitterung sehen alle die Desperados, welche den Tod weniger scheuen als ehrliche Arbeit oder den Schuldturm, wie Encisos Schiff ohne sie mit vollen Segeln ins Abenteuer steuert.

Der Mann in der Kiste

Mit vollen Segeln steuert Encisos Schiff von Española dem amerikanischen Festland zu, schon sind die Umrisse der Insel in den blauen Horizont versunken. Es ist eine stille Fahrt und nichts Sonderliches zunächst zu vermerken, nur allenfalls dies, dass ein mächtiger Bluthund von besonderer Kraft – er ist ein Sohn des berühmten Bluthundes Becericco und selbst berühmt geworden unter dem Namen Leoncico – unruhig an Deck auf und nieder läuft und überall herumschnuppert. Niemand weiß, wem das mächtige Tier gehört und wie es an Bord gekommen. Schließlich fällt noch auf, dass der Hund von einer besonders großen Proviantkiste nicht wegzubringen ist, welche am letzten Tage an Bord geschafft wurde. Aber siehe, da tut sich unvermuteterweise diese Kiste von selber auf, und aus ihr klimmt, wohlgerüstet mit Schwert und Helm und Schild, wie Santiago, der Heilige Kastiliens, ein etwa fünfunddreißigjähriger Mann. Es ist Vasco Nuñez de Balboa, der auf solche Art die erste Probe seiner erstaunlichen Verwegenheit und Findigkeit gibt. In Jerez de los Caballeres aus adeliger Familie geboren, war er als einfacher Soldat mit Rodrigo de Bastidas in die neue Welt gesegelt und schließlich nach manchen Irrfahrten mitsamt dem Schiff vor Española gestrandet. Vergebens hat der Gouverneur versucht, aus Nuñez de Balboa einen braven Kolonisten zu machen; nach wenigen Monaten hat er sein zugeteiltes Landgut im Stich gelassen und ist derart bankerott, dass er sich vor seinen Gläubigern nicht zu retten weiß. Aber während die andern Schuldner mit geballten Fäusten vom Strande her auf die Regierungsboote starren, die ihnen verunmöglichen, auf das Schiff Encisos zu flüchten, umgeht Nuñez de Balboa verwegen den Kordon des Diego Kolumbus, indem er sich in eine leere Proviantkiste versteckt und von Helfershelfern an Bord tragen lässt, wo man im Tumult der Abreise der frechen List nicht gewahr wird. Erst als er das Schiff so weit von der Küste weiß, dass man um seinetwillen nicht zurücksteuern wird, meldet sich der blinde Passagier. Jetzt ist er da.

Der »bachiller« Enciso ist ein Mann des Rechts und hat, wie Rechtsgelehrte meist, wenig Sinn für Romantik. Als

Alcalde, als Polizeimeister der neuen Kolonie, will er dort Zechpreller und dunkle Existenzen nicht dulden. Barsch erklärt er darum Nuñez de Balboa, er denke nicht daran, ihn mitzunehmen, sondern werde ihn an der nächsten Insel, wo sie vorbeikämen, gleichgültig, ob sie bewohnt sei oder unbewohnt, am Strande absetzen.

Doch es kam nicht so weit. Denn noch während das Schiff nach der Castilia del Oro steuert, begegnet ihm – ein Wunder in der damaligen Zeit, wo im Ganzen ein paar Dutzend Schiffe auf diesen noch unbekannten Meeren fahren – ein stark bemanntes Boot, geführt von einem Mann, dessen Name bald durch die Welt hallen wird, Francisco Pizarro. Seine Insassen kommen von Encisos Kolonie San Sebastian, und zuerst hält man sie für Meuterer, die ihren Posten eigenmächtig verlassen haben. Aber zu Encisos Entsetzen berichten sie: Es gibt kein San Sebastian mehr, sie selbst sind die Letzten der einstigen Kolonie, der Kommandant Ojeda hat sich mit einem Schiffe davongemacht, die Übrigen, die nur zwei Brigantinen besaßen, mussten warten, bis sie auf siebzig Personen herabgestorben waren, um in diesen beiden kleinen Booten Platz zu finden. Von diesen Brigantinen wiederum ist eine gescheitert; die vierunddreißig Mann Pizarros sind die letzten Überlebenden der Castilia del Oro. Wohin nun? Encisos Leute haben nach den Erzählungen Pizarros wenig Lust, sich dem fürchterlichen Sumpfklima der verlassenen Siedlung und den Giftpfeilen der Eingeborenen auszusetzen; nach Española wieder zurückzukehren scheint ihnen die einzige Möglichkeit. In diesem gefährlichen Augenblick tritt plötzlich Vasco Nuñez de Balboa vor. Er kenne von seiner ersten

Reise mit Rodrigo de Bastidas, erklärte er, die ganze Küste Zentralamerikas, und er erinnere sich, dass sie damals einen Ort namens Darien am Ufer eines goldhaltigen Flusses gefunden hätten, wo freundliche Eingeborene wären. Dort und nicht an dieser Stätte des Unglücks solle man die neue Niederlassung gründen.

Sofort erklärt sich die ganze Mannschaft für Nuñez de Balboa. Seinem Vorschlag gemäß steuert man nach Darien an dem Isthmus von Panama, richtet dort zunächst die übliche Schlächterei unter den Eingeborenen an, und da sich unter der geraubten Habe auch Gold findet, beschließen die Desperados, hier eine Siedlung zu beginnen, und nennen dann in frommer Dankbarkeit die neue Stadt Santa Maria de la Antigua del Darien.

Gefährlicher Aufstieg

Bald wird der unglückliche Financier der Kolonie, der Bachiller Enciso, es schwer bereuen, die Kiste mit dem darin befindlichen Nuñez de Balboa nicht rechtzeitig über Bord geworfen zu haben, denn nach wenigen Wochen hat dieser verwegene Mann alle Macht in Händen. Als Rechtsgelehrter aufgewachsen in der Idee von Zucht und Ordnung, versucht Enciso in seiner Eigenschaft eines *Alcalde mayor* des zur Zeit unauffindbaren Gouverneurs die Kolonie zugunsten der spanischen Krone zu verwalten und erlässt in der erbärmlichen Indianerhütte genauso sauber und streng seine Edikte, als säße er in seiner Juristenstube zu Sevilla. Er verbietet mitten in dieser von Menschen noch nie betretenen Wildnis den Soldaten, von den Eingeborenen Gold zu erhandeln, weil dies ein Reservat der Krone sei, er versucht dieser zuchtlosen Rotte Ordnung und Gesetz aufzuzwingen, aber aus Instinkt halten die Abenteurer zum Mann des Schwertes und empören sich gegen den Mann der Feder. Bald ist Balboa der wirkliche Herr der Kolonie: Enciso muss, um sein Leben zu retten, fliehen, und wie nun Nicuesa, einer der vom König eingesetzten Gouverneure der *terra firma*, endlich kommt, um Ordnung zu schaffen, lässt ihn Balboa überhaupt nicht landen, und der unglückliche Nicuesa, verjagt aus dem ihm vom König verliehenen Lande, ertrinkt bei der Rückfahrt.

Nun ist Nuñez de Balboa, der Mann aus der Kiste, Herr der Kolonie. Aber trotz seines Erfolges hat er kein sehr behagliches Gefühl. Denn er hat offene Rebellion gegen den König begangen und auf Pardon umso weniger zu hoffen, als der eingesetzte Gouverneur durch seine Schuld den Tod gefunden hat. Er weiß, dass der geflüchtete Enciso mit seiner Anklage auf dem Wege nach Spanien ist und früher oder später über seine Rebellion Gericht gehalten werden muss. Aber immerhin: Spanien ist weit, und ihm bleibt, bis ein Schiff zweimal den Ozean durchfahren hat, reichlich Zeit. Ebenso klug als verwegen, sucht er das einzige Mittel, um seine usurpierte Macht so lange als möglich zu behaupten. Er weiß, dass in jener Zeit Erfolg jedes Verbrechen rechtfertigt und eine kräftige Ablieferung von Gold an den königlichen Kronschatz jedes Strafverfahren beschwichtigen oder hinauszögern kann; Gold also zuerst schaffen, denn Gold ist Macht! Gemeinsam mit Francisco Pizarro unterjocht und beraubt er die Eingeborenen der Nachbarschaft, und mitten in den üblichen Schlächtereien gelingt ihm ein entscheidender Erfolg. Einer der Kaziken, namens Careta, den er heimtückisch und unter gröblichster Verletzung der Gastfreundschaft überfallen hat, schlägt ihm, schon zum Tode bestimmt, vor, er möge doch lieber, statt sich die Indios zu Feinden zu machen, ein Bündnis mit seinem Stamme schließen, und bietet ihm als Unterpfand der Treue seine Tochter an. Nuñez de Balboa erkennt sofort die Wichtigkeit, einen verlässlichen und mächtigen Freund unter den Eingeborenen zu haben; er nimmt das Angebot Caretas an, und, was noch erstaunlicher ist, er bleibt jenem indianischen Mädchen bis zu seiner letzten Stunde auf das zärtlichste zugetan. Gemeinsam mit dem Kaziken Careta unterwirft er alle Indios der Nachbarschaft und erwirbt solche Autorität unter ihnen, dass schließlich auch der mächtigste Häuptling, namens Comagre, ihn ehrerbietig zu sich lädt.

Dieser Besuch bei dem mächtigen Häuptling bringt die welthistorische Entscheidung im Leben Vasco Nuñez de Balboas, der bisher nichts als ein Desperado und verwegener Rebell gegen die Krone gewesen und dem Galgen oder der Axt von den kastilischen Gerichten bestimmt. Der Kazike Comagre empfängt ihn in einem weiträumigen, steinernen Haus, das durch seinen Reichtum Vasco Nuñez in höchstes Erstaunen versetzt, und unaufgefordert schenkt er dem Gastfreund viertausend Unzen Gold. Aber nun ist die Reihe des Staunens an dem Kaziken. Denn kaum haben die Himmelssöhne, die mächtigen, gottgleichen Fremden, die er mit so hoher Reverenz empfangen, das Gold erblickt, so ist ihre Würde dahin. Wie losgekettete Hunde fahren sie aufeinander los, Schwerter werden gezogen, Fäuste geballt, sie schreien, sie toben gegeneinander, jeder will seinen besonderen Teil an dem Gold. Staunend und verächtlich sieht der Kazike das Toben: Es ist das ewige Staunen aller Naturkinder an allen Enden der Erde über die Kulturmenschen, denen eine Handvoll gelbes Metall kostbarer erscheint als alle geistigen und technischen Errungenschaften ihrer Kultur.

Schließlich richtet der Kazike an sie das Wort, und mit gierigem Schauer vernehmen die Spanier, was der Dolmetsch übersetzt. Wie sonderbar, sagt Comagre, dass ihr euch wegen solcher Nichtigkeiten untereinander streitet, dass ihr wegen eines so gewöhnlichen Metalles euer Leben den schwersten Unbequemlichkeiten und Gefahren aussetzt. Dort drüben, hinter diesen Bergen, liegt eine mächtige See, und alle Flüsse, die in diese See fließen, führen Gold mit sich. Ein Volk wohnt dort, das in Schiffen mit Segeln und Rudern wie die euren fährt, und seine Könige essen und trinken aus goldenen Gefäßen. Dort könnt ihr dieses gelbe Metall finden, so viel wie ihr begehrt. Es ist ein gefährlicher Weg, denn sicher werden euch die Häuptlinge den Durchgang verweigern. Aber es ist nur ein Weg von wenigen Tagereisen.

Vasco Nuñez de Balboa fühlt sein Herz getroffen. Endlich ist die Spur des sagenhaften Goldlandes gefunden, von dem sie seit Jahren und Jahren träumen; an allen Orten, im Süden und Norden haben es seine Vorgänger erspähen wollen, und nun liegt es bloß einige Tagereisen weit, wenn dieser Kazike wahr berichtet hat. Endlich ist zugleich auch die Existenz jenes andern Ozeans verbürgt, zu dem Kolumbus,

Cabot, Corereal, alle die großen und berühmten Seefahrer, vergeblich den Weg gesucht haben: Damit ist eigentlich auch der Weg um den Erdball entdeckt. Wer als Erster dies neue Meer erschaut und für sein Vaterland in Besitz nimmt, dessen Name wird nie mehr auf der Erde vergehen. Und Balboa erkennt die Tat, die er tun muss, um sich freizukaufen von aller Schuld und unvergängliche Ehre sich zu erwerben: als Erster den Isthmus überqueren zum Mar del Sur, zum Südmeer, das nach Indien führt, und das neue Ophir für die spanische Krone erobern. Mit dieser Stunde im Hause des Kaziken Comagre ist sein Schicksal entschieden. Von diesem Augenblick an hat das Leben dieses zufälligen Abenteurers einen hohen, einen überzeitlichen Sinn.

Flucht in die Unsterblichkeit

Kein größeres Glück im Schicksal eines Menschen, als in der Mitte des Lebens, in den schöpferischen Mannesjahren, seine Lebensaufgabe entdeckt zu haben. Nuñez de Balboa weiß, was für ihn auf dem Spiele steht – erbärmlicher Tod am Schafott oder Unsterblichkeit. Zunächst sich einmal Frieden mit der Krone erkaufen, seine schlimme Tat, die Usurpierung der Macht, nachträglich legitimieren und legalisieren! Deshalb sendet der Rebell von gestern als allereifrigster Untertan an den königlichen Schatzhalter auf Española, Pasamonte, nicht nur von dem Geldgeschenk Comagres das gesetzlich der Krone gehörige Fünftel, sondern, besser erfahren in den Praktiken der Welt als der dürre Rechtsgelehrte Enciso, fügt er der offiziellen Sendung noch privatim eine reichliche Geldspende an den Schatzmeister bei mit der Bitte, er möge ihn in seinem Amte als Generalkapitän der Kolonie bestätigen. Dies zu tun hat der Schatzhalter Pasamonte zwar keinerlei Befugnis, jedoch für das gute Gold schickt er Nuñez de Balboa ein provisorisches und in Wahrheit wertloses Dokument. Gleichzeitig hat Balboa, der sich nach allen Seiten sichern will, aber auch zwei seiner verlässlichsten Leute nach Spanien gesandt, damit sie bei Hofe von seinen Verdiensten um die Krone erzählten und die wichtige Botschaft meldeten, die er dem Kaziken abgelockt habe. Er brauche, lässt Vasco Nuñez de Balboa nach Sevilla melden, nur eine Truppe von tausend Mann; mit ihr mache er sich anheischig, für Kastilien so viel zu tun wie noch nie ein Spanier vor ihm. Er verpflichte sich, das neue Meer zu entdecken und das endlich gefundene Goldland zu gewinnen, das Kolumbus vergebens versprochen und das er, Balboa, erobern werde.

Alles scheint sich nun für den verlorenen Menschen, den Rebellen und Desperado, zum Guten gewendet zu haben. Aber das nächste Schiff aus Spanien bringt schlimme Kunde. Einer seiner Helfershelfer bei der Rebellion, den er seinerzeit hinübergeschickt, um die Anklagen des beraubten Enciso bei Hofe zu entkräften, meldet, die Sache stünde für ihn gefährlich, und sogar lebensgefährlich. Der geprellte »bachiller« ist mit seiner Klage gegen den Räuber seiner Macht vor dem spanischen Gericht durchgedrungen und Balboa verurteilt, ihm Entschädigung zu leisten. Die Botschaft dagegen von der Lage des nahen Südmeers, die ihn hätte retten können, sie sei noch nicht eingelangt; jedenfalls werde mit dem nächsten Schiff eine Gerichtsperson einlangen, um Balboa zur Rechenschaft für seinen Aufruhr zu ziehen und ihn entweder an Ort und Stelle abzuurteilen oder in Ketten nach Spanien zurückzuführen.

Vasco Nuñez de Balboa begreift, dass er verloren ist. Seine Verurteilung ist erfolgt, ehe man seine Nachricht über das nahe Südmeer und die goldene Küste erhalten hat. Selbstverständlich wird man sie ausnützen, während sein Kopf in den Sand rollt – irgendein anderer wird seine Tat, die Tat, von der er träumte, vollbringen; er selbst hat nichts mehr von Spanien zu erhoffen. Man weiß, dass er den rechtmäßigen Gouverneur des Königs in den Tod getrieben, dass er den Alcalden eigenmächtig aus dem Amte gejagt – gnädig wird er das Urteil noch nennen müssen, wenn es ihm bloß Gefängnis auferlegt und er nicht am Richtblock seine Verwegenheit büßen muss. Auf mächtige Freunde kann er nicht rechnen, denn er hat selbst keine Macht mehr, und sein bester Fürsprecher, das Gold, hat noch zu leise Stimme, um ihm Gnade zu sichern. Nur eines kann ihn jetzt retten vor der Strafe für seine Kühnheit – noch größere Kühnheit. Wenn er das andere Meer und das neue Ophir entdeckt, noch bevor die Rechtspersonen einlangen und ihre Häscher ihn fassen und fesseln, kann er sich retten. Nur eine Form der Flucht ist hier am Ende der bewohnten Welt für ihn möglich, die Flucht in eine grandiose Tat, die Flucht in die Unsterblichkeit.

So beschließt Nuñez de Balboa, auf die von Spanien erbetenen tausend Mann für die Eroberung des unbekannten Ozeans nicht zu warten und ebenso wenig auf das Eintreffen der Gerichtspersonen. Lieber mit wenigen gleich Entschlossenen das Ungeheure wagen! Lieber in Ehren sterben für eines der kühnsten Abenteuer aller Zeiten, als schmachvoll mit gebundenen Händen auf das Schafott geschleift zu werden. Nuñez de Balboa ruft die Kolonie zusammen, erklärt, ohne die Schwierigkeiten zu verschweigen, seine Absicht, die Landenge zu überqueren, und fragt, wer ihm folgen wolle. Sein Mut ermutigt die andern. Hundertneunzig Soldaten, beinahe die ganze wehrfähige Mannschaft der Kolonie, erklären sich bereit. Ausrüstung ist nicht viel zu besorgen, denn diese Leute leben ohnehin in ständigem Krieg. Und am 1. September 1513 beginnt, um dem Galgen oder dem Kerker zu entfliehen, Nuñez de Balboa, Held und Bandit, Abenteurer und Rebell, seinen Marsch in die Unsterblichkeit.

Unvergänglicher Augenblick

Die Überquerung der Landenge von Panama beginnt in jener Provinz Coyba, dem kleinen Reich des Kaziken Careta, dessen Tochter Balboas Lebensgefährtin ist; Nuñez de Balboa hat, wie sich später erweisen wird, nicht die engste Stelle gewählt und durch diese Unwissenheit den gefährlichen Übergang um einige Tage verlängert. Aber für ihn musste es vor allem wichtig sein, bei einem solchen verwegenen Abstoß ins Unbekannte für Nachschub oder Rückzug die Sicherung eines befreundeten Indianerstammes zu haben. In zehn großen Kanus setzt die Mannschaft von Darien nach Coyba über, hundertneunzig mit Speeren, Schwertern, Arkebusen und Armbrüsten ausgerüstete Soldaten, begleitet von einer stattlichen Rotte der gefürchteten

Bluthunde. Der verbündete Kazike stellt seine Indios als Tragtiere und Führer bei, und schon am 6. September beginnt jener ruhmreiche Marsch über den Isthmus, der selbst an die Willenskraft so verwegener und erprobter Abenteurer ungeheure Anforderungen stellt. In erstickender, erschlaffender Äquatorglut müssen die Spanier zuerst die Niederungen durchqueren, deren sumpfiger, fieberschwangerer Boden noch Jahrhunderte später beim Bau des Panamakanals viele Tausende hingemordet hat. Von der ersten Stunde an muss mit Axt und Schwert der Weg ins Unbetretene durch den giftigen Dschungel der Lianen gehauen werden. Wie durch ein ungeheures grünes Bergwerk bahnen die Ersten der Truppe den andern durch das Dickicht einen schmalen Stollen, den dann Mann hinter Mann in endlos langer Reihe die Armee des Konquistadoren durchschreitet, ständig die Waffen zur Hand, immer, Tag und Nacht, die Sinne wachsam gespannt, um einen plötzlichen Überfall der Eingeborenen abzuwehren. Erstickend wird in der schwülen dunstigen Dunkelheit der feuchtgewölbten Baumriesen, über denen mitleidslose Sonne brennt, die Hitze. Schweißbedeckt und mit verdurstenden Lippen schleppt sich in ihren schweren Rüstungen die Truppe Meile um Meile weiter: dann brechen wieder plötzlich orkanische Regengüsse herab, kleine Bäche werden im Nu zu reißenden Flüssen, die entweder durchwatet werden müssen oder auf rasch von den Indios improvisierten schwankenden Brücken aus Bast überquert. Als Zehrung haben die Spanier nichts als eine Handvoll Mais; übernächtigt, hungrig, durstig, umschwirrt von Myriaden stechender, blutsaugender Insekten, arbeiten sie sich vorwärts mit von

Dornen zerrissenen Kleidern und wunden Füßen, die Augen fiebrig und die Wangen verschwollen von den surrenden Mückenstichen, ruhlos bei Tag, schlaflos bei Nacht und bald schon vollkommen erschöpft. Schon nach der ersten Marschwoche kann ein Großteil der Mannschaft den Strapazen nicht mehr standhalten, und Nuñez de Balboa, der weiß, dass die eigentlichen Gefahren ihrer erst warten, ordnet an, alle Fieberkranken und Maroden mögen lieber zurückbleiben. Nur mit den Auserlesensten seiner Truppe will er das entscheidende Abenteuer wagen.

Endlich beginnt das Terrain anzusteigen. Lichter wird der Dschungel, der nur in den sumpfigen Niederungen seine ganze tropische Üppigkeit zu entfalten vermag. Aber nun, da der Schatten sie nicht mehr schützt, glüht grell und scharf die steile Äquatorsonne auf ihre schweren Rüstungen nieder. Langsam und in kurzen Etappen vermögen die Ermatteten Stufe um Stufe das Hügelland zu jener Bergkette emporzuklimmen, welche wie ein steinernes Rückgrat die schmale Spanne zwischen den beiden Meeren trennt. Allmählich wird der Blick freier, nächtens erfrischt sich die Luft. Nach achtzehntägigem heroischem Mühen scheint die schwerste Schwierigkeit überwunden; schon erhebt sich vor ihnen der Kamm des Gebirges, von dessen Gipfel man nach der Aussage der indianischen Führer beide Ozeane, den Atlantischen und den noch unbekannten und unbenannten Pazifischen überblicken kann. Aber gerade nun, wo der zähe tückische Widerstand der Natur endgültig besiegt scheint, stellt sich ihnen ein neuer Feind entgegen, der Kazike jener Provinz, um mit Hunderten seiner Krieger den Fremden den Durchgang zu sperren. Im

Kampf mit Indios ist Nuñez de Balboa reichlich erprobt. Es genügt, eine Salve aus den Arkebusen abzufeuern, und wieder erweist der künstliche Blitz und Donner seine bewährte Zauberkraft über die Eingeborenen. Schreiend flüchten die Erschreckten davon, gehetzt von den nachstürmenden Spaniern und den Bluthunden. Aber statt sich des leichten Sieges zu freuen, entehrt ihn Balboa wie alle spanischen Konquistadoren durch erbärmliche Grausamkeit, indem er eine Anzahl wehrloser, gebundener Gefangener – Ersatz für Stierkampf und Gladiatorenspiel – lebend von der Koppel der hungrigen Bluthunde zerreißen, zerfetzen und zerfleischen lässt. Eine widrige Schlächterei schändet die letzte Nacht vor Nuñez de Balboas unsterblichem Tag.

Einmalige unerklärliche Mischung in Charakter und Art dieser spanischen Konquistadoren. Fromm und gläubig, wie nur jemals Christen waren, rufen sie Gott aus inbrünstiger Seele an und begehen zugleich in seinem Namen die schändlichsten Unmenschlichkeiten der Geschichte. Fähig zu den herrlichsten und heroischen Leistungen des Mutes, der Aufopferung, der Leidensfähigkeit, betrügen und bekämpfen sie sich untereinander in der schamlosesten Weise und haben doch wieder inmitten ihrer Verächtlichkeit ein ausgeprägtes Gefühl für Ehre und einen wunderbaren, wahrhaft bewundernswerten Sinn für die historische Größe ihrer Aufgabe. Derselbe Nuñez de Balboa, der am Abend zuvor unschuldige, gefesselte Gefangene wehrlos den Hetzhunden vorgeworfen und vielleicht die noch von frischem Menschenblut triefenden Lefzen der Bestien zufrieden gestreichelt, ist sich genau der Bedeutung seiner Tat in der Geschichte der Menschheit gewiss und findet im entscheidenden Augenblick eine jener großartigen Gesten, die unvergesslich bleiben durch die Zeiten. Er weiß, dieser 25. September wird ein welthistorischer Tag sein, und mit wunderbarem spanischem Pathos bekundet dieser harte, unbedenkliche Abenteurer, wie voll er den Sinn seiner überzeitlichen Sendung verstanden.

Großartige Geste Balboas: Am Abend, unmittelbar nach dem Blutbad, hat ihm einer der Eingeborenen einen nahen Gipfel gewiesen und gekündet, von dessen Höhe könne man schon das Meer, das unbekannte Mar del Sur, erschauen. Sofort trifft Balboa seine Anordnungen. Er lässt die Verwundeten und Erschöpften in dem geplünderten Dorf und befiehlt der noch marschfähigen Mannschaft – siebenundsechzig sind es noch im Ganzen von den einstigen hundertneunzig, mit denen er in Darien den Marsch angetreten –, jenen Berg hinanzusteigen. Gegen zehn Uhr morgens sind sie dem Gipfel nahe. Nur eine kleine kahle Kuppe ist noch zu erklimmen, dann muss der Blick sich ins Unendliche weiten.

In diesem Augenblick befiehlt Balboa der Mannschaft, haltzumachen. Keiner soll ihm folgen, denn diesen ersten Blick auf den unbekannten Ozean will er mit keinem teilen. Allein und einzig will er für ewige Zeit der erste Spanier, der erste Europäer, der erste Christ gewesen sein und bleiben, der, nachdem er den einen riesigen Ozean unseres Weltalls, den Atlantischen, durchfahren, nun auch den andern, den noch unbekannten Pazifischen, erblickt. Langsam, pochenden Herzens, tief durchdrungen von der Bedeutung des Augenblicks, steigt er empor, die Fahne in der Linken, das Schwert in der Rechten, einsame Silhouette in dem ungeheuren Rund. Langsam steigt er empor, ohne sich zu beeilen, denn das wahre Werk ist schon getan. Nur ein paar Schritte noch, weniger, immer weniger, und wirklich, nun da er am Gipfel angelangt ist, eröffnet sich vor ihm ungeheurer Blick. Hinter den abfallenden Bergen, den waldig und grün niedersinkenden Hügeln, liegt endlos eine riesige, metallen spiegelnde Scheibe, das Meer, das Meer, das neue, das unbekannte, das bisher nur geträumte und nie gesehene, das sagenhafte, seit Jahren und Jahren von Kolumbus und allen seinen Nachfahren vergebens gesuchte Meer, dessen Wellen Amerika, Indien und China umspülen. Und Vasco Nuñez de Balboa schaut und schaut und schaut, stolz und selig in sich das Bewusstsein eintrinkend, dass sein Auge das erste eines Europäers ist, in dem sich das unendliche Blau dieses Meeres spiegelt.

Lange und ekstatisch blickt Vasco Nuñez de Balboa in die Weite. Dann erst ruft er die Kameraden heran, seine Freude, seinen Stolz zu teilen. Unruhig, erregt, keuchend und schreiend klimmen, klettern, laufen sie den Hügel empor, starren und staunen und deuten hin mit begeisterten Blicken. Plötzlich stimmt der begleitende Pater Andres de Vara das *Te Deum laudamus* an, und sofort stockt das Lärmen und Schreien; alle die harten und rauhen Stimmen dieser Soldaten, Abenteurer und Banditen vereinigen sich zum frommen Choral. Staunend sehen die Indios zu, wie auf ein Wort des Priesters hin sie einen Baum niederschlagen, um ein Kreuz zu errichten, in dessen Holz sie die Initialen des Namens des Königs von Spanien eingraben. Und wie nun dieses Kreuz sich erhebt, ist es, als wollten seine beiden hölzernen Arme beide Meere, den Atlantischen und Pazifischen Ozean, mit allen ihren unsichtbaren Fernen erfassen.

Inmitten des fürchtigen Schweigens tritt Nuñez de Balboa vor und hält eine Ansprache an seine Soldaten. Sie täten recht, Gott zu danken, der ihnen diese Ehre und Gnade gewährt, und ihn zu bitten, dass er weiterhin ihnen helfen möge, diese See und alle diese Länder zu erobern. Wenn sie ihm weiter getreu folgen wollten wie bisher, so würden sie als die reichsten Spanier aus diesem neuen Indien wiederkehren. Feierlich schwenkt er die Fahne nach allen vier Winden, um für Spanien alle Fernen in Besitz zu nehmen, welche diese Winde umfahren. Dann ruft er den Schreiber, Andres de Valderrabano, dass er eine Urkunde aufsetze, welche diesen feierlichen Akt für alle Zeiten verzeichnet. Andres de Valderrabano entrollt ein Pergament, er hat es in verschlossenem Holzschrein mit Tintenbehälter und Schreibekiel durch den Urwald geschleppt, und fordert alle die Edelleute und Ritter und Soldaten auf – *los Caballeros e Hidalgos y hombres de bien* –, »die bei der Entdeckung des Südmeers, des Mar del Sur, durch den erhabenen und hochverehrten Kapitän Vasco Nuñez de Balboa, Gouverneur seiner Hoheit, anwesend gewesen sind«, zu bestätigen, dass »dieser Herr Vasco Nuñez es war, der als Erster dieses Meer gesehen und es den Nachfolgenden gezeigt«.

Dann steigen die siebenundsechzig von dem Hügel nieder, und mit diesem 25. September 1513 weiß die Menschheit um den letzten, bisher unbekannten Ozean der Erde.

Nun ist die Gewissheit gewonnen. Sie haben das Meer gesehen. Aber nun herab an seine Küste, die feuchte Flut fühlen, sie antasten, sie fühlen, sie schmecken und Beute raffen von ihrem Strand! Zwei Tage dauert der Abstieg, und um in Hinkunft den raschesten Weg vom Gebirge zum Meer zu kennen, teilt Nuñez de Balboa seine Mannschaft in einzelne Gruppen. Die dritte dieser Gruppen unter Alonzo Martin erreicht zuerst den Strand, und so sehr sind sogar die einfachen Soldaten dieser Abenteurergruppe schon von der Eitelkeit des Ruhms, von diesem Durst nach Unsterblichkeit durchdrungen, dass sogar der simple Mann Alonzo Martin sich sofort vom Schreiber schwarz auf weiß bescheinigen lässt, der Erste gewesen zu sein, der seinen Fuß und seine Hand in diesen noch namenlosen Gewässern genetzt. Erst nachdem er so seinem kleinen Ich ein Stäubchen Unsterblichkeit eingetan, erstattet er Balboa die Meldung, er habe das Meer erreicht, seine Flut mit eigener Hand ertastet. Sofort rüstet Balboa zu neuer pathetischer Geste. Am nächsten Tage, dem Kalendertag des heiligen Michael, erscheint er, von bloß zweiundzwanzig Gefährten begleitet, an dem Strande, um selbst wie Sankt Michael, gewaffnet und gegürtet, in feierlicher Zeremonie Besitz von dem neuen Meere zu nehmen. Nicht sofort schreitet er in die Flut, sondern wie ihr Herr und Gebieter wartet er hochmütig, unter einem Baume ausruhend, bis die steigende Flut ihre Welle bis zu ihm wirft und wie ein gehorsamer Hund mit der Zunge seine Füße umschmeichelt. Dann erst steht er auf, wirft den Schild auf den Rücken, dass er wie ein Spiegel in der Sonne glänzt, fasst in eine Hand sein Schwert, in die andere die Fahne Kastiliens mit dem Bildnis der Mutter Gottes und schreitet in das Wasser hinein. Erst wie die Wellen ihn bis zu den Hüften umspülen, er ganz eingetan ist in dies große fremde Gewässer, schwingt Nuñez de Balboa, bisher Rebell und Desperado, nun treuester Diener seines Königs und Triumphator, das Banner nach allen Seiten und ruft dazu mit lauter Stimme: »Vivant die hohen und mächtigen Monarchen Ferdinand und Johanna von Kastilien, Leon und Aragon, in deren Namen und zugunsten der königlichen Krone von Kastilien ich wirklichen und körperlichen und dauernden Besitz nehme von allen diesen Meeren und Erden und Küsten und Häfen und Inseln, und ich schwöre, wenn irgendein Fürst oder anderer Kapitän, Christ oder Heide von welch immer einem Glauben oder Stand irgendein Recht auf diese Länder und Meere erheben wollte, sie zu verteidigen im Namen der Könige von Kastilien, deren Eigentum sie sind, jetzt und für alle Zeit, solange die Welt dauert und bis zum Tage des Jüngsten Gerichts.«

Alle Spanier wiederholen den Eid, und ihre Worte überdröhnen für einen Augenblick das laute Brausen der Flut. Jeder netzt seine Lippe mit dem Meerwasser, und abermals nimmt der Schreiber Andres de Valderrabano Akt von der Besitzergreifung und beschließt sein Dokument mit den Worten: »Diese zweiundzwanzig sowie der Schreiber Andres de Valderrabano waren die ersten Christen, die ihren Fuß in das Mar del Sur setzten, und alle probten sie mit ihren Händen das Wasser und netzten damit den Mund, um zu sehen, ob es Salzwasser sei wie jenes des andern

Meeres. Und als sie sahen, dass dem so war, sagten sie Gott ihren Dank.«

Die große Tat ist vollbracht. Nun gilt es noch irdischen Nutzen zu ziehen aus dem heldischen Unterfangen. Bei einigen der Eingeborenen erbeuten oder ertauschen die Spanier etwas Gold. Aber neue Überraschung wartet ihrer inmitten ihres Triumphs. Denn ganze Hände voll kostbarer Perlen, die auf den nahen Inseln verschwenderisch reich gefunden werden, bringen ihnen die Indios heran, darunter eine, die »Pellegrina« genannt, die Cervantes und Lope de Vega besungen, weil sie die Königskrone von Spanien und England als eine der schönsten aller Perlen geschmückt. Alle Taschen, alle Säcke stopfen die Spanier voll mit diesen Kostbarkeiten, die hier nicht viel mehr gelten als Muscheln und Sand, und als sie gierig weiterfragen nach dem ihnen wichtigsten Dinge der Erde, nach Gold, deutet einer der Kaziken nach Süden hinüber, wo die Linie der Berge weich in den Horizont verschwimmt. Dort, erklärt er, liege ein Land mit unermesslichen Schätzen, die Herrscher tafelten aus goldenen Gefäßen, und große vierbeinige Tiere – es sind die Lamas, die der Kazike meint – schleppten die herrlichsten Lasten in die Schatzkammer des Königs. Und er nennt den Namen des Landes, das südlich im Meer und hinter den Bergen liegt. Es klingt wie »Birù«, melodisch und fremd.

Vasco Nuñez de Balboa starrt der ausgebreiteten Hand des Kaziken nach hinüber in die Ferne, wo die Berge sich blass in den Himmel verlieren. Das weiche, verführerische Wort »Birù« hat sich ihm sofort in die Seele geschrieben. Unruhig hämmert sein Herz. Zum zweiten Mal in seinem

Leben hat er unverhofft große Verheißung empfangen. Die erste Botschaft, die Botschaft Comagres von dem nahen Meere, sie hat sich erfüllt. Er hat den Strand der Perlen gefunden und das Mar del Sur, vielleicht wird ihm auch noch die zweite gelingen, die Entdeckung, die Eroberung des Inkareiches, des Goldlandes dieser Erde.

Selten gewähren die Götter…

Sehnsüchtigen Blickes starrt Nuñez de Balboa noch immer in die Ferne. Wie eine goldene Glocke schwingt das Wort »Birù«, »Peru«, ihm durch die Seele. Aber – schmerzlicher Verzicht! – er darf diesmal weitere Erkundung nicht wagen. Mit zwei oder drei Dutzend abgemüdeter Männer kann man kein Reich erobern. Also zurück erst nach Darien und später einmal mit gesammelten Kräften auf dem nun gefundenen Wege nach dem neuen Ophir. Aber dieser Rückmarsch ist nicht minder beschwerlich. Abermals müssen die Spanier sich durch den Dschungel kämpfen, abermals die Überfälle der Eingeborenen bestehen. Und es ist keine Kriegstruppe mehr, sondern ein kleiner Trupp fieberkranker und mit letzter Kraft hinwankender Männer – Balboa selbst ist dem Tode nahe und wird von den Indios in einer Hängematte getragen –, der nach vier Monaten fürchterlichster Strapazen am 19. Januar 1514 wieder in Darien anlangt. Aber eine der größten Taten der Geschichte ist getan. Balboa hat sein Versprechen erfüllt, reich geworden ist jeder Teilnehmer, der sich mit ihm ins Unbekannte wagte; seine Soldaten haben Schätze heimgebracht von der Küste des Südmeeres wie niemals Kolumbus und die andern Konquistadoren, und auch alle andern Kolonisten bekommen ihr Teil. Ein Fünftel wird der Krone bereitgestellt, und niemand verargt es dem Triumphator, dass er bei der Beuteteilung auch seinen Hund Leoncico zum Lohn dafür, dass er so wacker den unglücklichen Eingeborenen das Fleisch aus dem Leibe gefetzt, wie irgendeinen andern Krieger an der Belohnung teilnehmen und mit fünfhundert Goldpesos bedecken lässt. Kein Einziger in der Kolonie bestreitet nach solcher Leistung mehr seine Autorität als Gouverneur. Wie ein Gott wird der Abenteurer und Rebell gefeiert, und mit Stolz kann er nach Spanien die Nachricht abfertigen, er habe seit Kolumbus die größte Tat für die kastilische Krone vollbracht. In steilem Aufstieg hat die Sonne seines Glücks alle Wolken durchbrochen, die bislang auf seinem Leben lasteten. Nun steht sie im Zenit.

Aber Balboas Glück hat nur kurze Dauer. Staunend drängt wenige Monate später, an einem strahlenden Junitage, die Bevölkerung von Darien an den Strand. Ein Segel hat aufgeleuchtet am Horizont, und schon dies ist wie ein Wunder an diesem verlorenen Winkel der Welt. Aber siehe, ein zweites taucht daneben auf, ein drittes, ein viertes, ein fünftes, und bald sind es zehn, nein fünfzehn, nein zwanzig, eine ganze Flotte, die auf den Hafen zusteuert. Und bald erfahren sie: All dies hat Nuñez de Balboas Brief bewirkt, aber nicht die Botschaft seines Triumphes – die ist noch nicht in Spanien eingelangt –, sondern jene frühere Nachricht, in der er zum ersten Mal den Bericht des Kaziken von dem nahen Südmeer und dem Goldland weitergegeben und um eine Armee von tausend Mann gebeten, um diese Länder zu erobern. Für diese Expedition hat die spanische Krone nicht gezögert, eine so gewaltige Flotte auszurüsten. Aber keineswegs hat man in Sevilla und Barcelona daran gedacht, eine derart wichtige Aufgabe einem so übel beleumdeten Abenteurer und Rebellen wie Vasco Nuñez de Balboa anzuvertrauen. Ein eigener Gouverneur, ein reicher, adliger, hochangesehener sechzigjähriger Mann, Pedro Arias Davilla, meist Pedrarias genannt, wird mitgesandt, um als Gouverneur des Königs endlich Ordnung in der Kolonie zu schaffen, Justiz für alle bisher begangenen Vergehen zu üben, jenes Südmeer zu finden und das verheißene Goldland zu erobern.

Nun ergibt sich eine ärgerliche Situation für Pedrarias. Er hat einerseits den Auftrag, den Rebellen Nuñez de Balboa zur Verantwortung zu ziehen für die frühere Verjagung des Gouverneurs und ihn, falls seine Schuld erwiesen ist, in Ketten zu legen oder zu justifizieren; er hat anderseits den Auftrag, das Südmeer zu entdecken. Aber kaum dass sein Boot an Land stößt, erfährt er, dass eben dieser Nuñez de Balboa, den er vor Gericht ziehen soll, die großartige Tat auf eigne Faust vollbracht, dass dieser Rebell den ihm zugedachten Triumph schon gefeiert und der spanischen Krone den größten Dienst seit der Entdeckung Amerikas geleistet hat. Selbstverständlich kann er einem solchen Mann jetzt nicht wie einem gemeinen Verbrecher das Haupt auf den Block legen, er muss ihn höflich begrüßen, ihn aufrichtig beglückwünschen. Aber von diesem Augenblick an ist Nuñez de Balboa verloren. Nie wird Pedrarias dem Rivalen verzeihen, selbständig die Tat vollbracht zu haben, die er zu vollführen entsendet war und die ihm ewigen Ruhm durch die Zeiten gesichert hätte. Zwar muss er, um die Kolonisten nicht vorzeitig zu erbittern, den Hass gegen ihren Helden verbergen, die Untersuchung wird vertagt und sogar ein falscher Friede hergestellt, indem Pedrarias seine eigene Tochter, die noch in Spanien zurückgeblieben ist, Nuñez de Balboa verlobt. Aber sein Hass und seine Eifersucht gegen Balboa werden keineswegs gemildert, sondern nur noch gesteigert, wie nun von Spanien, wo man endlich Balboas Tat erfahren, ein Dekret eintrifft, das dem ehemaligen Rebellen den angemaßten Titel nachträglich verleiht, Balboa gleichfalls zum Adelantado ernennt und Pedrarias den Auftrag gibt, sich in jeder wichtigen Angelegenheit mit ihm zu beraten. Für zwei Gouverneure ist dieses Land zu klein, einer wird weichen müssen, einer von den beiden untergehen. Vasco Nuñez de Balboa spürt, dass das Schwert über ihm hängt, denn in Pedrarias' Händen liegt die militärische Macht und die Justiz. So versucht er zum zweiten Mal die Flucht, die ihm zum ersten Mal so herrlich gelungen, die Flucht in die Unsterblichkeit. Er ersucht Pedrarias, eine Expedition ausrüsten zu dürfen, um die Küste am Südmeer zu erkunden und in weiterem Umkreis zu erobern. Die geheime Absicht des alten Rebellen aber ist, sich an dem andern Ufer des Meeres unabhängig zu machen von jeder Kontrolle, selbst eine Flotte zu bauen, Herr seiner eigenen Provinz zu werden und womöglich auch das sagenhafte Birù, dieses Ophir der Neuen Welt, zu erobern. Pedrarias stimmt hinterhältig zu. Geht Balboa bei dem Unternehmen zugrunde, umso besser. Gelingt ihm seine Tat, so wird noch immer Zeit sein, sich des allzu Ehrgeizigen zu entledigen.

Damit tritt Nuñez de Balboa seine neue Flucht in die Unsterblichkeit an; seine zweite Unternehmung ist vielleicht noch grandioser als die erste, wenn ihr auch nicht der gleiche Ruhm geschenkt ward in der Geschichte, die immer nur den Erfolgreichen rühmt. Diesmal überquert Balboa den Isthmus nicht nur mit seiner Mannschaft, sondern lässt das Holz, die Bretter, die Segel, die Anker, die Winden für vier Brigantinen von Tausenden Eingeborenen über die Berge schleppen. Denn hat er einmal drüben eine Flotte, dann kann er aller Küsten sich bemächtigen, die Perleninseln erobern und Peru, das sagenhafte Peru. Aber diesmal ist das Schicksal gegen den Wagemutigen, und er findet unablässig neue Widerstände. Auf dem Marsch durch den feuchten Dschungel zerfressen Würmer das Holz, verfault langen die Bretter an und sind nicht zu brauchen. Ohne sich entmutigen zu lassen, lässt Balboa am Golf von Panama neue Stämme niederschlagen und frische Bretter anfertigen. Seine Energie vollbringt wahre Wunder – schon scheint alles gelungen, schon sind die Brigantinen gebaut, die ersten des Pazifischen Ozeans. Da schwemmt ein Tornadosturm die Flüsse, in denen sie fertiggestellt liegen, plötzlich riesenhaft an. Die fertigen Boote werden weggerissen und zerschellen im Meer. Noch ein drittes Mal muss begonnen werden; und jetzt endlich gelingt es, zwei Brigantinen fertigzustellen. Nur noch zwei, nur noch drei braucht Balboa mehr, und er kann sich aufmachen und das Land erobern, von dem er träumt bei Tag und Nacht, seit jener Kazike damals mit ausgebreiteter Hand nach Süden gedeutet und er zum ersten Mal das verführerische Wort »Birù« vernommen. Ein paar tapfere Offiziere noch nachkommen lassen, einen guten Nachschub an Mannschaften anfordern, und er kann sein Reich gründen! Nur ein paar Monate noch, nur ein wenig Glück zu der innern Verwegenheit, und nicht Pizarro müsste die Weltgeschichte den Besieger der Inkas, den Eroberer Perus nennen, sondern Nuñez de Balboa.

Aber selbst gegen seine Lieblinge zeigt sich das Schicksal nie allzu großmütig. Selten gewähren die Götter dem Sterblichen mehr als eine einzige unsterbliche Tat.

Der Untergang

Mit eiserner Energie hat Nuñez de Balboa sein großes Unternehmen vorbereitet. Aber gerade das kühne Gelingen schafft ihm Gefahr, denn das argwöhnische Auge Pedrarias' beobachtet beunruhigt die Absichten seines Untergebenen. Vielleicht ist ihm durch Verrat Nachricht gekommen von Balboas ehrgeizigen Herrschaftsträumen, vielleicht fürchtet er bloß eifersüchtig einen zweiten Erfolg des alten Rebellen. Jedenfalls sendet er plötzlich einen sehr herzlichen Brief an Balboa, er möchte doch, ehe er endgültig seinen Eroberungszug beginne, noch zu einer Besprechung nach Acla, einer Stadt nahe von Darien, zurückkehren. Balboa, der hofft, weitere Unterstützung an Mannschaft von Pedrarias zu empfangen, leistet der Einladung Folge und kehrt sofort zurück. Vor den Toren der Stadt marschiert ihm ein kleiner Trupp Soldaten entgegen, scheinbar um ihn zu begrüßen; freudig eilt er auf sie zu, um ihren Führer, seinen Waffenbruder aus vielen Jahren, seinen Begleiter bei der

Entdeckung der Südsee, seinen vertrauten Freund Francisco Pizarro, zu umarmen.

Aber schwer legt ihm Francisco Pizarro die Hand auf die Schulter und erklärt ihn für gefangen. Auch Pizarro lüstet es nach Unsterblichkeit, auch ihn lüstet es, das Goldland zu erobern, und nicht unlieb ist es ihm vielleicht, einen so verwegenen Vordermann aus dem Wege zu wissen. Der Gouverneur Pedrarias eröffnet den Prozess wegen angeblicher Rebellion, schnell und ungerecht wird Gericht gehalten. Wenige Tage später schreitet Vasco Nuñez de Balboa mit den treuesten seiner Gefährten zum Block; aufblitzt das Schwert des Henkers, und in einer Sekunde erlischt in dem niederrollenden Haupte für immer das Auge, das als erstes der Menschheit gleichzeitig beide Ozeane geschaut, die unsere Erde umfassen.

Die Eroberung von Byzanz
29. Mai 1453

Erkenntnis der Gefahr

Am 5. Februar 1451 bringt ein geheimer Bote dem ältesten Sohn des Sultans Murad, dem einundzwanzigjährigen Mahomet, nach Kleinasien die Nachricht, dass sein Vater gestorben sei. Ohne seine Minister, seine Berater auch nur mit einem Wort zu verständigen, wirft sich der ebenso verschlagene wie energische Fürst auf das beste seiner Pferde, in einem Zug peitscht er das herrliche Vollblut die hundertzwanzig Meilen bis zum Bosporus und setzt sofort nach Gallipoli auf das europäische Ufer über. Dort erst entschleiert er den Getreusten den Tod seines Vaters, er rafft, um jeden anderen Thronanspruch von vorneweg niederschlagen zu können, eine auserlesene Truppe zusammen und führt sie nach Adrianopel, wo er auch tatsächlich ohne Widerspruch als Gebieter des Ottomanischen Reiches anerkannt wird. Gleich seine erste Regierungshandlung zeigt Mahomets furchtbar rücksichtslose Entschlossenheit. Um im Voraus jeden Rivalen gleichen Blutes zu beseitigen, lässt er seinen unmündigen Bruder im Bade ertränken, und sofort darauf – auch dies beweist seine vorbedenkende Schlauheit und Wildheit – schickt er dem Ermordeten den Mörder, den er zu dieser Tat gedungen, in den Tod nach.

Die Nachricht, dass statt des bedächtigeren Murad dieser junge, leidenschaftliche und ruhmgierige Mahomet Sultan der Türken geworden sei, erfüllt Byzanz mit Entsetzen. Denn durch hundert Späher weiß man, dass dieser Ehrgeizige geschworen hat, die einstige Hauptstadt der Welt in seinen Besitz zu bringen, dass er trotz seiner Jugend Tage wie Nächte mit strategischen Erwägungen für diesen seinen Lebensplan verbringt; zugleich aber melden auch alle Berichte einmütig die außerordentlichen militärischen und diplomatischen Fähigkeiten des neuen Padischahs. Mahomet ist beides zugleich, fromm und grausam, leidenschaftlich und heimtückisch, ein gelehrter, ein kunstliebender Mann, der seinen Cäsar und die Biografien der Römer lateinisch liest, und gleichzeitig ein Barbar, der Blut verschüttet wie Wasser. Dieser Mann mit den feinen, melancholischen Augen und der scharfen, bissigen Papageiennase erweist sich in einem als unermüdlicher Arbeiter, verwegener Soldat und skrupelloser Diplomat, und alle diese gefährlichen Kräfte wirken konzentrisch in die gleiche Idee: seinen Großvater Bajazet und seinen Vater Murad, die zum ersten Mal Europa die militärische Überlegenheit der neuen türkischen Nation gelehrt, in ihren Taten noch weit zu übertreffen. Sein erster Griff aber, dies weiß man, dies fühlt man, wird Byzanz sein, dieser letztverbliebene herrliche Edelstein der Kaiserkrone Konstantins und Justinians.

Dieser Edelstein liegt für eine entschlossene Faust tatsächlich unbeschirmt und zum Greifen nahe. Das Imperium Byzantinum, das oströmische Kaiserreich, das einstens die

Welt umspannte, von Persien bis zu den Alpen und wieder bis zu den Wüsten Asiens sich erstreckend, ein Weltreich, in Monaten und Monaten kaum zu durchmessen, kann man nun in drei Stunden zu Fuß bequem durchschreiten: Kläglicherweise ist von jenem Byzantinischen Reich nichts übrig geblieben als ein Haupt ohne Leib, eine Hauptstadt ohne Land; Konstantinopel, die Konstantinstadt, das alte Byzantium, und selbst von diesem Byzanz gehört dem Kaiser, dem Basileus, nur mehr ein Teil, das heutige Stambul, während Galata schon an die Genueser und alles Land hinter der Stadtmauer an die Türken gefallen ist; handtellergroß ist dieses Kaiserreich des letzten Kaisers, gerade nur eine riesige Ringmauer um Kirchen, Paläste und das Häusergewirr, das man Byzanz nennt. Geplündert schon einmal bis auf das Mark von den Kreuzfahrern, entvölkert von der Pest, ermattet von der ewigen Abwehr nomadischer Völker, zerrissen von nationalen und religiösen Streitigkeiten, kann diese Stadt weder Mannschaft noch Mannesmut aufbringen, um sich aus eigener Kraft eines Feindes zu erwehren, der sie mit Polypenarmen von allen Seiten längst umklammert hält; der Purpur des letzten Kaisers von Byzanz, Konstantin Dragases, ist ein Mantel aus Wind, seine Krone ein Spiel des Geschicks. Aber eben weil von den Türken schon umstellt und weil geheiligt der ganzen abendländischen Welt durch gemeinsame, jahrtausendalte Kultur, bedeutet dieses Byzanz für Europa ein Symbol seiner Ehre; nur wenn die geeinte Christenheit dieses letzte und schon zerfallende Bollwerk im Osten beschirmt, kann die Hagia Sophia weiterhin eine Basilika des Glaubens bleiben, der letzte und zugleich schönste Dom des oströmischen Christentums.

Konstantin begreift sofort die Gefahr. Trotz allen Friedensreden Mahomets in begreiflicher Angst, sendet er Boten auf Boten nach Italien hinüber, Boten an den Papst, Boten nach Venedig, nach Genua, sie mögen Galeeren schicken und Soldaten. Aber Rom zögert und Venedig auch. Denn zwischen dem Glauben des Ostens und dem Glauben des Westens gähnt noch immer die alte theologische Kluft. Die griechische Kirche hasst die römische, und ihr Patriarch weigert sich, in dem Papst den obersten Hirten anzuerkennen. Zwar ist längst in Hinblick auf die Türkengefahr in Ferrara und Florenz auf zwei Konzilien die Wiedervereinigung der beiden Kirchen beschlossen und dafür Byzanz Hilfe gegen die Türken zugesichert. Aber kaum dass die Gefahr für Byzanz nicht mehr so brennend gewesen, hatten sich die griechischen Synoden geweigert, den Vertrag in Kraft treten zu lassen; jetzt erst, da Mahomet Sultan geworden ist, siegt die Not über die orthodoxe Hartnäckigkeit: Gleichzeitig mit der Bitte um rasche Hilfe sendet Byzanz die Kunde seiner Nachgiebigkeit nach Rom. Nun werden Galeeren ausgerüstet mit Soldaten und Munition, auf einem Schiffe aber segelt der Legat des Papstes mit, um die Versöhnung der beiden Kirchen des Abendlandes feierlich zu vollziehen und vor der Welt zu bekunden, dass wer Byzanz angreift, das geeinte Christentum herausfordere.

Großartiges Schauspiel jenes Dezembertages: Die herrliche Basilika, deren einstige Pracht von Marmor und Mosaik und schimmernden Köstlichkeiten wir in der Moschee von heute kaum mehr zu ahnen vermögen, feiert das große Fest der Versöhnung. Umringt von all den Würdenträgern seines Reichs, ist Konstantin, der Basileus, erschienen, um mit seiner kaiserlichen Krone höchster Zeuge und Bürge der ewigen Eintracht zu sein. Überfüllt ist der riesige Raum, den zahllose Kerzen erhellen; vor dem Altar zelebrieren brüderlich der Legat des römischen Stuhles Isidorus und der orthodoxe Patriarch Gregorius die Messe; zum ersten Mal wird in dieser Kirche wieder der Name des Papstes ins Gebet eingeschlossen, zum ersten Mal schwingt sich gleichzeitig in lateinischer und in griechischer Sprache der fromme Gesang hinauf in die Wölbungen der unvergänglichen Kathedrale, während der Leichnam des heiligen Spiridion in feierlichem Zuge von beiden befriedeten Kleriseien einhergetragen wird. Osten und Westen, der eine und andere Glaube scheinen für ewig verbunden, und endlich ist wieder einmal nach Jahren und Jahren verbrecherischen Haders die Idee Europas, der Sinn des Abendlandes erfüllt.

Aber kurz und vergänglich sind die Augenblicke der Vernunft und der Versöhnung in der Geschichte. Noch während sich in der Kirche fromm die Stimmen im gemeinsamen Gebet vermählen, eifert bereits draußen in einer Klosterzelle der gelehrte Mönch Genadios gegen die Lateiner und den Verrat des wahren Glaubens; kaum von der Vernunft geflochten, ist das Friedensband vom Fanatismus schon wieder zerrissen, und ebenso wenig, wie der griechische Klerus an wirkliche Unterwerfung denkt, entsinnen sich die Freunde vom andern Ende des Mittelmeers ihrer verheißenen Hilfe. Ein paar Galeeren, ein paar hundert Soldaten werden zwar hinübergesandt, aber dann wird die Stadt ihrem Schicksal überlassen.

Der Krieg beginnt

Gewaltherrscher, wenn sie einen Krieg vorbereiten, sprechen, solange sie nicht völlig gerüstet sind, ausgiebigst vom Frieden. So empfängt auch Mahomet bei seiner Thronbesteigung gerade die Gesandten Kaiser Konstantins mit den allerfreundlichsten und beruhigendsten Worten; er beschwört öffentlich und feierlich bei Gott und seinem Propheten, bei den Engeln und dem Koran, dass er die Verträge mit dem Basileus treulichst einhalten wolle. Gleichzeitig aber schließt der Hinterhältige eine Vereinbarung auf beiderseitige Neutralität mit den Ungarn und den Serben für drei Jahre – für eben jene drei Jahre, innerhalb welcher er ungestört die Stadt in seinen Besitz bringen will. Dann erst, nachdem Mahomet genügend den Frieden versprochen und beschworen, provoziert er mit einem Rechtsbruch den Krieg.

Bisher hatte den Türken nur das asiatische Ufer des Bosporus gehört, und somit konnten die Schiffe ungehindert von Byzanz durch die Enge ins Schwarze Meer, zu ihrem Getreidespeicher. Diesen Zugang drosselt Mahomet nun ab, indem er, ohne sich auch nur um eine Rechtfertigung zu bemühen, auf dem europäischen Ufer, bei Rumili Hissar, eine Festung zu bauen befiehlt, und zwar an jener schmalsten Stelle, wo einst in den Persertagen der kühne Xerxes die Meerenge überschritten. Über Nacht setzen Tausende, Zehntausende Erdarbeiter auf das europäische Ufer, das vertragsmäßig nicht befestigt werden darf (aber was gelten Gewalttätigen Verträge?), und sie plündern zu ihrem Unterhalt die umliegenden Felder, sie reißen nicht nur die Häuser, sondern auch die altberühmte Sankt-Michaelis-Kirche nieder, um Steine für ihre Zwingburg zu gewinnen; persönlich leitet der Sultan, rastlos bei Tag und Nacht, den Festungsbau, und ohnmächtig muss Byzanz zusehen, wie man ihm den freien Zugang zum Schwarzen Meer wider Recht und Vertrag abwürgt. Schon werden die ersten Schiffe, welche das bisher freie Meer passieren wollen, mitten im Frieden beschossen, und nach dieser ersten geglückten Machtprobe ist bald jede weitere Verstellung überflüssig. Im August 1452 ruft Mahomet alle seine Agas und Paschas zusammen und erklärt ihnen offen seine Absicht, Byzanz anzugreifen und einzunehmen. Bald folgt der Ankündigung die brutale Tat; durch das ganze Türkische Reich werden Herolde ausgesandt, die Waffenfähigen zusammenzurufen, und am 5. April 1453 überschwillt wie eine plötzlich vorgebrochene Sturmflut eine unübersehbare ottomanische Armee die Ebene von Byzanz bis knapp an dessen Mauern.

An der Spitze seiner Truppen, prächtig gewandet, reitet der Sultan, um sein Zelt gegenüber der Lykaspforte aufzuschlagen. Aber ehe er die Standarte vor seinem Hauptquartier sich im Winde bauschen lässt, befiehlt er, den Gebetsteppich auf der Erde zu entrollen. Barfüßig tritt er hin, dreimal beugt er, das Antlitz gegen Mekka gewandt, die Stirne bis zum Boden, und hinter ihm – großartiges Schauspiel – sprechen die Zehntausende und Abertausende seines Heeres mit gleicher Verneigung in gleicher Richtung, im gleichen Rhythmus das gleiche Gebet zu Allah mit, er möge ihnen Stärke und den Sieg verleihen. Dann erst erhebt sich der Sultan. Aus dem Demütigen ist wieder der Herausfordernde geworden, aus dem Diener Gottes der Herr und Soldat, und durch das ganze Lager eilen jetzt seine »tellals«, seine öffentlichen Ausrufer, um beim Trommelschlag und Fanfarenstoß weithin zu verkünden: »Die Belagerung der Stadt hat begonnen.«

Die Mauern und die Kanonen

Byzanz hat nur eine Macht und Stärke mehr, seine Mauern; nichts ist ihm von seiner einstigen weltumspannenden Vergangenheit geblieben als dieses Erbe einer größeren und glücklicheren Zeit. Mit dreifachem Panzer ist das Dreieck der Stadt gedeckt. Niederer, aber noch immer gewaltig, decken die steinernen Mauern die beiden Flanken der Stadt gegen das Marmarameer und das Goldene Horn; gigantische Maße dagegen entfaltet die Brustwehr gegen das offene Land, die sogenannte Theodosische Mauer. Schon Konstantin hatte vordem in Erkenntnis künftiger Gefährdung Byzanz mit Quadern gegürtet und Justinian diese Wälle weiter ausgebaut und befestigt; das eigentliche Bollwerk aber schaffte erst Theodosius mit der sieben Kilometer langen Mauer, von deren quaderner Kraft heute noch die efeuumschlungenen Überreste Zeugnis ablegen. Geziert mit Scharten und Zinnen, geschützt durch Wassergräben, bewacht von mächtigen quadratischen Türmen, in doppelter und dreifacher Parallelreihe errichtet und von jedem Kaiser der tausend Jahre abermals ergänzt und erneuert, gilt dieser majestätische Ringwall seiner Zeit als das vollendete Sinnbild der Uneinnehmbarkeit. Wie einst dem zügellosen Ansturm der Barbarenhorden und den Kriegsscharen der Türken, so spotten diese quadernen Blöcke auch jetzt noch aller bislang erfundenen Kriegsinstrumente, ohnmächtig prallen die Geschosse der Sturmböcke, der Widder und selbst der neuen Feldschlangen und Mörser von ihrer aufrechten Wand, keine Stadt Europas ist fester und besser geschirmt als Konstantinopel durch die Theodosische Mauer.

Mahomet nun kennt besser als irgendeiner diese Mauern und kennt ihre Stärke. In Nachtwachen und Träumen beschäftigt ihn seit Monaten und Jahren nur der eine Gedanke, wie diese uneinnehmbaren zu nehmen, diese unzertrümmerbaren zu zertrümmern wären. Auf seinem Tisch häufen sich die Zeichnungen, die Maße, die Risse der feindlichen Befestigungen, er kennt jede Hügelung vor und hinter den Mauern, jede Senke, jeden Wasserlauf, und seine Ingenieure haben mit ihm jede Einzelheit durchdacht. Aber Enttäuschung: Alle haben sie errechnet, dass man mit den bisher angewandten Geschützen die Theodosische Mauer nicht zertrümmern kann.

Also stärkere Kanonen schaffen! Längere, weitertragende, schusskräftigere, als sie bisher die Kriegskunst gekannt!

Und andere Geschosse aus härterem Stein formen, gewichtigere, zermalmendere, zerstörendere als alle bisher erzeugten! Eine neue Artillerie muss erfunden werden gegen diese unnahbaren Mauern, es gibt keine andere Lösung, und Mahomet erklärt sich für entschlossen, diese neuen Angriffsmittel um jeden Preis zu schaffen.

Um jeden Preis – eine solche Ankündigung erweckt immer schon aus sich selbst schöpferische und treibende Kräfte. So erscheint bald nach der Kriegserklärung bei dem Sultan der Mann, der als der erfindungsreichste und erfahrenste Kanonengießer der Welt gilt. Urbas oder Orbas, ein Ungar. Zwar ist er Christ und hat eben zuvor seine Dienste dem Kaiser Konstantin angeboten; aber in der richtigen Erwartung, bei Mahomet höhere Bezahlung und kühnere Aufgaben für seine Kunst zu finden, erklärt er sich bereit, falls man ihm unbeschränkte Mittel zur Verfügung stelle, eine Kanone zu gießen, wie man sie gleich groß noch nicht auf Erden gesehen. Der Sultan, dem, wie jedem von einer einzigen Idee Besessenen, kein Geldpreis zu hoch ist, weist ihm sofort Arbeiter in beliebiger Anzahl zu, in tausend Karren wird Erz nach Adrianopel gebracht; drei Monate lang bereitet nun mit unendlichen Mühen der Kanonengießer die Lehmform nach geheimen Methoden der Härtung vor, ehe der erregende Guss der glühenden Masse erfolgt. Das Werk gelingt. Die riesige Röhre, die größte, die bisher die Welt gekannt, wird aus der Form herausgeschlagen und ausgekühlt, aber bevor der erste Probeschuss abgefeuert wird, sendet Mahomet Ausrufer durch die ganze Stadt, um die schwangeren Frauen zu warnen. Als mit ungeheurem Donner dann die blitzerhellte Mündung die mächtige

Steinkugel ausspeit und diese eine Mauer mit einem einzigen Probeschuss zertrümmert, befiehlt Mahomet sofort die Anfertigung einer ganzen Artillerie in diesen gigantischen Maßen.

Die erste große »Steinwerfermaschine«, wie die griechischen Schriftsteller dann erschreckt diese Kanone nennen werden, wäre nun glücklich zustande gebracht. Aber noch schwierigeres Problem: wie dieses Monstrum durch ganz Thrakien schleifen, bis an die Mauern von Byzanz, diesen erzenen Lindwurm? Eine Odyssee ohnegleichen hebt an. Denn ein ganzes Volk, eine ganze Armee schleppt zwei Monate lang an diesem starren, langhalsigen Ungetüm. Zuerst sprengen Reiterscharen, um die Kostbarkeit vor jedem Überfall zu schützen, in ständigen Patrouillen voraus, hinter ihnen werken und karren Tag und Nacht Hunderte und vielleicht Tausende von Erdarbeitern, um die Straßenunebenheiten zu beseitigen für den überschweren Transport, der hinter sich für Monate wieder die Wege zerstört. Fünfzig Paar Ochsen sind der Wagenburg vorgespannt, auf deren Achsen – wie einstmals der Obelisk, als er von Ägypten nach Rom wanderte – mit genau verteiltem Gewicht die metallene Riesenröhre liegt; zweihundert Männer stützen unablässig zur Rechten und zur Linken das vor seiner eigenen Schwere schwankende Rohr, während gleichzeitig fünfzig Wagner und Zimmerleute ununterbrochen beschäftigt sind, die hölzernen Rollen auszuwechseln und zu ölen, die Stützen zu verstärken, Brücken zu legen; man versteht, dass nur Schritt um Schritt, im langsamsten Büffeltrott diese riesige Karawane sich ihren Weg bahnen kann durch Gebirge und Steppe. Staunend sammeln sich aus den Dörfern die Bauern und bekreuzigen sich vor dem erzenen Unwesen, das wie ein Gott des Krieges von seinen Dienern und Priestern von einem Land ins andere getragen wird; aber bald werden in gleicher Weise die erzgegossenen Brüder des gleichen lehmigen Mutterbetts herangeschleift; wieder einmal hat der menschliche Wille das Unmögliche möglich gemacht. Schon blecken zwanzig oder dreißig solcher Ungetüme ihre schwarzen Rundmäuler gegen Byzanz; die Schwerartillerie hat ihren Einzug in die Kriegsgeschichte gehalten, und es beginnt der Zweikampf zwischen der jahrtausendealten Mauer der oströmischen Kaiser und den neuen Kanonen des neuen Sultans.

Noch einmal Hoffnung

Langsam, zäh, aber unwiderstehlich zermalmen und zermahlen die Mammutkanonen mit blitzenden Bissen die Wälle von Byzanz. Zunächst kann jede nur sechs oder sieben Schüsse täglich abgeben, aber von Tag zu Tag bringt der Sultan neue zur Aufstellung, und in Staub- und Schuttwolken tut sich bei jedem Anprall dann immer neue Bresche in dem niederprasselnden Steinwerk auf. Zwar werden nachts von den Belagerten diese Löcher mit immer notdürftigeren hölzernen Palisaden und Leinwandballen geflickt, aber doch, es ist nicht die alte eherne, unversehrbare Mauer mehr, hinter der sie kämpfen, und mit Schrecken denken die achttausend hinter den Wällen an die entscheidende Stunde, in der dann die hundertfünfzigtausend Mahomets zum entscheidenden Angriff gegen die schon durchhöhlte Befestigung vorprellen werden. Es ist Zeit, höchste Zeit, dass Europa, dass die Christenheit sich ihres Versprechens entsinne; Scharen von Frauen liegen mit ihren Kindern den ganzen Tag vor den Reliquienschreinen in den Kirchen auf den Knien, von allen Wachttürmen spähen Tag und Nacht die Soldaten, ob nicht endlich in dem von türkischen Schiffen durchschwärmten Marmarameer die verheißene päpstliche und venezianische Entsatzflotte erscheinen wolle.

Endlich, am 20. April, um drei Uhr morgens, leuchtet ein Signal. In der Ferne hat man Segel erspäht. Es ist nicht die gewaltige, die erträumte christliche Flotte, aber immerhin: Langsam vom Wind getrieben, steuern drei große genuesische Schiffe heran und hinter ihnen ein viertes, kleineres, ein byzantinisches Getreideschiff, das die drei größeren zu seinem Schutz in die Mitte genommen. Sofort sammelt sich ganz Konstantinopel begeistert an den Uferwällen, um die Helfer zu begrüßen. Doch gleichzeitig wirft sich Mahomet auf sein Pferd und galoppiert in schärfstem Ritt von seinem Purpurzelt zum Hafen hinab, wo die türkische Flotte vor Anker liegt, und gibt Befehl, um jeden Preis das Einlaufen der Schiffe in den Hafen von Byzanz, in das Goldene Horn, zu verhindern.

Hundertfünfzig, allerdings kleinere Schiffe zählt die türkische Flotte, und sofort knattern Tausende Ruder ins Meer. Mit Enterhaken, mit Brandwerfern und Steinschleudern bewehrt, arbeiten sich diese hundertfünfzig Karavellen an die vier Galeonen heran, aber scharf getrieben vom Wind, überholen und überfahren die vier mächtigen Schiffe die mit Geschossen und Geschrei belfernden Boote der

Türken. Majestätisch, mit breit geschwellten, runden Segeln steuern sie, unbekümmert um die Angreifer, hin zum sicheren Hafen des Goldenen Horns, wo die berühmte Kette, von Stambul bis Galata hinübergespannt, ihnen dann dauernden Schutz bieten soll gegen Angriff und Überfall. Ganz nahe sind die vier Galeonen jetzt schon ihrem Ziel: Schon können die Tausende auf den Wällen jedes einzelne Gesicht erkennen, schon werfen sich Männer und Frauen auf die Knie, um Gott und den Heiligen zu danken für die glorreiche Errettung, schon klirrt die Kette im Hafen nieder, um die Entsatzschiffe zu empfangen.

Da geschieht mit einem Mal etwas Entsetzliches. Der Wind setzt plötzlich aus. Wie von einem Magnet festgehalten, stehen die vier Segelschiffe völlig tot mitten im Meer, gerade nur ein paar Steinwürfe weit von dem rettenden Hafen, und mit wildem Jubelgeschrei wirft sich die ganze Meute der feindlichen Ruderboote auf die vier gelähmten Schiffe, die wie vier Türme reglos im Meer starren. Rüden gleich, die sich in einem Sechzehnender verbeißen, hängen sich mit Enterhaken die kleinen Schiffe an die Flanken der großen, mit Äxten scharf in das Holzwerk schlagend, um sie zum Sinken zu bringen, mit immer neuer Mannschaft die Ankerketten emporkletternd, Fackeln und Feuerbrände gegen die Segel schleudernd, um sie zu entzünden. Der Kapitän der türkischen Armada treibt entschlossen sein eigenes Admiralsschiff gegen das Transportschiff, um es zu rammen; schon sind die beiden Schiffe wie Ringe ineinander verklammert. Zwar können, von ihren erhöhten Borden und durch Haubenpanzer geschützt, die genuesischen Matrosen sich zunächst noch der Emporkletternden erwehren, noch jagen sie mit Hacken und Steinen und griechischem Feuer die Angreifer zurück. Aber bald muss das Ringen zu Ende sein. Es sind zu viele gegen zu wenige. Die genuesischen Schiffe sind verloren.

Schauriges Schauspiel für die Tausende auf den Mauern! So lustvoll nah, wie das Volk sonst im Hippodrom die blutigen Kämpfe verfolgt, so schmerzvoll nahe kann es jetzt eine Seeschlacht mit nacktem Auge betrachten und den scheinbar unvermeidlichen Untergang der Ihren, denn höchstens zwei Stunden noch, und die vier Schiffe erliegen der feindlichen Meute auf der Arena des Meers. Vergebens sind die Helfer gekommen, vergebens! Die verzweifelten Griechen auf den Wällen von Konstantinopel, gerade nur einen Steinwurf weit von ihren Brüdern, stehen und schreien mit geballten Fäusten in ohnmächtiger Wut, ihren Rettern nicht helfen zu können. Manche suchen mit wilden Gesten die kämpfenden Freunde anzufeuern. Andere wieder, die Hände zum Himmel gehoben, rufen Christus und den Erzengel Michael und alle die Heiligen ihrer Kirchen und Klöster an, die Byzanz seit so vielen Jahrhunderten beschützt haben, sie mögen ein Wunder wirken. Aber auf dem gegenüberliegenden Ufer von Galata wiederum warten und schreien und beten ebenso mit gleicher Inbrunst die Türken um den Sieg der Ihren: Das Meer ist zur Szene geworden, eine Seeschlacht zum Gladiatorenspiel. Der Sultan selbst ist im Galopp herangejagt. Umringt von seinen Paschas, reitet er so tief ins Wasser hinein, dass sein Oberrock nass wird, und schreit durch die zum Schallrohr gehöhlten Hände mit zorniger Stimme den Seinen den Befehl zu, um jeden Preis die christlichen Schiffe zu nehmen.

Immer wieder, wenn eine seiner Galeeren zurückgetrieben wird, beschimpft er und bedroht er mit geschwungenem Krummsäbel seinen Admiral. »Wenn du nicht siegst, dann komme nicht lebend zurück.«

Noch halten die vier christlichen Schiffe stand. Aber schon geht der Kampf zu Ende, schon beginnen die Wurfgeschosse, mit denen sie die türkischen Galeeren zurücktreiben, auszugehen, schon ermattet den Matrosen nach stundenlangem Kampfe gegen die fünfzigfache Übermacht der Arm. Der Tag ist niedergestiegen, die Sonne senkt sich am Horizont. Eine Stunde noch, und wehrlos müssen die Schiffe, selbst wenn sie bis dahin nicht von den Türken geentert sind, durch die Strömung an das von den Türken besetzte Ufer hinter Galata getrieben werden. Verloren, verloren, verloren!

Da geschieht etwas, was der verzweifelnden, heulenden, klagenden Menge von Byzanz wie ein Wunder erscheint. Mit einmal beginnt ein leises Brausen, mit einmal erhebt sich ein Wind. Und sofort füllen sich die schlaffen Segel der vier Schiffe rund und groß. Der Wind, der ersehnte, der erbetene Wind ist wiedererwacht! Triumphierend erhebt sich der Bug der Galeonen, mit einem geschwellten Stoß überholt und überrennt ihr plötzlicher Anlauf die sie umschwärmenden Bedränger. Sie sind frei, sie sind gerettet. Unter dem brausenden Jubel der Tausende und Abertausende auf den Wällen fährt jetzt das erste, das zweite, das dritte, das vierte in den sicheren Hafen ein, die herabgelassene Sperrkette klirrt schützend wieder empor, und hinter ihnen, auf dem Meere zerstreut, bleibt ohnmächtig die Meute der türkischen Kleinschiffe; noch einmal schwebt

Jubel der Hoffnung wie ein purpurnes Gewölk über die düstere und verzweifelte Stadt.

Die Flotte wandert über den Berg

Eine Nacht lang dauert die überschwengliche Freude der Belagerten. Immer erregt ja die Nacht phantasievoll die Sinne und verwirrt die Hoffnung mit dem süßen Gift der Träume. Eine Nacht lang glauben die Belagerten sich schon gesichert und gerettet. Denn wie diese vier Schiffe Soldaten und Proviant glücklich gelandet haben, so werden jetzt Woche für Woche neue kommen, träumen sie. Europa hat sie nicht vergessen, und schon sehen sie in ihren voreiligen Erwartungen die Belagerung als aufgehoben, den Feind entmutigt und besiegt.

Doch auch Mahomet ist ein Träumer, freilich ein Träumer jener anderen und viel selteneren Art, die es versteht, durch ihren Willen Träume in Wirklichkeit umzusetzen. Und während jene Galeonen sich schon sicher wähnen im Hafen des Goldenen Horns, entwirft er einen Plan von so phantastischer Verwegenheit, dass er innerhalb der Kriegsgeschichte den kühnsten Taten Hannibals und Napoleons ehrlich gleichzusetzen ist. Byzanz liegt vor ihm wie eine goldene Frucht, aber er kann sie nicht greifen: Das Haupthindernis für diesen Angriff bildet die tief eingeschnittene Seezunge, das Goldene Horn, diese blinddarmförmige Bucht, welche die eine Flanke von Konstantinopel sichert. Einzudringen in diese Bucht ist praktisch unmöglich, denn am Eingange liegt die Genuesenstadt Galata, der Mahomet zur Neutralität verpflichtet ist, und von dort ist die eiserne Sperrkette quer bis zur Feindesstadt gespannt. Mit frontalem Stoß kann darum seine Flotte nicht in die Bucht, nur vom inneren Bassin her, wo das genuesische Terrain endet, wäre die christliche Flotte zu fassen. Aber wie eine Flotte schaffen für diese Binnenbucht? Man könnte eine bauen, gewiss. Aber das würde Monate und Monate dauern, und so lange will dieser Ungeduldige nicht warten.

Da fasste Mahomet den genialen Plan, seine Flotte vom äußeren Meer, wo sie nutzlos ist, über die Landzunge in den Innenhafen des Goldenen Horns hinüberzutransportieren. Dieser atemberaubend kühne Gedanke, mit Hunderten von Schiffen eine bergige Landzunge zu überschreiten, erscheint von vorneweg so absurd, so unausführbar, dass die Byzantiner und die Genuesen von Galata ihn ebenso wenig in ihre strategische Rechnung stellen wie vordem die Römer und nachher die Österreicher die rapiden Alpenübergänge Hannibals und Napoleons. Nach aller irdischen Erfahrung können Schiffe nur im Wasser fahren, nie aber eine Flotte über einen Berg. Doch eben dies ist allezeit das wahre Merkzeichen eines dämonischen Willens, dass er Unmögliches in Wirklichkeit verwandelt, immer erkennt man nur daran ein militärisches Genie, dass es im Kriege der Kriegsregeln spottet und im gegebenen Augenblick die schöpferische Improvisation einsetzt statt der erprobten Methoden. Eine ungeheure, eine in den Annalen der Geschichte kaum vergleichbare Aktion beginnt. In aller Stille lässt Mahomet zahllose Rundhölzer herbeischaffen und von Werkleuten zu Schlitten zimmern, auf welche man dann die aus dem Meer gezogenen Schiffe festlegt wie auf ein bewegliches Trockendock. Gleichzeitig sind schon Tausende Erdarbeiter am Werke, um den schmalen Saumpfad, der den Hügel von Pera hinauf- und wieder hinunterführt, möglichst für den Transport zu ebnen. Um aber die plötzliche Ansammlung von so vielen Werkleuten vor dem Feind zu verschleiern, lässt der Sultan an jedem Tag und in der Nacht über die neutrale Stadt Galata hinweg eine fürchterliche Kanonade aus Mörsern eröffnen, die an sich sinnlos ist und nur den einen Sinn hat, die Aufmerksamkeit abzulenken und die Berg- und Talreise der Schiffe von einem Gewässer ins andere zu verdecken. Während die Feinde beschäftigt sind und nur vom Lande her einen Angriff vermuten, setzen sich die zahllosen runden Holzrollen, reichlich mit Öl und Fett getränkt, in Bewegung, und auf dieser riesigen Walze wird nun, jedes in seiner Schlittenkufe von unzähligen Büffelpaaren und unter der nachschiebenden Hilfe der Matrosen ein Schiff nach dem anderen über den Berg hinübergezogen. Kaum dass die Nacht jeden Einblick verhüllt, beginnt diese mirakulöse Wanderung. Schweigsam wie alles Große, vorbedacht wie alles Kluge, vollzieht sich das Wunder der Wunder: Eine ganze Flotte wandert über den Berg.

Das Entscheidende bei allen großen militärischen Aktionen ist immer das Überraschungsmoment. Und hier bewährt sich großartig Mahomets besonderes Genie. Niemand ahnt etwas von seinem Vorhaben – »wüsste ein Haar in meinem Bart von meinen Gedanken, ich würde es ausreißen«, hat einmal dieser genial Hinterhältige von sich gesagt –, und in vollkommenster Ordnung, während prahlerisch die Kanonen an die Mauern donnern, vollzieht sich sein Befehl. Siebzig Schiffe werden in dieser einen Nacht des 22. April von einem Meere zum anderen über Berg und Tal, durch Weinberge und Felder und Wälder transportiert. Am nächsten Morgen glauben die Bürger von Byzanz zu träumen: eine feindliche Flotte, wie von Geisterhand hergetragen, segelt bewimpelt und bemannt im Herzen ihrer unnahbar vermeinten Bucht; noch reiben sie die Augen und verstehen nicht, woher dieses Wunder kam, aber Fanfaren und Zimbeln und Trommeln jubeln schon unter ihrer bisher vom Hafen beschirmten Seitenmauer, das ganze Goldene Horn mit Ausnahme jenes engen neutralen Raumes von Galata, wo die christliche Flotte eingekapselt ist, gehört durch diesen genialen Coup dem Sultan und seiner Armee. Ungehindert kann er jetzt auf seiner Pontonbrücke seine Truppen gegen die schwächere Mauer heranführen: Damit ist die schwache Flanke bedroht und die ohnehin schon spärliche Reihe der Verteidiger auf weiteren Raum verdünnt. Enger und enger hat sich die eiserne Faust um die Kehle des Opfers geschlossen.

Europa, hilf!

Die Belagerten täuschen sich nicht mehr. Sie wissen: Nun auch in der aufgerissenen Flanke gepackt, werden sie nicht lange Widerstand leisten hinter ihren zerschossenen Mauern, achttausend gegen hundertfünfzigtausend, wenn nicht baldigst Hilfe kommt. Aber hat nicht feierlichst die Signoria von Venedig zugesagt, Schiffe zu entsenden? Kann der Papst gleichgültig bleiben, wenn Hagia Sophia, die herrlichste Kirche des Abendlandes, in Gefahr schwebt, eine Moschee des Unglaubens zu werden? Versteht Europa, das in Zwist befangene, durch hundertfache niedere Eifersucht zerteilte, noch immer nicht die Gefahr für die Kultur des Abendlandes? Vielleicht – so trösten sich die Belagerten – ist die Entsatzflotte längst bereit und zögert nur aus Unkenntnis, die Segel zu setzen, und es genügte, brächte man ihnen die ungeheure Verantwortung dieses todbringenden Säumens zum Bewusstsein.

Aber wie die venezianische Flotte verständigen? Das Marmarameer ist übersät von türkischen Schiffen; mit der ganzen Flotte auszubrechen hieße sie dem Verderben preisgeben und außerdem die Verteidigung, bei welcher doch jeder einzelne Mann zählt, um ein paar hundert Soldaten schwächen. So beschließt man, nur ein ganz kleines Schiff mit winziger Bemannung aufs Spiel zu setzen. Zwölf Männer im Ganzen – gäbe es Gerechtigkeit in der Geschichte, ihr Name müsste so berühmt sein wie jener der Argonauten, und doch kennen wir keines Einzelnen Namen – wagen die Heldentat. Auf der kleinen Brigantine wird die feindliche Flagge gehisst. Zwölf Männer kleiden sich auf türkische Art mit Turban oder Tarbusch, um keine Aufmerksamkeit zu erregen. Am 3. Mai wird um Mitternacht die Sperrkette des Hafens geräuschlos gelockert, und mit gedämpftem Ruderschlag gleitet das kühne Boot hinaus, geschützt von der Dunkelheit. Und siehe: Das Wunderbare geschieht, und unerkannt durchfährt das winzige Schiff die Dardanellen bis ins Ägäische Meer. Immer ist es gerade das Übermaß an Kühnheit, das den Gegner lähmt. An alles hat Mahomet gedacht, nur nicht an dies Unvorstellbare, dass ein einzelnes Schiff mit zwölf Helden eine solche Argonautenfahrt durch seine Flotte wagen würde.

Aber tragische Enttäuschung: Kein venezianisches Segel leuchtet am Ägäischen Meer. Keine Flotte ist bereit zum Einsatz. Venedig und der Papst, alle haben sie Byzanz vergessen, alle vernachlässigen sie, mit kleiner Kirchturmpolitik beschäftigt, Ehre und Eid. Immer wiederholen sich in der Geschichte diese tragischen Augenblicke, dass, wo höchste Zusammenfassung aller geeinten Kräfte zum Schutze der europäischen Kultur notwendig wäre, auch nicht für eine Spanne die Fürsten und Staaten ihre kleinen Rivalitäten niederzuhalten vermögen. Genua ist es wichtiger, Venedig zurückzustellen, und Venedig wiederum Genua, als für einige Stunden vereint den gemeinsamen Feind zu bekriegen. Leer ist das Meer. Verzweifelt rudern die Tapfern auf ihrer Nussschale von Insel zu Insel. Aber überall sind die Häfen schon vom Feinde besetzt, und kein befreundetes Schiff wagt sich mehr in das kriegerische Gebiet.

Was nun tun? Einige der zwölf sind mit Recht mutlos geworden. Wozu nach Konstantinopel zurück, noch einmal den gefährlichen Weg? Hoffnung können sie keine bringen. Vielleicht ist die Stadt schon gefallen; jedenfalls erwartet sie, wenn sie zurückkehren, Gefangenschaft oder Tod. Aber – herrlich immer die Helden, die niemand kennt! – die Mehrzahl entscheidet dennoch für die Rückkehr. Ein Auftrag ist ihnen gegeben, und sie haben ihn zu erfüllen. Man hat sie um Botschaft gesandt, und sie müssen die Botschaft heimbringen, mag sie auch die bedrückendste sein. So wagt dieses winzige Schiff allein wieder den Weg zurück durch die Dardanellen, das Marmarameer und die feindliche

Flotte. Am 23. Mai, zwanzig Tage nach der Ausfahrt, schon hat man längst in Konstantinopel das Fahrzeug verlorengegeben, schon denkt niemand mehr an Botschaft oder Rückkehr, da schwenken plötzlich von den Wällen ein paar Wächter die Fahnen, denn mit scharfen Ruderschlägen steuert ein kleines Schiff auf das Goldene Horn zu, und als jetzt die Türken, durch den donnernden Jubel der Belagerten belehrt, erstaunend merken, dass diese Brigantine, die frecherweise mit türkischer Flagge durch ihre Gewässer gefahren, ein feindliches Schiff ist, stoßen sie mit ihren Booten von allen Seiten heran, um sie noch knapp vor dem schützenden Hafen abzufangen. Einen Augenblick schwingt Byzanz mit tausend Jubelschreien in der glücklichen Hoffnung, Europa habe sich seiner erinnert und jene Schiffe nur als Botschaft vorangesandt. Erst abends verbreitet sich die schlimme Wahrheit. Die Christenheit hat Byzanz vergessen. Die Eingeschlossenen sind allein, sie sind verloren, wenn sie sich nicht selber retten.

Die Nacht vor dem Sturm

Nach sechs Wochen beinahe täglicher Kämpfe ist der Sultan ungeduldig geworden. Seine Kanonen haben an vielen Stellen die Mauern zertrümmert, aber alle Sturmangriffe, die er anbefohlen, sind bisher blutig abgewiesen worden. Für einen Feldherrn bleiben nur mehr zwei Möglichkeiten, entweder die Belagerung aufzugeben oder nach den zahllosen einzelnen Attacken den großen, den entscheidenden Ansturm anzusetzen. Mahomet beruft seine Paschas zum

Kriegsrat, und sein leidenschaftlicher Wille siegt über alle Bedenken. Der große, der entscheidende Sturm wird für den 29. Mai beschlossen. Mit gewohnter Entschlossenheit trifft der Sultan seine Vorbereitungen. Ein Festtag wird angeordnet, hundertfünfzigtausend Mann, vom ersten bis zum letzten, müssen alle festlichen Gebräuche erfüllen, die der Islam vorschreibt, die sieben Waschungen und dreimal am Tag das große Gebet. Was an Pulver und Geschossen noch vorhanden ist, wird zu forciertem Artillerieangriff herangeholt, um die Stadt sturmreif zu machen, die einzelnen Truppen werden für den Angriff verteilt. Von früh bis nachts gönnt sich Mahomet keine Stunde Rast. Vom Goldenen Horn bis zum Marmarameer, das ganze riesige Lager entlang, reitet er von einem Zelte zum anderen, überall die Führer persönlich ermutigend, die Soldaten anfeuernd. Aber als guter Psychologe weiß er, wie am besten die Kampflust der hundertfünfzigtausend bis zum Äußersten zu entfachen ist; und so gibt er ein furchtbares Versprechen, das er zu seiner Ehre und Unehre auf das vollkommenste erfüllt hat. Dieses Versprechen rufen bei Trommeln und Fanfaren seine Herolde in alle Winde: »Mahomet schwört beim Namen Allahs, beim Namen Mohammeds und der viertausend Propheten, er schwört bei der Seele seines Vaters, des Sultans Murad, bei den Häuptern seiner Kinder und bei seinem Säbel, dass seinen Truppen nach der Erstürmung der Stadt unbeschränktes Recht auf drei Tage Plünderung gegeben wird. Alles, was in diesen Mauern ist: Hausrat und Habe, Schmuck und Juwelen, Münzen und Schätze, die Männer, die Frauen, die Kinder sollen den siegreichen Soldaten gehören, und er selbst verzichtet auf jeglichen Teil, außer auf die Ehre, dieses letzte Bollwerk des oströmischen Reiches erobert zu haben.«

Mit rasendem Jubel nehmen die Soldaten diese wilde Verkündigung auf. Wie ein Sturm schwillt das laute Getöse des Jubels und der rasende Allah-il-Allah-Schrei der Tausende hinüber zur verängstigten Stadt. »Jagma, Jagma«, »Plünderung, Plünderung«! Das Wort wird zum Feldruf, es knattert mit den Trommeln, es braust mit Zimbeln und Fanfaren, und nachts verwandelt sich das Lager in ein festliches Lichtmeer. Erschauernd sehen die Belagerten von ihren Wällen, wie Myriaden von Lichtern und Fackeln in der Ebene und auf den Hügeln entbrennen und Feinde mit Trompeten, Pfeifen, Trommeln und Tamburinen den Sieg noch vor dem Siege feiern; es ist wie die grausam geräuschvolle Zeremonie heidnischer Priester vor der Opferung. Dann plötzlich aber um Mitternacht erlöschen auf Mahomets Befehl mit einem Schlage alle Lichter, brüsk endet dieses tausendstimmige heiße Getön. Doch dieses plötzliche Verstummen und dieses lastende Dunkel bedrückt mit seiner drohenden Entschlossenheit die verstört Lauschenden noch furchtbarer als der frenetische Jubel des lärmenden Lichts.

Die letzte Messe in Hagia Sophia

Die Belagerten benötigen keine Kundschafter, keine Überläufer, um zu wissen, was ihnen bevorsteht. Sie wissen, der Sturm ist befohlen, und Ahnung ungeheurer Verpflichtung und ungeheurer Gefahr lastet wie ein gewittriges Gewölk über der ganzen Stadt. Sonst zerteilt in Spaltungen und religiösen Streit, sammelt sich die Bevölkerung in diesen letzten Stunden – immer erschafft erst die äußerste Not die unvergleichlichen Schauspiele irdischer Einigung. Damit allen gewärtig sei, was ihnen zu verteidigen obliege: der Glaube, die große Vergangenheit, die gemeinsame Kultur, ordnet der Basileus eine ergreifende Zeremonie an. Auf seinen Befehl sammelt sich das ganze Volk, Orthodoxe und Katholiken, Priester und Laien, Kinder und Greise, zu einer einzigen Prozession. Niemand darf, niemand will zu Hause bleiben, vom Reichsten bis zum Ärmsten reihen sich fromm und singend alle zum »Kyrie Eleison« in den feierlichen Zug, der erst die Innenstadt und dann auch die äußeren Wälle durchschreitet. Aus den Kirchen werden die heiligen Ikonen und Reliquien geholt und vorangetragen; überall, wo eine Bresche in die Mauer geschlagen ist, hängt man dann eines der Heiligenbilder hin, damit es besser als irdische Waffen den Ansturm der Ungläubigen abwehren solle. Gleichzeitig versammelt Kaiser Konstantin um sich die Senatoren, die Edelleute und Kommandanten, um mit einer letzten Ansprache ihren Mut zu befeuern. Nicht kann er zwar wie Mahomet ihnen unermessliche Beute versprechen. Aber die Ehre schildert er ihnen, die sie für die Christenheit und die ganze abendländische Welt erwerben, wenn sie diesen letzten entscheidenden Ansturm abwehren, und die Gefahr, wenn sie den Mordbrennern erliegen: Mahomet und Konstantin, beide wissen sie: dieser Tag entscheidet auf Jahrhunderte Geschichte.

Dann beginnt die letzte Szene, eine der ergreifendsten Europas, eine unvergessliche Ekstase des Unterganges. In

Hagia Sophia, der damals noch herrlichsten Kathedrale der Welt, die seit jenem Tage der Verbrüderung der beiden Kirchen von den einen Gläubigen und von den anderen verlassen gewesen war, versammeln sich die Todgeweihten. Um den Kaiser schart sich der ganze Hof, die Adeligen, die griechische und die römische Priesterschaft, die genuesischen und venezianischen Soldaten und Matrosen, alle in Rüstung und Waffen: und hinter ihnen knien stumm und ehrfürchtig Tausende und Abertausende murmelnde Schatten – das gebeugte, das von Angst und Sorgen aufgewühlte Volk; und die Kerzen, die mühsam mit dem Dunkel der niederhängenden Wölbungen ringen, erleuchten diese einmütig hingebeugte Masse im Gebet wie einen einzigen Leib. Es ist die Seele von Byzanz, die hier zu Gott betet. Der Patriarch erhebt nun mächtig und aufrufend seine Stimme, singend antworten ihm die Chöre, noch einmal ertönt die heilige, die ewige Stimme des Abendlandes, die Musik, in diesem Raume. Dann tritt einer nach dem anderen, der Kaiser zuerst, vor den Altar, um die Tröstung des Glaubens zu empfangen, bis hoch zu den Wölbungen hinauf hallt und schrillt der riesige Raum von der unaufhörlichen Brandung des Gebetes. Die letzte, die Totenmesse des oströmischen Reiches hat begonnen. Denn zum letzten Mal hat der christliche Glaube gelebt in der Kathedrale Justinians.

Nach dieser erschütternden Zeremonie kehrt der Kaiser nur noch einmal flüchtig in seinen Palast zurück, um alle seine Untergebenen und Diener um Vergebung für alles Unrecht zu bitten, das er jemals im Leben gegen sie begangen habe. Dann schwingt er sich auf das Pferd und reitet –

genau wie Mahomet, sein großer Gegner, in der gleichen Stunde – von einem Ende bis zum anderen die Wälle entlang, die Soldaten anzufeuern. Schon ist die Nacht tief herabgesunken. Keine Stimme erhebt sich mehr, keine Waffe klirrt. Aber mit erregter Seele warten die Tausende innerhalb der Mauern auf den Tag und den Tod.

Kerkaporta, die vergessene Tür

Um ein Uhr morgens gibt der Sultan das Signal zum Angriff. Riesig wird die Standarte entrollt, und mit einem einzigen Schrei »Allah, Allah il Allah« stürzen sich hunderttausend Menschen mit Waffen und Leitern und Stricken und Enterhaken gegen die Mauern, während gleichzeitig alle Trommeln rasseln, alle Fanfaren tosen, Pauken, Zimbeln und Flöten ihr scharfes Getöne mit menschlichen Schreien und dem Donnern der Kanonen zu einem einzigen Orkan vereinigen. Mitleidlos werden zunächst die ungeübten Truppen, die Baschibozugs, gegen die Mauern geworfen – ihre halbnackten Leiber dienen im Angriffsplan des Sultans gewissermaßen nur als Prellböcke, bestimmt, den Feind zu ermüden und zu schwächen, bevor die Kerntruppe zum entscheidenden Sturm eingesetzt wird. Mit hundert Leitern rennen im Dunkel die Vorgepeitschten heran, sie klettern die Zinnen empor, werden herabgeworfen, stürmen wieder hinan, immer, immer wieder, denn sie haben keinen Rückweg: Hinter ihnen, dem bloß zur Opferung bestimmten wertlosen Menschenmaterial, stehen schon die Kerntruppen, die sie immer wieder vortreiben in den fast sicheren Tod. Noch behalten die Verteidiger die Oberhand, ihren Maschenpanzern können die zahllosen Pfeile und Steine nichts anhaben. Aber ihre wirkliche Gefahr – und dies hat Mahomet richtig errechnet – ist die Ermüdung. In schweren Rüstungen fortwährend gegen die immer wieder vorpreschenden Leichttruppen kämpfend, ständig von einer Angriffsstelle zu der anderen springend, erschöpfen sie ein Gutteil ihrer Kraft in dieser aufgezwungenen Abwehr. Und als jetzt – schon beginnt nach zweistündigem Ringen der Morgen zu grauen – die zweite Sturmtruppe, die Anatolier, vorstürmen, wird der Kampf schon gefährlicher. Denn diese Anatolier sind disziplinierte Krieger, wohlgeschult und gleichfalls mit Maschenpanzern gegürtet, sie sind außerdem in der Überzahl und völlig ausgeruht, während die Verteidiger bald die eine, bald die andere Stelle gegen die Einbrüche schützen müssen. Aber noch immer werden überall die Angreifer zurückgeworfen, und der Sultan muss seine letzten Reserven einsetzen, die Janitscharen, die Kerntruppe, die Elitegarde des ottomanischen Heeres. In eigener Person stellt er sich an die Spitze der zwölftausend jungen, ausgewählten Soldaten, der besten, die Europa damals kennt, und mit einem einzigen Schrei werfen sie sich auf die erschöpften Gegner. Es ist höchste Zeit, dass jetzt in der Stadt alle Glocken läuten, um die letzten halbwegs Kampffähigen an die Wälle zu rufen, dass man die Matrosen heranholt von den Schiffen, denn nun kommt der wahre Entscheidungskampf in Gang. Zum Verhängnis für die Verteidiger trifft ein Steinschlag den Führer der Genueser Truppe, den verwegenen Condottiere Giustiniani, der schwer verwundet zu den Schiffen abgeschleppt wird, und sein Fall bringt die

Energie der Verteidiger für einen Augenblick ins Wanken. Aber schon jagt der Kaiser selbst heran, um den drohenden Einbruch zu verhindern, noch einmal gelingt es, die Sturmleitern hinabzustoßen: Entschlossenheit steht gegen letzte Entschlossenheit, und für einen Atemzug noch scheint Byzanz gerettet, die höchste Not hat wider den wildesten Angriff gesiegt. Da entscheidet ein tragischer Zwischenfall, eine jener geheimnisvollen Sekunden, wie sie manchmal die Geschichte in ihren unerforschlichen Ratschlüssen hervorbringt, mit einem Schlage das Schicksal von Byzanz.

Etwas ganz Unwahrscheinliches hat sich begeben. Durch eine der vielen Breschen der Außenmauern sind unweit der eigentlichen Angriffsstelle ein paar Türken eingedrungen. Gegen die Innenmauer wagen sie sich nicht vor. Aber als sie so neugierig und planlos zwischen der ersten und der zweiten Stadtmauer herumirren, entdecken sie, dass eines der kleineren Tore des inneren Stadtwalls, die sogenannte Kerkaporta, durch ein unbegreifliches Versehen offen geblieben ist. Es ist an sich nur eine kleine Tür, in Friedenszeiten für die Fußgänger bestimmt, während jener Stunden, da die großen Tore noch geschlossen sind; gerade weil sie keine militärische Bedeutung besitzt, hat man in der allgemeinen Aufregung der letzten Nacht offenbar ihre Existenz vergessen. Die Janitscharen finden nun zu ihrem Erstaunen diese Tür inmitten des starrenden Bollwerks ihnen gemächlich aufgetan. Erst vermuten sie eine Kriegslist, denn zu unwahrscheinlich scheint ihnen das Absurdum, dass, während sonst vor jeder Bresche, jeder Luke, jedem Tor der Befestigung Tausende Leichen sich türmen und brennendes Öl und Wurfspieße niedersausen, hier sonntäglich friedlich die Tür, die Kerkaporta, offensteht zum Herzen der Stadt. Auf jeden Fall rufen sie Verstärkung heran, und völlig widerstandslos stößt ein ganzer Trupp hinein in die Innenstadt, den ahnungslosen Verteidigern des Außenwalls unvermutet in den Rücken fallend. Ein paar Krieger gewahren die Türken hinter den eigenen Reihen, und verhängnisvoll erhebt sich jener Schrei, der in jeder Schlacht mörderischer ist als alle Kanonen, der Schrei des falschen Gerüchts: »Die Stadt ist genommen!« Laut und lauter jubeln die Türken ihn jetzt weiter: »Die Stadt ist genommen!«, und dieser Schrei zerbricht allen Widerstand. Die Söldnertruppen, die sich verraten glauben, verlassen ihren Posten, um sich rechtzeitig in den Hafen und auf die Schiffe zu retten. Vergeblich, dass Konstantin sich mit ein paar Getreuen den Eindringlingen entgegenwirft, er fällt, unerkannt erschlagen, mitten im Gewühl, und erst am nächsten Tage wird man in einem Leichenhaufen an den purpurnen, mit einem goldenen Adler geschmückten Schuhen feststellen können, dass ehrenvoll im römischen Sinne der letzte Kaiser Ostroms sein Leben mit seinem Reiche verloren. Ein Staubkorn Zufall, Kerkaporta, die vergessene Tür, hat Weltgeschichte entschieden.

Das Kreuz stürzt nieder

Manchmal spielt die Geschichte mit Zahlen. Denn genau tausend Jahre, nachdem Rom von den Vandalen so denkwürdig geplündert worden, beginnt die Plünderung Byzanz'. Fürchterlich, seinen Eiden getreu, hält Mahomet, der

Sieger, sein Wort. Wahllos überlässt er nach dem ersten Massaker seinen Kriegern Häuser und Paläste, Kirchen und Klöster, Männer, Frauen und Kinder zur Beute, und wie Höllenteufel jagen die Tausende durch die Gassen, um einer dem anderen zuvorzukommen. Der erste Sturm geht gegen die Kirchen, dort glühen die goldenen Gefäße, dort funkeln Juwelen, aber wo sie in ein Haus einbrechen, hissen sie gleich ihre Banner davor, damit die Nächstgekommenen wissen, hier sei die Beute schon mit Beschlag belegt; und diese Beute besteht nicht nur in Edelsteinen, Stoffen und Geld und tragbarer Habe, auch die Frauen sind Ware für die Serails, die Männer und Kinder für den Sklavenmarkt. In ganzen Rudeln werden die Unglückseligen, die sich in die Kirchen geflüchtet haben, hinausgepeitscht, die alten Leute als unbrauchbare Esser und unverkäuflicher Ballast ermordet, die jungen, wie Vieh zusammengebunden, weggeschleppt, und gleichzeitig mit dem Raub wütet die sinnlose Zerstörung. Was die Kreuzfahrer bei ihrer vielleicht ebenso fürchterlichen Plünderung an wertvollen Reliquien und Kunstwerken noch übrig gelassen, wird von den rasenden Siegern zerschlagen, zerfetzt, zertrennt, die kostbaren Bilder werden vernichtet, die herrlichsten Statuen zerhämmert, die Bücher, in denen die Weisheit von Jahrhunderten, der unsterbliche Reichtum des griechischen Denkens und Dichtens bewahrt sein sollte für alle Ewigkeit, verbrannt oder achtlos weggeworfen. Nie wird die Menschheit zur Gänze wissen, was für Unheil in jener Schicksalsstunde durch die offene Kerkaporta eingebrochen ist und wie viel bei den Plünderungen Roms, Alexandriens und Byzanz' der geistigen Welt verlorenging.

Erst am Nachmittag des großen Sieges, da die Schlächterei schon beendet ist, zieht Mahomet in die eroberte Stadt ein. Stolz und ernst reitet er auf seinem prächtigen Ross vorbei an den wilden Szenen der Plünderung, ohne den Blick zu wenden, getreu bleibt er seinem Wort, den Soldaten, die ihm den Sieg gewonnen, ihr fürchterliches Geschäft nicht zu stören. Sein erster Weg aber gilt nicht dem Gewinn, denn er hat alles gewonnen, stolz reitet er hin zur Kathedrale, dem strahlenden Haupt von Byzanz. Mehr als fünfzig Tage hat er von seinen Zelten zu der schimmernd unerreichbaren Kuppel dieser Hagia Sophia sehnsüchtig hingeblickt; nun darf er als Sieger ihre bronzene Tür durchschreiten. Aber noch einmal bezähmt Mahomet seine Ungeduld: Erst will er Allah danken, ehe er ihm für ewige Zeiten diese Kirche weiht. Demütig steigt der Sultan vom Pferde und beugt das Haupt tief auf den Boden zum Gebet. Dann nimmt er eine Handvoll Erde und streut sie auf sein Haupt, um sich zu erinnern, dass er selbst ein Sterblicher sei und seines Triumphes sich nicht überheben möge. Und nun erst, nachdem er Gott seine Demut gezeigt, richtet der Sultan sich hoch auf und betritt, der erste Diener Allahs, die Kathedrale Justinians, die Kirche der heiligen Weisheit, die Kirche Hagia Sophia.

Neugierig und ergriffen betrachtet der Sultan das herrliche Haus, die hohen Wölbungen, schimmernd in Marmor und Mosaiken, die zarten Bögen, die aus Dämmerung sich zum Licht aufheben; nicht ihm, sondern seinem Gotte, fühlt er, gehört dieser erhabenste Palast des Gebets. Sofort lässt er einen Imam holen, der die Kanzel besteigt und von dort das mohammedanische Bekenntnis verkündet, während der Padischah, das Antlitz gegen Mekka gewendet, das erste Gebet zu Allah, dem Herrscher der Welten, in diesem christlichen Dome spricht. Am nächsten Tage schon erhalten die Werkleute den Auftrag, alle Zeichen des früheren Glaubens zu entfernen; weggerissen werden die Altäre, übertüncht die frommen Mosaiken, und das hocherhobene Kreuz von Hagia Sophia, das tausend Jahre seine Arme entbreitet, um alles Leid der Erde zu umfassen, stürzt dumpf polternd zu Boden.

Laut hallt der steinerne Ton durch die Kirche und weit über sie hinaus. Denn von diesem Sturze erbebt das ganze Abendland. Schreckhaft hallt die Nachricht wider in Rom, in Genua, in Venedig, wie ein warnender Donner rollt sie nach Frankreich, nach Deutschland hinüber, und schauernd erkennt Europa, dass dank seiner dumpfen Gleichgültigkeit durch die verhängnisvolle vergessene Tür, die Kerkaporta, eine schicksalhaft zerstörende Gewalt hereingebrochen ist, die jahrhundertelang seine Kräfte binden und lähmen wird. Aber in der Geschichte wie im menschlichen Leben bringt Bedauern einen verlorenen Augenblick nicht mehr wieder, und tausend Jahre kaufen nicht zurück, was eine einzige Stunde versäumt.

Georg Friedrich Händels Auferstehung
21. August 1741

Der Diener Georg Friedrich Händels saß am Nachmittag des 13. April 1737, auf das sonderbarste beschäftigt, vor dem Parterrefenster des Hauses in Brookstreet. Er hatte ärgerlich bemerkt, dass sein Tabakvorrat ausgegangen war, und eigentlich hätte er nur zwei Straßen weit zu laufen gehabt, um sich in der Bude seiner Freundin Dolly frischen Knaster zu besorgen, aber er wagte sich nicht vom Hause aus Furcht vor seinem jähzornigen Herrn und Meister. Georg Friedrich Händel war in vollsaftiger Wut aus der Probe nach Hause gekommen, prallrot das Gesicht von aufwallendem Blut und dick die Adersträhnen an den Schläfen, mit einem Knall hatte er die Haustür zugeworfen und wanderte jetzt, der Diener konnte es hören, so heftig im ersten Stock auf und ab, dass die Decke bebte: Es war nicht ratsam, an solchen Zorntagen lässig im Dienste zu sein.

So suchte der Diener ablenkende Beschäftigung für seine Langeweile, indem er statt schöngekringelten blauen Rauches aus seiner kurzen Tonpfeife Seifenblasen aufsteigen ließ. Er hatte sich einen kleinen Napf mit Seifenschaum zurechtgemacht und vergnügte sich, aus dem Fenster die bunten farbigen Blasen auf die Straße zu jagen. Die Vorübergehenden blieben stehen, zerstäubten im Spaß mit dem Stock eine und die andere der farbigen Kugeln, sie lachten und winkten, aber sie wunderten sich nicht. Denn von diesem Hause in Brookstreet konnte man alles erwarten; hier dröhnte plötzlich nachts das Cembalo, hier hörte man Sängerinnen heulen und schluchzen, wenn sie der cholerische Deutsche in seinem Berserkerzorn bedrohte, weil sie um einen Achtelton zu hoch oder zu tief gesungen. Für die Nachbarn von Grosvenorsquare galt Brookstreet 25 seit langem als Narrenhaus.

Der Diener blies still und beharrlich seine bunten Blasen. Nach einiger Zeit hatte sich seine Geschicklichkeit schon sichtbar gemehrt, immer größer und dünnhäutiger wurden die marmorierten Kugeln, immer höher und leichter schwebten sie empor, und eine sogar über den niederen First des gegenüberliegenden Hauses. Da, plötzlich schrak er auf, denn das ganze Haus erbebte von einem dumpfen Schlag. Die Gläser klirrten, die Gardinen schwankten; etwas Massiges und Schweres musste im obern Stockwerk hingeschmettert haben. Und schon sprang der Diener auf und in einem Rand die Stufen empor zu dem Arbeitszimmer.

Der Sessel war leer, auf dem der Meister bei der Arbeit saß, das Zimmer war leer, und schon wollte der Diener weitereilen in den Schlafraum, da entdeckte er Händel, regungslos auf dem Boden liegend, die Augen starr offen, und jetzt, als der Diener im ersten Schreck stillestand, hörte er ein dumpfes, schweres Röcheln. Der starke Mann lag auf dem Rücken und stöhnte, oder vielmehr: Es stöhnte aus ihm mit kurzen, immer schwächeren Stößen.

Er stirbt, dachte der erschrockene Diener und kniete

rasch hin, dem Halbohnmächtigen zu helfen. Er versuchte ihn aufzuheben, ihn hinzutragen bis zu dem Sofa, aber der Leib des riesigen Mannes war zu lastend, zu schwer. So riss er ihm nur das engende Halstuch ab, und sofort verstummte das Röcheln.

Aber da kam schon vom unteren Stockwerk Christof Schmidt, der Famulus, der Helfer des Meisters, der eben sich eingefunden hatte, um einige Arien auszukopieren; auch ihn hatte der dumpfe Fall aufgeschreckt. Zu zweit hoben sie jetzt den schweren Mann auf – die Arme fielen schlaff herab wie die eines Toten – und betteten ihn hin, das Haupt erhoben. »Kleide ihn aus«, herrschte Schmidt den Diener an, »ich laufe nach dem Arzt. Und spreng ihn an mit Wasser, bis er erwacht.«

Christof Schmidt lief ohne Rock, er ließ sich keine Zeit, durch Brookstreet gegen Bondstreet, allen Kutschen winkend, die gravitätischen Trotts vorübertrabten, ohne dem hemdärmeligen, keuchenden, dicken Mann die geringste Beachtung zu schenken. Endlich hielt eine an, der Kutscher des Lord Chandos hatte Schmidt erkannt, der alle Etikette vergaß und den Wagenschlag aufriss. »Händel stirbt!«, rief er dem Herzog zu, den er als großen Musikfreund und den besten Gönner seines geliebten Meisters kannte. »Ich muss zu einem Arzt.« Sofort lud ihn der Herzog in den Wagen, die Pferde schmeckten scharf die Peitsche, und so holten sie Doktor Jenkins aus einer Stube in Fleetstreet, wo er eben mit einer Harnprobe dringlich beschäftigt war. In seinem leichten Hansomcab fuhr er sogleich mit Schmidt in die Brookstreet. »Der viele Ärger hat es verschuldet«, klagte der Famulus verzweifelt, während der Wagen rollte, »sie haben ihn zu Tode gequält, diese verfluchten Sänger und Kastraten, die Schmierer und Kritikaster, das ganze eklige Gewürm. Vier Opern hat er geschrieben in diesem Jahr, um das Theater zu retten, aber die anderen stecken sich hinter die Weiber und den Hof, und vor allem macht der Italiener sie alle toll, dieser verfluchte Kastrat, dieser zuckige Brüllaffe. Au, was haben sie unserem guten Händel angetan! Seine ganzen Ersparnisse hat er eingesetzt, zehntausend Pfund, und nun quälen sie ihn mit Schuldscheinen und hetzen ihn zu Tode. Nie hat ein Mann so Herrliches geleistet, nie so ganz sich hingegeben, aber das muss auch einen Riesen zerbrechen. Oh, welch ein Mann! Welch ein Genius!«

Doktor Jenkins, kühl und schweigsam, hörte zu. Ehe sie das Haus betraten, tat er noch einen Zug und klopfte die Asche aus der Pfeife. »Wie alt ist er?«

»Zweiundfünfzig Jahre«, antwortete Schmidt.

»Schlimmes Alter. Er hat geschuftet wie ein Stier. Aber er ist auch stark wie ein Stier. Nun, man wird sehen, was man tun kann.«

Der Diener hielt die Schüssel hin, Christof Schmidt hob Händel den Arm, jetzt schlug der Arzt die Ader an. Ein Blutstoß spritzte auf, hellrotes, heißes Blut, und im nächsten Augenblick stieß sich ein Seufzer der Erleichterung aus der verbissenen Lippe. Händel atmete tief und öffnete die Augen. Sie waren noch müd, fremd und unbewusst. Der Glanz in ihnen war erloschen.

Der Arzt verband den Arm. Es war nicht mehr viel zu tun. Schon wollte er aufstehen, da merkte er, dass Händels Lippen sich regten. Er näherte sich. Ganz leise, es war wie ein Atem bloß, röchelte Händel: »Vorbei…, vorbei mit mir…, keine Kraft…, ich will nicht leben ohne Kraft…«

Dr. Jenkins beugte sich tiefer über ihn. Er merkte, dass ein Auge, das rechte, starr sah und das andere belebt. Versuchsweise hob er den rechten Arm. Er fiel wie tot zurück. Dann hob er den linken. Der linke blieb in der neuen Lage. Jetzt wusste Dr. Jenkins genug.

Als er das Zimmer verlassen hatte, folgte Schmidt ihm zur Treppe nach, ängstlich, verstört. »Was ist es?«

»Apoplexia. Die rechte Seite ist gelähmt.«

»Und wird« – Schmidt stockte das Wort –, »wird er genesen?«

Dr. Jenkins nahm umständlich eine Prise Schnupftabak. Er liebte derlei Fragen nicht.

»Vielleicht. Alles ist möglich.«

»Und wird er gelähmt bleiben?«

»Wahrscheinlich, wenn kein Wunder geschieht.«

Aber Schmidt, dem Meister verschworen mit jeder Ader seines Leibes, ließ nicht ab.

»Und wird er, wird er wenigstens wieder arbeiten können? Er kann nicht leben, ohne zu schaffen.«

Dr. Jenkins stand schon an der Treppe.

»Das nie mehr«, sagte er sehr leise. »Vielleicht können wir den Mann erhalten. Den Musikus haben wir verloren. Der Schlag ging bis ins Hirn.«

Schmidt starrte ihn an. Eine so ungeheure Verzweiflung war in seinem Blick, dass der Arzt sich betroffen fühlte. »Wie gesagt«, wiederholte er, »wenn kein Wunder geschieht. Ich habe freilich noch keines gesehen.«

Vier Monate lebt Georg Friedrich Händel ohne Kraft, und die Kraft war sein Leben. Die rechte Hälfte seines Leibes blieb tot. Er konnte nicht gehen, er konnte nicht schreiben, nicht mit seiner Rechten eine einzige Taste zum Klingen bringen. Er konnte nicht sprechen, schief hing ihm die Lippe von dem furchtbaren Riss, der durch seinen Leib gegangen, nur lallend und verdumpft quoll ihm das Wort aus dem Munde. Wenn Freunde Musik für ihn machten, floss ein wenig Licht in sein Auge, dann regte sich der schwere ungebärdige Körper wie ein Kranker im Traum, er wollte mit in den Rhythmus, aber es war ein Frost in den Gliedern, eine grausige Starre, die Sehnen, die Muskeln gehorchten ihm nicht mehr; der einst riesige Mann fühlte sich hilflos eingemauert in ein unsichtbares Grab. Sobald die Musik zu Ende war, fielen ihm die Lider schwer zu, und er lag wieder wie eine Leiche. Schließlich riet der Arzt aus Verlegenheit – der Meister war offensichtlich unheilbar –, man solle den Kranken in die heißen Bäder von Aachen senden, vielleicht brächten sie ein wenig Besserung.

Aber unter der starren Hülle, ähnlich jenen geheimnisvollen heißen Gewässern unterhalb der Erde, lebte eine unerfassliche Kraft: Der Wille Händels, die Urkraft seines Wesens, sie war nicht berührt worden von dem vernichtenden Schlage, sie wollte das Unsterbliche noch nicht untergehen lassen in dem sterblichen Leib. Noch hatte der riesige Mann sich nicht besiegt gegeben, noch wollte er, noch wollte er leben, wollte er schaffen, und dieser Wille schuf das Wunder gegen das Gesetz der Natur. In Aachen warnten die Ärzte ihn dringend, länger als drei Stunden in dem heißen Wasser zu bleiben, sein Herz würde es nicht überdauern, es könnte ihn töten. Aber der Wille wagte den Tod um des Lebens und um seiner wildesten Lust willen: des Gesundens. Neun Stunden blieb Händel täglich zum Schrecken der Ärzte in dem heißen Bade, und mit dem Willen wuchs ihm die Kraft. Nach einer Woche konnte er sich schon wieder hinschleppen, nach einer zweiten den Arm bewegen, und, ungeheurer Sieg des Willens und der Zuversicht, noch einmal riss er sich los aus der lähmenden Umstrickung des Todes, um das Leben zu umfassen, heißer, glühender als je zuvor mit jener unsäglichen Beglückung, die nur der Genesende kennt.

Am letzten Tage, völlig Herr seines Leibes, da er abreisen sollte von Aachen, machte Händel halt vor der Kirche. Nie war er sonderlich fromm gewesen, aber nun, da er im gnädig wiedergegebenen freien Gang zum Emporium hinaufschritt, wo die Orgel stand, fühlte er sich vom Unermesslichen bewegt. Er rührte mit der Linken versuchend die Tasten. Es klang, es klang hell und rein durch den wartenden Raum. Nun versuchte sich zögernd die Rechte, die lange verschlossen und erstarrt gewesen. Und siehe, auch unter ihr sprang wie silberne Quelle der Klang empor. Allmählich begann er zu spielen, zu phantasieren, und es riss ihn mit in das große Strömen. Wunderbar türmten und bauten sich ins Unsichtbare die klingenden Quadern, herrlich wieder stiegen und stiegen die luftigen Gebäude seines Genius schattenlos empor, wesenlose Helle, tönendes Licht. Unten lauschten namenlos die Nonnen und die Frommen. So hatten sie niemals einen Irdischen spielen gehört. Und Händel, das Haupt demütig geneigt, spielte und spielte. Er hatte wieder seine Sprache gefunden, mit der er redete zu Gott, zur Ewigkeit und zu den Menschen. Er konnte wieder musizieren, er konnte wieder schaffen. Nun erst fühlte er sich genesen.

»Aus dem Hades bin ich zurückgekehrt«, sagte stolz, die breite Brust aufgespannt, die mächtigen Arme ausreckend, Georg Friedrich Händel zu dem Londoner Arzt, der nicht umhinkonnte, das medizinische Wunder zu bestaunen. Und mit voller Kraft, mit seiner berserkerischen Arbeitswut warf sich unverzüglich und mit verdoppelter Gier der Genesende wieder ins Werk. Die alte Kampflust war neuerdings über den Dreiundfünfzigjährigen gekommen. Eine Oper schreibt er – herrlich gehorcht ihm die gesundete Hand –, eine zweite, eine dritte, die großen Oratorien »Saul« und »Israel in Ägypten« und das »Allegro e Pensieroso«; wie aus einer lange gestauten Quelle schwillt unerschöpflich die schöpferische Lust empor. Aber die Zeit ist wider ihn. Der Tod der Königin unterbricht die Aufführungen, dann beginnt der Spanische Krieg, auf den öffentlichen Plätzen sammelt sich täglich schreiend und singend die Menge, doch das Theater bleibt leer, und die Schulden türmen sich. Dann kommt der harte Winter. Solche Kälte fällt über London, dass die Themse gefriert und mit klirrenden Schellen die Schlitten über die spiegelnde Fläche fahren; geschlossen stehen während dieser schlimmen Zeit alle Säle, denn keine Engelsmusik trotzte solch grausamem Frost in den Räumen. Dann erkranken die Sänger, eine Vorstellung nach der anderen muss abgesagt werden; immer schlimmer wird Händels missliche Lage. Die Gläubiger drängen, die Kritiker höhnen, das Publikum bleibt gleichgültig und stumm; allmählich bricht dem verzweifelt Ringenden der Mut. Eine Benefizvorstellung hat ihn gerade noch vor dem Schuldturm gerettet, aber welche Schande, als Bettelnder sich das Leben zu erkaufen! Immer mehr schließt Händel sich ab, immer düsterer wird sein Sinn. War es nicht besser, da die eine Seite des Leibes gelähmt war, als nun die ganze Seele? Schon im Jahre 1740 fühlt sich Händel neuerdings als besiegter, geschlagener Mann, Schlacke und Asche seines einstigen Ruhmes. Mühsam rafft er noch aus früheren Werken Stücke zusammen, ab und zu schafft er noch kleinere Taten. Aber versiegt ist das große Strömen, dahin die Urkraft in dem wieder gesunden Leib; zum ersten Mal fühlt er sich müde, der riesige Mann, zum ersten Mal besiegt der herrliche Kämpfer, zum ersten Mal den heiligen Strom der Schaffenslust in sich stocken und versiegen, der schöpferisch seit fünfunddreißig Jahren eine Welt überströmt. Noch einmal ist es zu Ende, noch einmal. Und er weiß oder meint es zu wissen, der ganz Verzweifelte: zu Ende für immerdar. Wozu, seufzt er auf, hat Gott mich auferstehen lassen aus meiner Krankheit, wenn die Menschen mich wieder begraben? Besser, ich wäre gestorben, statt, ein Schatten meiner selbst, im Kalten, im Leeren dieser Welt dahinzuschleichen. Und im Zorn murmelt er manchmal das Wort dessen, der am Kreuze hing: »Gott, mein Gott, warum hast du mich verlassen?«

Ein verlorener, ein verzweifelter Mann, müde seiner selbst, ungläubig an seine Kraft, ungläubig vielleicht auch an Gott, irrt Händel in jenen Monaten abends in London herum. Erst spät wagt er sich aus dem Haus, denn bei Tag warten die Gläubiger mit den Schuldzetteln vor der Tür, ihn zu fassen, und auf der Straße widern ihn die Blicke, die gleichgültigen und verächtlichen, der Menschen. Manchmal überlegt er, ob er nicht flüchten solle nach Irland hinüber, wo man noch an seinen Ruhm glaubt – ach, sie ahnen nicht, wie zerbrochen die Kraft ist in seinem Leibe –, oder nach Deutschland, nach Italien; vielleicht, dass dort noch einmal der innere Frost auftaut, dass noch einmal, von süßem Südwind berührt, die Melodie aufbricht aus dem verwüsteten Felsland der Seele. Nein, er erträgt es nicht, dies eine, nicht schaffen, nicht wirken zu können, er erträgt es nicht, Georg Friedrich Händel, besiegt zu sein. Manchmal bleibt er stehen vor einer Kirche. Aber er weiß, Worte geben ihm keinen Trost. Manchmal sitzt er in einer Schenke; aber wer den hohen Rausch, den seligen und reinen des Schaffens, gekannt, den ekelt der Fusel des gebrannten Wassers. Und manchmal starrt er von der Brücke der Themse nieder in das nachtschwarze, stumme Strömen, ob es nicht besser wäre, mit einem entschlossenen Ruck alles von sich zu werfen! Nur die Last dieser Leere nicht mehr tragen, nur nicht das Einsamkeitsgrauen, von Gott und den Menschen verlassen zu sein.

Wiederum war er so nächtens herumgeirrt. Es war ein glühendheißer Tag gewesen, dieser 21. August 1741, wie geschmolzenes Metall hatte dunstig und schwül der Himmel über London gelegen; erst nachts war Händel fortgegangen, im Green Park ein wenig Luft zu atmen. Dort, im unergründlichen Schatten der Bäume, wo niemand ihn sehen, niemand ihn quälen konnte, hatte er müde gesessen, denn wie eine Krankheit lastete nun diese Müdigkeit auf ihm, Müdigkeit zu reden, zu schreiben, zu spielen, zu denken, Müdigkeit zu fühlen, Müdigkeit zu leben. Denn wozu und für wen? Wie ein Trunkener war er dann die Straße heimgegangen, Pall Mall entlang und Sankt Jamesstreet, nur von dem einzigen süchtigen Gedanken bewegt: schlafen, schlafen, nichts mehr wissen, nur ausruhen, ruhen, und am besten für immer. Im Hause Brookstreet war niemand mehr wach. Langsam – ach, wie müde er doch geworden war, wie müde sie ihn gehetzt hatten, die Menschen! – klomm er die Stiege empor, bei jedem der schweren Schritte knirschte das Holz. Endlich war er im Zimmer. Er schlug das Feuerzeug an und entflammte die Kerze an dem Schreibpult: ohne zu denken tat er es, mechanisch, wie er es Jahre getan, um sich an die Arbeit zu setzen. Denn damals – ein wehmütiger Seufzer brach unwillkürlich ihm über die Lippe – holte er von jedem Spaziergang eine Melodie, ein Thema heim, immer zeichnete er es dann hastig auf, um das Erdachte nicht an den Schlaf zu verlieren. Jetzt aber war der Tisch leer. Kein Notenblatt lag dort. Das heilige Mühlrad stand still im erfrorenen Strome. Es gab nichts zu beginnen, nichts zu beenden. Der Tisch lag leer.

Doch nein: nicht leer! Leuchtete dort nicht im hellen Viereck etwas Papierenes und Weißes? Händel griff hin. Es war ein Paket, und er fühlte Geschriebenes darin. Rasch brach er das Siegel auf. Ein Brief lag zuoberst, ein Brief von Jennens, dem Dichter, der ihm den Text zu »Saul« und »Israel in Ägypten« geschrieben. Er sende ihm, schrieb er, eine neue Dichtung und hoffe, der hohe Genius der Musik, *phoenix musicae*, werde sich gnädigst seiner armen Worte erbarmen und sie auf seinen Flügeln dahintragen durch den Äther der Unsterblichkeit.

Händel fuhr auf, wie von etwas Widrigem berührt. Wollte dieser Jennens ihn noch höhnen, ihn, den Abgestorbenen, den Erlahmten? Mit einem Riss zerfetzte er den Brief, warf ihn zerknüllt zu Boden und stapfte darauf.

»Schuft! Schurke!«, brüllte er; in seine tiefste, brennendste Wunde hatte dieser Ungeschickte gestoßen und sie aufgerissen bis zur Galle, bis in die bitterste Bitternis seiner Seele. Zornig blies er dann das Licht aus, tappte verworren in sein Schlafgemach und warf sich hin auf die Lagerstatt: Tränen brachen ihm plötzlich aus den Augen, und der ganze Leib zitterte in der Wut seiner Ohnmacht. Wehe dieser Welt, in welcher der Beraubte noch immer gehöhnt wird und der Leidende gequält! Warum ihn noch anrufen, da ihm das Herz schon erstarrt war und die Kraft genommen, warum ihn noch fordern zu einem Werke, da ihm die Seele lahm geworden und die Sinne ohne Kraft? Nur schlafen jetzt, dumpf wie ein Tier, nur vergessen, nur nicht mehr sein! Schwer lag er auf seinem Lager, der verstörte, verlorene Mann.

Aber er konnte nicht schlafen. Eine Unruhe war in ihm, aufgewühlt vom Zorn wie das Meer vom Sturm, eine böse und geheimnisvolle Unruhe. Er warf sich von der Linken zur Rechten und von der Rechten wieder zur Linken und ward immer wacher und wacher. Ob er nicht doch aufstehen sollte und die Textworte prüfen? Aber nein, was vermöchte noch das Wort über ihn, den Erstorbenen! Nein, es gab keinen Trost mehr für ihn, den Gott in die Tiefe fallen gelassen, den er abgeschieden vom heiligen Strome des Lebens! Und doch, immer pochte noch eine Kraft in ihm, geheimnisvoll neugierig, die ihn drängte, und seine Ohnmacht konnte ihr nicht wehren. Händel stand auf, ging in das Zimmer zurück und schlug nochmals das Licht an mit vor Erregung zitternden Händen. Hatte ihn nicht schon einmal ein Wunder aufgehoben aus der Lähmung des Leibes? Vielleicht wusste Gott auch der Seele Heilkraft und Trost. Händel schob die Leuchte heran an die beschriebenen Blätter. »The Messiah!« stand auf der ersten Seite. Ach, wieder ein Oratorio! Die letzten hatten versagt. Aber unruhig, wie er war, schlug er das Titelblatt um und begann.

Beim ersten Wort fuhr er auf. »Comfort ye«, so begann der geschriebene Text. »Sei getrost!« – Wie ein Zauber war es, dieses Wort – nein, nicht Wort: Antwort war es, göttlich gegeben, Engelsruf aus verhangenen Himmeln in sein verzagendes Herz. »Comfort ye« – wie dies klang, wie es aufrüttelte innen die verschüchterte Seele, schaffendes, erschaffendes Wort. Und schon, kaum gelesen, kaum durchfühlt, hörte Händel es als Musik, in Tönen schwebend, rufend, rauschend, singend. O Glück, die Pforten waren aufgetan, er fühlte, er hörte wieder in Musik!

Die Hände bebten ihm, wie er nun Blatt um Blatt wandte. Ja, er war aufgerufen, angerufen, jedes Wort griff in ihn ein mit unwiderstehlicher Macht. »Thus saith the Lord« (»So spricht der Herr!«), war dies nicht ihm gesagt, und ihm allein, war dies nicht dieselbe Hand, die ihn zu Boden geschlagen, die ihn nun selig aufhob von der Erde? »And he shall purify« (»Er wird dich reinigen«) – ja, dies war ihm geschehen; weggefegt war mit einem Mal die Düsternis aus dem Herzen, Helle war eingebrochen und die kristallische Reinheit des tönenden Lichtes. Wer anders hatte solche aufhebende Wortgewalt diesem armen Jennens, diesem Dichterling in Gopsall, in die Feder gedrängt, wenn nicht Er, der einzig seine Not kannte? »That they may offer unto the Lord« (»Dass sie Opfer darbrächten dem Herrn«) – ja, eine Opferflamme entzünden aus dem lodernden Herzen, dass sie aufschlage bis in den Himmel, Antwort geben, Antwort auf diesen herrlichen Ruf. Ihm war es gesagt, nur ihm allein, dieses »Ruf aus dein Wort mit Macht« – oh, ausrufen dies, ausrufen mit der Gewalt der dröhnenden Posaunen, des brausenden Chors, mit dem Donner der Orgel, dass noch einmal wie am ersten Tag das Wort, der heilige Logos, die Menschen erwecke, sie alle, die andern, die noch verzweifelt im Dunkel gingen, denn wahrlich »Behold, darkness shall cover the earth«, noch deckt Dunkel die Erde, noch wissen sie nicht um die Seligkeit der Erlösung, die ihm in dieser Stunde geschehen. Und kaum gelesen, schon brauste er ihm auf, vollgeformt, der Dankruf »Wonderful, counsellor, the mighty God« – ja, so ihn preisen, den Wundervollen, der Rat wusste und Tat, ihn, der den Frieden gab dem verstörten Herzen! »Denn der Engel des Herrn trat zu ihnen« – ja, mit silberner Schwinge war er niedergefahren in den Raum und hatte ihn angerührt und erlöst. Wie da nicht danken, wie nicht aufjauchzen und jubeln mit tausend Stimmen in der einen und eigenen, wie nicht singen und lobpreisen: »Glory to God!«

Händel beugte sein Haupt über die Blätter wie unter großem Sturm. Alle Müdigkeit war dahin. So hatte er nie seine Kraft gefühlt, noch nie sich ähnlich durchströmt empfunden von aller Lust des Schöpfertums. Und immer wieder wie Güsse von warmem, lösendem Licht strömten die Worte über ihn, jedes in sein Herz gezielt, beschwörend, befreiend! »Rejoice« (»Freue dich«) – wie dieser Chorgesang herrlich aufriss, unwillkürlich hob er das Haupt, und die Arme spannten sich weit. »Er ist der wahre Helfer« – ja, dies wollte er bezeugen, wie nie es ein Irdischer getan, aufheben wollte er sein Zeugnis wie eine leuchtende Tafel über die Welt. Nur der viel gelitten, weiß um die Freude, nur der Geprüfte ahnt die letzte Güte der Begnadigung, sein ist es, vor den Menschen zu zeugen von der Auferstehung um des erlebten Todes willen. Als Händel die Worte las: »He was despised« (»Er ward verachtet«), da kam schweres Erinnern, in dunklen, drückenden Klang verwandelt, zurück. Schon hatten sie ihn besiegt gemeint, schon ihn lebendigen Leibes begraben, mit Spott ihn verfolgt – »And they that see him, laugh« – sie hatten gelacht, da sie ihn sahen. »Und da war keiner, der Trost dem Dulder gab.« Niemand hatte ihm geholfen, niemand ihn getröstet in seiner Ohnmacht, aber, wunderbare Kraft, »He trusted in God«, er vertraute Gott, und siehe, er ließ ihn nicht im Grabe ruhen – »But thou didst not leave his soul in hell«. Nein, nicht im Grabe seiner Verzweiflung, nicht in der Hölle seiner Ohnmacht, einem Gebundenen, einem Entschwundenen, hatte ihm Gott die Seele gelassen, nein, aufgerufen noch einmal hatte er ihn, dass er die Botschaft der Freude zu den Menschen trage. »Lift up your heads« (»Auf hebt eure Häupter«) – wie das tönend nun aus ihm drang, großer Befehl der Verkündigung! Und plötzlich erschauerte er, denn da stand, von des armen Jennens Hand geschrieben: »The Lord gave the word.«

Der Atem stockte ihm. Hier war Wahrheit gesagt durch einen zufälligen Menschenmund: Der Herr hatte ihm das Wort gesandt, von oben war es an ihn ergangen. »The Lord gave the word«: Von ihm kam das Wort, von ihm kam der Klang, von ihm die Gnade! Zu ihm zurück muss es gehen, zu ihm aufgehoben werden von der Flut des Herzens, ihm lobzusingen war jedes Schaffenden Lust und Pflicht. Oh, es fassen und halten und heben und schwingen, das Wort, es dehnen und spannen, dass es weit werde wie die Welt, dass es allen Jubel des Daseins umfasse, dass es groß werde wie Gott, der es gegeben, oh, das Wort, das sterbliche und vergängliche, durch Schönheit und unendliche Inbrunst zurückverwandeln in Ewigkeit! Und siehe: Da war es ja hingeschrieben, da klang es, das Wort, unendlich wiederholbar, verwandelbar, da war es: »Halleluja! Halleluja! Halleluja!« Ja, alle Stimmen dieser Erde darin zusammenfassen, die hellen und die dunklen, die beharrende des Mannes, die nachgiebige der Frau, sie füllen und steigern und wandeln, sie binden und lösen im rhythmischen Chore, sie aufsteigen lassen und niedersteigen die Jakobsleiter der Töne, sie schwichtigen mit dem süßen Strich der Geigen, sie anfeuern mit dem scharfen Stoß der Fanfaren, sie brausen lassen im Donner der Orgel: Halleluja! Halleluja! Halleluja!, – aus diesem Wort, aus diesem Dank einen Jubel schaffen, der von dieser Erde zurückdröhnte bis zum Schöpfer des Alls!

Tränen dunkelten Händel das Auge, so ungeheuer drängte die Inbrunst in ihm. Noch waren Blätter zu lesen, der dritte Teil des Oratoriums. Aber nach diesem »Halleluja, Halleluja« vermochte er nicht mehr weiter. Vokalisch füllte ihn dieses Jauchzen innen an, es dehnte und spannte, es schmerzte schon wie flüssiges Feuer, das strömen wollte, entströmen. Oh, wie es engte und drängte, denn es wollte aus ihm, wollte auf und in den Himmel zurück. Hastig griff Händel zur Feder und zeichnete Noten auf, mit magischer Eile formte sich Zeichen auf Zeichen. Er konnte nicht innehalten, wie ein Schiff, die Segel vom Sturm gefasst, riss es ihn fort und fort. Rings schwieg die Nacht, stumm lag das feuchte Dunkel über der großen Stadt. Aber in ihm strömte das Licht, und unhörbar dröhnte das Zimmer von der Musik des Alls.

Als der Diener am nächsten Morgen behutsam eintrat, saß Händel noch am Arbeitstisch und schrieb. Er antwortete nicht, als Christof Schmidt, sein Adlatus, scheu ihn fragte, ob er beim Kopieren behilflich sein könne, er knurrte nur dumpf und gefährlich. Keiner wagte sich mehr an ihn heran, und er verließ das Zimmer nicht in diesen drei Wochen, und wenn man ihm das Essen brachte, brockte er mit der linken Hand hastig ein paar Krumen Brot ab, die rechte schrieb weiter. Denn er vermochte nicht innezuhalten, es war wie eine große Trunkenheit über ihm. Wenn er aufstand und durch das Zimmer ging, laut singend und taktierend, blickten seine Augen fremd; wenn man ihn ansprach, schrak er auf, und seine Antwort war ungewiss und ganz verworren. Der Diener hatte unterdes schwere Tage. Es kamen die Gläubiger, ihre Schuldscheine einzulösen, es kamen die Sänger, um eine Festtagskantate zu erbitten, es kamen Boten, Händel in das königliche Schloss zu laden; alle musste der Diener abweisen, denn wenn er versuchte, nur mit einem Wort sich an den hingerissen Arbeitenden zu wenden, so fuhr ihm löwenhaft der Zorn des Aufgereizten entgegen. Georg Friedrich Händel wusste in jenen Wochen nicht mehr um Zeit und Stunde, er schied nicht mehr Tag und Nacht, er lebte vollkommen in jener Sphäre, die Zeit nur misst in Rhythmus und Takt, er wogte nur mitgerissen von dem Strömen, das aus ihm immer wilder, immer drängender quoll, je mehr das Werk sich der heiligen Stromschnelle näherte, dem Ende. Gefangen in sich selber, durchmaß er mit stampfenden, taktierenden Schritten immer nur den selbstgeschaffenen Kerker des Raumes, er sang, er griff in das Cembalo, dann setzte er sich wieder hin und schrieb und schrieb, bis ihm die Finger brannten; nie hatte zeitlebens ein solcher Sturz des Schöpfertums ihn überkommen, nie hatte er so gelebt, so gelitten in Musik.

Endlich, nach drei knappen Wochen – unfassbar noch heute und für alle Ewigkeit! –, am 14. September, war das Werk beendet. Das Wort war Ton geworden, unverwelklich blühte und klang, was eben noch trockene, dürre Rede gewesen. Das Wunder des Willens war vollbracht von der entzündeten Seele wie einst von dem gelähmten Leibe das Wunder der Auferstehung. Alles war geschrieben, geschaffen, gestaltet, in Melodie und Aufschwung entfaltet – nur ein Wort fehlte noch, das letzte des Werkes: »Amen«. Aber dieses »Amen«, diese zwei knappen, raschen Silben, sie fasste Händel nun, um aus ihnen ein klingendes Stufenwerk bis in den Himmel zu bauen. Den einen Stimmen warf er sie zu und den andern im wechselnden Chore, er dehnte sie, die beiden Silben, und riss sie immer wieder auseinander, um sie immer wieder neu und noch glühender zu verschmelzen, und wie Gottes Atem fuhr seine Inbrunst in dieses Ausklangswort seines großen Gebetes, dass es weit ward wie die Welt und voll ihrer Fülle. Dieses eine, dieses letzte Wort, es ließ ihn nicht, und er ließ es nicht, in großartiger Fuge baute er dies »Amen« auf aus dem ersten Vokal, dem hallenden A, dem Urklang des Anfanges, bis es ein Dom war, dröhnend und voll, und mit der Spitze reichend bis in den Himmel, immer noch höher steigend und wieder fallend und wieder steigend, und schließlich von dem Orgelsturm gepackt, von der Gewalt der vereinten Stimmen noch und nochmals emporgeschleudert, alle Sphären erfüllend, bis dass es war, als ob in diesem Päan des Dankes auch die Engel mitsängen und das Gebälk splitterte zu seinen Häupten von diesem ewigen »Amen! Amen! Amen!«.

Händel stand mühsam auf. Die Feder fiel ihm aus der Hand. Er wusste nicht, wo er war. Er sah nicht mehr, er hörte nicht mehr. Nur Müdigkeit fühlte er, unermessliche Müdigkeit. Er musste sich halten an den Wänden, so taumelte er. Entschwunden war ihm die Kraft, todgemüdet der Leib, verworren die Sinne. Wie ein Blinder tappte er weiter die Wand entlang. Dann fiel er hin auf das Bett und schlief wie ein Toter.

Dreimal hatte im Laufe des Vormittags der Diener leise die Tür aufgeklinkt. Der Meister schlief noch immer; reglos, wie aus blassem Stein gehauen, lag sein verschlossenes Gesicht. Mittags versuchte der Diener zum vierten Mal, ihn zu wecken. Er räusperte sich laut, er klopfte vernehmlich. Aber in die unermessliche Tiefe dieses Schlafes drang kein Laut und reichte kein Wort hinab. Christof Schmidt kam nachmittags zu Hilfe, noch immer lag Händel in dieser Starre. Er beugte sich über den Schlafenden: Wie ein toter Held auf der Walstatt nach dem errungenen Sieg, so lag er da, erschlagen von der Müdigkeit nach unsäglicher Tat. Aber Christof Schmidt und der Diener, sie wussten nicht um die Tat und den Sieg; nur Schrecknis kam sie an, da sie ihn so lange liegen sahen, so unheimlich reglos; sie fürchteten, abermals könnte ein Schlag ihn niedergeschmettert haben. Und als abends trotz allem Rütteln Händel noch immer nicht erwachen wollte – siebzehn Stunden schon lag er so dumpf und starr –, lief Christof Schmidt wieder um den Arzt. Er fand ihn nicht gleich, denn Dr. Jenkins war, den milden Abend nützend, ans Themseufer gegangen, um zu angeln, und knurrte, endlich aufgefunden, über die unwillkommene Störung. Erst als er hörte, dass es Händel galt, räumte er Schnur und Fischzeug zusammen, holte – es verging reichlich Zeit – sein chirurgisches Besteck, um den wahrscheinlich nötigen Aderlass zu applizieren, und endlich trabte das Pony mit den beiden nach Brookstreet.

Aber da war schon der Diener, mit beiden Armen ihnen entgegenwinkend. »Er ist aufgestanden«, rief er noch über die Straße ihnen zu. »Und jetzt isst er wie sechs Lastträger. Den halben Yorkshirer Schinken hat er in einem Ruck und Riss hinuntergeschlungen, vier Pinten Bier hab' ich ihm füllen müssen, und immer will er noch mehr.«

Und wirklich, da saß Händel gleich einem Bohnenkönig vor dem überfüllten Tisch, und wie er in einer Nacht und einem Tag den Schlaf dreier Wochen geschlafen, so aß und trank er jetzt mit aller Lust und Gewalt seines riesigen Leibes, als wollte er auf einmal in sich wieder zurückrufen, was er in Wochen an Kraft an sein Werk gegeben. Kaum ward er des Doktors ansichtig, so begann er zu lachen, es wurde allmählich ein ungeheures, ein schallendes, ein dröhnendes, ein hyperbolisches Lachen; Schmidt erinnerte sich, dass er in all diesen Wochen kein Lächeln um Händels Lippen gesehen, nur Anspannung und Zorn; jetzt barst sie vor, die gestaute Urfrohheit seiner Natur, sie dröhnte wie die Flut gegen den Felsen, sie schäumte und überschlug sich in kollernden Lauten – nie hatte Händel so elementarisch gelacht in seinem Leben wie nun, da er den Arzt erblickte in der Stunde, da er sich heil wusste wie nie und die Lust des Daseins ihn rauschend durchströmte. Hoch hob er den Krug und schwenkte ihn dem Schwarzgewandeten grüßend entgegen. »Hol' mich dieser oder jener«, staunte Dr. Jenkins. »Was ist's mit Euch? Was für ein Elixier habt Ihr getrunken? Ihr platzt ja vor Leben! Was ist mit Euch geschehen?«

Händel blickte ihn an, lachend, mit funkelnden Augen. Dann ward er allmählich ernst. Er stand langsam auf und schritt an das Cembalo. Er setzte sich hin, die Hände gingen erst leer über die Tasten. Dann wandte er sich um, lächelte sonderbar und begann leise, halb sprechend, halb singend, die Melodie des Rezitativs »Behold, I tell you a mystery« (»Vernehmt, ich spreche ein Geheimnis aus«) – es waren die Worte aus dem »Messiah«, und scherzhaft waren sie begonnen. Aber kaum dass er die Finger in die laue Luft getaucht, so zog sie ihn mit. Im Spielen vergaß Händel die anderen und sich selbst, großartig riss ihn die eigene Strömung mit. Plötzlich war er wieder mitten im Werke, er sang, er spielte die letzten Chöre, die er bisher nur wie im Traum gestaltet; jetzt aber hörte er sie wach zum ersten Mal: »Oh death where is thy sting« (»Ja, wo ist er, dein Stachel, o Tod«), fühlte er innerlich, durchdrungen von der Feurigkeit des Lebens, und stärker hob er die Stimme, selbst der Chor, der jubelnde, der jauchzende, und weiter, weiter spielte und sang er bis zu dem »Amen, Amen, Amen«, und fast brach der Raum ein von den Tönen, so stark, so wuchtig warf er seine Kraft in die Musik.

Dr. Jenkins stand wie betäubt. Und als Händel sich endlich erhob, sagte er verlegen bewundernd, nur um etwas zu sagen: »Mann, so was habe ich nie gehört. Ihr habt ja den Teufel im Leibe.«

Aber da verdüsterte sich Händels Gesicht. Auch er war erschrocken über das Werk und die Gnade, die über ihn wie im Schlafe gekommen. Auch er schämte sich. Er wandte sich ab und sagte leise, kaum konnten die anderen es hören: »Ich glaube vielmehr, dass Gott mit mir gewesen ist.«

Einige Monate später klopften zwei wohlgekleidete Herren an das Miethaus in Abbeystreet, in dem der vornehme Gast aus London, der große Meister Händel, Wohnung in Dublin genommen hatte. Ehrerbietig brachten sie ihre Bitte vor, Händel habe in diesen Monaten die Hauptstadt Irlands mit so herrlichen Werken erfreut, wie sie nie hierzulande vernommen worden seien. Nun hätten sie gehört, dass er auch sein neues Oratorio, *The Messiah*, zum ersten Mal hier zur Aufführung bringen wolle; nicht gering sei die Ehre, dass er gerade dieser Stadt, noch vor London, die Darbietung seiner jüngsten Schöpfung gewähren wolle, und in Anbetracht der Außerordentlichkeit jenes Concertos sei ein besonderes Erträgnis zu erwarten. Nun kämen sie fragen, ob der Meister nicht in seiner allbekannten Großmütigkeit das Erträgnis jener ersten Aufführung den wohltätigen Anstalten zuführen wolle, welche sie zu vertreten die Ehre hätten.

Händel sah sie freundlich an. Er liebte diese Stadt, weil sie ihm Liebe gegeben, und sein Herz war aufgetan. Gern sei er einverstanden, lächelte er, und sie mögen nur sagen, welchen Anstalten das Erträgnis zufallen solle. »Der Unterstützung der Gefangenen in den verschiedenen Gefängnissen«, sagte der erste, ein gütiger, weißhaariger Mann. »Und den Kranken in Merciers Hospital«, fügte der andere bei. Aber selbstverständlich bezöge sich diese großherzige Widmung nur auf das Erträgnis der ersten Aufführung, die anderen verblieben dem Meister.

Doch Händel wehrte ab. »Nein«, sagte er leise, »kein Geld für dieses Werk. Nie will ich je Geld dafür nehmen, niemals, ich stehe da einem anderen in Schuld. Immer soll es den Kranken gehören und den Gefangenen. Denn ich bin selbst ein Kranker gewesen und bin daran gesundet. Und ich war ein Gefangener, und es hat mich befreit.«

Die beiden Männer blickten auf, etwas verwundert. Sie verstanden nicht ganz. Aber dann dankten sie sehr, verbeugten sich und gingen, die frohe Botschaft in Dublin zu verbreiten.

Am 7. April 1742 war endlich die letzte Probe angesetzt. Nur wenige Anverwandte der Chorsänger aus beiden Kathedralen waren als Zuhörer zugelassen, und man hatte, um zu sparen, den Raum der Music Hall in Fishamble Street nur schwach erleuchtet. Vereinzelt und verstreut saß da ein Paar und dort eine Gruppe auf den leeren Bänken, um das neue Opus des Meisters aus London zu vernehmen, dunkel und kalt nebelte die weite Halle. Aber ein Merkwürdiges geschah, kaum dass die Chöre, klingenden Katarakten gleich, niederzubrausen begannen. Unwillkürlich rückten die einzelnen Gruppen auf den Bänken zusammen und ballten sich allmählich zu einem einzigen dunklen Block des Hörens und Staunens, denn jedem war, als sei die Wucht dieser nie gehörten Musik für ihn, den Einzelnen, zu viel, als müsse sie ihn wegschwemmen und wegreißen.

Immer näher drängten sie aneinander, es war, als wollten sie mit einem einzigen Herzen hören, als eine einzige fromme Gemeinde das Wort Zuversicht empfangen, das, immer anders gesagt und geformt, ihnen entgegenbrauste aus den verschlungenen Stimmen. Schwach fühlte sich jeder vor dieser urhaften Stärke und doch selig von ihr gefasst und getragen, und ein Schauer von Lust ging durch sie alle wie durch einen einzigen Leib. Als das »Halleluja« zum ersten Mal dröhnte, riss es einen empor, und alle wie mit einem Ruck erhoben sich mit ihm; sie fühlten, man konnte nicht an der Erde kleben, angepackt von solcher Gewalt, sie standen auf, um mit ihren Stimmen Gott um einen Zoll näher zu sein und ihm dienend ihre Ehrfurcht zu bieten. Und dann gingen sie und erzählten von Tür zu Tür, ein Werk der Tonkunst sei geschaffen wie noch nie eines auf Erden. Und in Spannung und Freude bebte die ganze Stadt, dies Meisterwerk zu vernehmen.

Sechs Tage später, am 13. April, abends, staute sich die Menge vor den Türen. Die Damen waren ohne Reifröcke gekommen, die Kavaliere ohne Degen, damit mehr Zuhörer Raum finden konnten in dem Saale; siebenhundert Menschen, eine nieerreichte Zahl, drängten heran, so rasch hatte der Ruhm des Werkes sich im Voraus verbreitet; aber kein Atem war zu hören, als die Musik begann, und immer lautloser wurde das Lauschen. Dann aber brachen die Chöre herab, orkanische Gewalt, und die Herzen begannen zu schauern. Händel stand bei der Orgel. Er wollte sein Werk überwachen und führen, aber es riss sich los von ihm, er verlor sich in ihm, es ward ihm fremd, als hätte er es nie vernommen, nie geschaffen und gestaltet, abermals strömte er mit in dem eigenen Strome. Und als am Ende das »Amen« anhub, da brachen ihm unwissend die Lippen auf, und er sang mit in dem Chor, er sang, wie er nie gesungen in seinem Leben. Aber dann, kaum dass der Jubel der anderen tosend den Raum erfüllte, schlich er still seitab, um nicht den Menschen zu danken, die ihm danken wollten, sondern der Gnade, die ihm dies Werk gegeben.

Die Schleuse hatte sich geöffnet. Nun strömte durch Jahre und Jahre wieder der klingende Strom. Nichts vermochte von jetzt ab Händel zu beugen, nichts den Auferstandenen wieder niederzuzwingen. Abermals wurde die Operngesellschaft, die er in London gegründet, bankrott, abermals hetzten ihn die Gläubiger mit Schulden: Nun aber stand er aufrecht und bestand alle Widrigkeiten, unbekümmert schritt der Sechzigjährige seinen Weg die Meilensteine der Werke entlang. Man machte ihm Schwierigkeiten, aber glorreich wusste er sie zu besiegen. Das Alter höhlte mählich seine Kraft, es lahmten ihm die Arme, die Gicht krampfte die Beine, aber mit unermüdlicher Seele schuf er weiter und schuf. Schließlich versagte das Augenlicht; während er seinen »Jephta« schrieb, erblindete er. Doch noch mit verschlossenem Auge, wie Beethoven mit verschlossenem Ohr, schuf er weiter und weiter, unermüdlich, unbesiegbar, und nur noch demütiger vor Gott, je großartiger seine Siege auf Erden waren.

Wie alle wahren und strengen Künstler rühmte er seine eigenen Werke nicht. Aber eines liebte er, den »Messiah«, er liebte dieses Werk aus Dankbarkeit, weil es ihn aus dem eigenen Abgrund gerettet, weil er sich in ihm selber erlöst. Jahr für Jahr führte er es in London auf, jedes Mal den vollen Ertrag, jedes Mal fünfhundert Pfund zum Besten des Hospitals überweisend, der Genesene an die Gebrestigen, der Befreite an jene, die noch in den Banden lagen. Und mit diesem Werke, mit dem er aus dem Hades aufgestiegen, wollte er auch Abschied nehmen. Am 6. April 1759, schon schwer erkrankt, ließ sich der Vierundsiebzigjährige noch einmal nach Covent Garden aufs Podium führen. Und da stand er, der riesige, blinde Mann inmitten seiner Getreuen, inmitten der Musiker und der Sänger: Seine leeren, seine erloschenen Augen konnten sie nicht sehen. Aber als nun in großem, rauschendem Schwung die Wogen der Töne gegen ihn rollten, als der Jubel der Gewissheit orkanisch aus Hunderten Stimmen ihm entgegenschwoll, da erleuchtete sich das müde Gesicht und ward hell. Er schwang die Arme zum Takt, er sang so ernst und gläubig mit, als stünde er priesterlich zu Häupten seines eigenen Sarges, und betete mit allen um seine und aller Erlösung. Nur einmal, als bei dem Anruf »The trumpet shall sound« (»Die Posaune soll erschallen«) scharf die Trompeten ansetzten, zuckte er auf und sah mit seinen starren Augen nach oben, als wäre er schon jetzt bereit zum Jüngsten Gericht; er wusste, er hatte sein Werk gut getan. Er konnte aufrechten Hauptes vor Gott hintreten.

Ergriffen führten die Freunde den Blinden nach Hause. Auch sie fühlten: Es war ein Abschied gewesen. Auf dem Bette regte er noch leise die Lippen. Am Karfreitag möchte er sterben, murmelte er. Die Ärzte staunten, sie verstanden ihn nicht, denn sie wussten nicht, dass dieser Karfreitag der 13. April war, der Tag, da die schwere Hand ihn zu Boden geschlagen, und der Tag, da sein »Messiah« zum ersten Mal in die Welt geklungen. Am Tage, da alles in ihm gestorben gewesen, war er auferstanden. Am Tage, da er auferstanden war, wollte er sterben, um Gewissheit zu haben des Auferstehens zum ewigen Leben.

Und wirklich, wie über das Leben, hatte auch über den Tod noch dieser einzige Wille Gewalt. Am 13. April verließen Händel die Kräfte. Er sah nichts mehr, er hörte nichts mehr, unbeweglich lag der massige Leib in den Kissen, ein leeres, schweres Gehäuse. Aber wie die leere Muschel dröhnt vom Tosen des Meeres, so rauschte innen unhörbar Musik, fremder und herrlicher, als er sie jemals vernommen. Langsam löste ihr drängendes Schwellen die Seele ab von dem ermatteten Leibe, sie emporzutragen ins Schwerelose. Flut in Flut, ewigen Klang in die ewige Sphäre. Und am nächsten Tage, noch waren die Osterglocken nicht erwacht, starb endlich dahin, was an Georg Friedrich Händel sterblich gewesen.

Das Genie einer Nacht
Die Marseillaise, 25. April 1792

1792. Zwei Monate, drei Monate schon schwankt in der französischen Nationalversammlung die Entscheidung: Krieg gegen die Koalition der Kaiser und Könige oder Frieden. Ludwig XVI. ist selbst unentschlossen; er ahnt die Gefahr eines Sieges der Revolutionäre, er ahnt die Gefahr ihrer Niederlage. Ungewiss sind auch die Parteien. Die Girondisten drängen zum Kriege, um die Macht zu behalten, Robespierre und die Jakobiner fechten für den Frieden, um inzwischen selbst die Macht an sich zu reißen. Von Tag zu Tag wird die Lage gespannter, die Journale lärmen, die Klubs diskutieren, immer wilder schwirren die Gerüchte, und immer mehr wird die öffentliche Meinung durch sie erregt. Wie immer eine Entscheidung, wird es darum eine Art von Befreiung, wie am 20. April der König von Frankreich endlich den Krieg an den Kaiser von Österreich und den König von Preußen erklärt.

Lastend und seelenverstörend hat in diesen Wochen und Wochen die elektrische Spannung über Paris gelegen; aber noch drückender, noch drohender schwült die Erregung in den Grenzstädten. In allen Biwaks sind schon die Truppen versammelt, in jedem Dorf, in jeder Stadt werden Freiwillige und Nationalgarden ausgerüstet, überall die Festungen instand gesetzt, und vor allem im Elsass weiß man, dass auf seiner Scholle, wie immer zwischen Frankreich und Deutschland, die erste Entscheidung fallen wird. An den Ufern des Rheins ist der Feind, der Gegner, nicht wie in Paris ein verschwommener, ein pathetisch-rhetorischer Begriff, sondern sichtbare, sinnliche Gegenwart; denn an dem befestigten Brückenkopf, von dem Turm der Kathedrale, kann man die heranrückenden Regimenter der Preußen mit freiem Auge wahrnehmen. Nachts trägt der Wind das Rollen der feindlichen Artilleriewagen, das Klirren der Waffen, die Trompetensignale über den gleichgültig im Mondlicht glitzernden Strom. Und alle wissen: Nur ein einziges Wort, nur ein einziges Dekret ist vonnöten, und aus dem schweigenden Mund der preußischen Kanonen fährt Donner und Blitz, und der tausendjährige Kampf zwischen Deutschland und Frankreich hat abermals begonnen – diesmal im Namen der neuen Freiheit auf der einen Seite und im Namen der alten Ordnung auf der andern.

Unvergleichlicher Tag darum, da am 25. April 1792 Stafetten die Nachricht der erfolgten Kriegserklärung aus Paris nach Straßburg bringen. Sofort strömt aus allen Gassen und Häusern das Volk auf die offenen Plätze, kriegsbereit marschiert die ganze Garnison zur letzten Parade, Regiment nach Regiment. Auf dem Hauptplatz erwartet sie der Bürgermeister Dietrich, die dreifarbige Schärpe um den Leib, die Kokarde auf dem Hut, den er grüßend den Soldaten entgegenschwenkt. Fanfarenruf und Trommelwirbel mahnt zur Stille. Mit lauter Stimme liest Dietrich an diesem und allen andern Plätzen der Stadt französisch und deutsch den Wortlaut der Kriegserklärung vor. Nach seinen letzten

Worten intonieren die Regimentsmusiker das erste, das vorläufige Kriegslied der Revolution, das »Ça ira«, eigentlich eine prickelnde, übermütige, spöttische Tanzmelodie, aber die klirrenden, die donnernden Schritte der ausmarschierenden Regimenter geben ihr martialischen Takt. Dann zerstreut sich die Menge und trägt die angefachte Begeisterung in alle Gassen und Häuser; in den Cafés, in den Klubs werden zündende Ansprachen gehalten und Proklamationen verteilt. »Aux armes, citoyens! L'étendard de la guerre est déployé! Le signal est donné!«; so und mit ähnlichen Anrufen beginnen sie, und überall, in allen Reden, in allen Zeitungen, auf allen Plakaten, auf allen Lippen wiederholen sich solche schlagkräftige, rhythmische Rufe wie »Aux armes, citoyens! Qu'ils tremblent donc, les despotes couronnés! Marchons, enfants de la liberté!«, und jedes Mal jubelt und jubelt die Masse den feurigen Worten zu.

Immer jubelt die große Masse auf den Straßen und Plätzen bei einer Kriegserklärung, immer aber regen sich in solchen Augenblicken des Straßenjubels auch andere Stimmen, leisere, abseitige; auch die Angst, auch die Sorge wacht auf bei einer Kriegserklärung, nur dass sie heimlich in den Stuben flüstert oder mit blasser Lippe schweigt. Ewig und überall sind Mütter, die sich sagen: Werden die fremden Soldaten nicht meine Kinder hinmorden, in allen Ländern sind die Bauern, die um ihre Habe sorgen, ihre Felder, ihre Hütten, ihr Vieh und ihre Ernte. Wird ihre Saat nicht zerstampft werden, ihr Haus nicht geplündert von den brutalen Horden, nicht mit Blut die Felder ihrer Arbeit gedüngt? Aber der Bürgermeister von Straßburg, Friedrich Baron Dietrich, eigentlich ein Aristokrat, aber wie die beste

Aristokratie Frankreichs damals der Sache der neuen Freiheit mit ganzer Seele hingegeben, will nur die lauten, die klingenden Stimmen der Zuversicht zu Wort kommen lassen; bewusst verwandelt er den Tag der Kriegserklärung in ein öffentliches Fest. Die Schärpe quer um die Brust, eilt er von einer Versammlung zur andern, um die Bevölkerung anzufeuern. Er lässt Wein und Zehrung an die abmarschierenden Soldaten verteilen, und am Abend versammelt er in seinem geräumigen Hause auf der Place de Broglie die Generalität, die Offiziere und wichtigsten Amtspersonen zu einem Abschiedsfest, dem Begeisterung schon im vornherein den Charakter eines Siegesfestes gibt. Die Generäle, siegessicher wie immer Generäle, präsidieren, die jungen Offiziere, die im Krieg den Sinn ihres Lebens erfüllt sehen, haben freies Wort. Einer feuert den andern an. Man schwingt die Säbel, man umarmt sich, man trinkt sich zu, man hält bei gutem Wein leidenschaftliche und immer leidenschaftlichere Reden. Und abermals kehren dieselben stimulierenden Worte der Journale und Proklamationen in allen Ansprachen wieder: »Auf zu den Waffen, Bürger! Marschieren wir! Retten wir das Vaterland! Bald werden sie zittern, die gekrönten Despoten. Jetzt, da sich die Fahne des Sieges entrollt hat, ist der Tag gekommen, die Trikolore über die Welt zu tragen! Jeder muss jetzt sein Bestes geben, für den König, für die Fahne, für die Freiheit!« Das ganze Volk, das ganze Land will in solchen Augenblicken eine heilige Einheit werden durch den Glauben an den Sieg und durch Begeisterung für die Sache der Freiheit.

Plötzlich, mitten im Reden und Toastieren, wendet sich der Bürgermeister Dietrich einem jungen Hauptmann vom

Festungskorps, namens Rouget, zu, der an seiner Seite sitzt. Er hat sich erinnert, dass dieser nette, nicht gerade hübsche, aber sympathische Offizier vor einem halben Jahr anlässlich der Proklamierung der Konstitution eine recht nette Hymne an die Freiheit geschrieben hat, die der Regimentsmusikus Pleyel gleich vertonte. Die anspruchslose Arbeit hatte sich sangbar erwiesen, die Militärkapelle hatte sie eingelernt, man hatte sie am öffentlichen Platz gespielt und im Chor gesungen. Wären jetzt die Kriegserklärung und der Abmarsch nicht gegebener Anlass, eine ähnliche Feier zu inszenieren? So fragt Bürgermeister Dietrich ganz lässig, wie man eben einen guten Bekannten um eine Gefälligkeit bittet, den Kapitän Rouget (der sich völlig unberechtigterweise selbst geadelt hat und Rouget de Lisle nennt), ob er nicht den patriotischen Anlass wahrnehmen wolle und für die ausmarschierenden Truppen etwas dichten, ein Kriegslied für die Rheinarmee, die morgen gegen den Feind ausrücken soll.

Rouget, ein bescheidener, unbedeutender Mann, der sich nie für einen großen Komponisten hielt – seine Verse wurden nie gedruckt, seine Opern refüsiert – weiß, dass ihm Gelegenheitsverse leicht in die Feder fließen. Um der hohen Amtsperson und dem guten Freunde gefällig zu sein, erklärt er sich bereit. Ja, er wolle es versuchen. »Bravo, Rouget«, trinkt ein General von gegenüber ihm zu und mahnt ihn, er solle ihm dann gleich das Lied ins Feld nachschicken; irgendeinen schrittbeflügelnden, patriotischen Marschgesang könne die Rheinarmee wirklich brauchen. Inzwischen beginnt ein anderer eine Rede zu schwingen. Wieder wird toastiert, gelärmt, getrunken. Mit starker Woge geht die allgemeine Begeisterung über die kleine zufällige Zwiesprache hinweg. Immer ekstatischer, immer lauter, immer frenetischer wird das Gelage, und die Stunde steht schon bedenklich spät nach Mitternacht, da die Gäste das Haus des Bürgermeisters verlassen.

Es ist spät nach Mitternacht. Der 25. April, der für Straßburg so erregende Tag der Kriegserklärung, ist zu Ende, eigentlich hat der 26. April schon begonnen. Nächtliches Dunkel liegt über den Häusern; aber trügerisch ist dieses Dunkel, denn noch fiebert die Stadt vor Erregung. In den Kasernen rüsten die Soldaten zum Ausmarsch und manche der Vorsichtigen hinter verschlossenen Läden vielleicht schon heimlich zur Flucht. Auf den Straßen marschieren einzelne Pelotons, dazwischen jagen die klappernden Hufe der Meldereiter, dann rasselt wieder ein schwerer Zug Artillerie heran, und immer wieder hallt monoton der Ruf der Schildwache von Posten zu Posten. Zu nahe ist der Feind, zu unsicher und zu erregt die Seele der Stadt, als dass sie Schlaf fände in so entscheidendem Augenblick.

Auch Rouget, der jetzt in sein bescheidenes Zimmerchen in der Grande Rue 126 die runde Treppe hinaufgeklettert ist, fühlt sich merkwürdig erregt. Er hat sein Versprechen nicht vergessen, möglichst rasch ein Marschlied, ein Kriegslied für die Rheinarmee zu versuchen. Unruhig stapft er in seinem engen Zimmer auf und nieder. Wie beginnen? Wie beginnen? Noch schwirren ihm alle anfeuernden Rufe der Proklamationen, der Reden, der Toaste chaotisch durch den Sinn. »Aux armes, citoyens! ... Marchons, enfants de la liberté! ... Écrasons la tyrannie! ... L'étendard de la guerre est déployé! …« Aber auch der andern Worte entsinnt er sich, die er im Vorübergehen gehört, der Stimmen der Frauen, die um ihre Söhne zittern, der Sorge der Bauern, Frankreichs Felder könnten zerstampft werden und mit Blut gedüngt von den fremden Kohorten. Halb unbewusst schreibt er die ersten beiden Zeilen hin, die nur Widerhall, Widerklang, Wiederholung sind jener Ausrufe.

Allons, enfants de la patrie,
Le jour de gloire est arrivé!

Dann hält er inne und stutzt. Das sitzt. Der Ansatz ist gut. Jetzt nur gleich den rechten Rhythmus finden, die Melodie zu den Worten. Er nimmt seine Geige vom Schrank, er probiert. Und wunderbar: Gleich in den ersten Takten passt sich der Rhythmus vollkommen den Worten an. Hastig schreibt er weiter, nun schon getragen, nun schon mitgerissen von der Kraft, die in ihn gefahren ist. Und mit einem Mal strömt alles zusammen: alle die Gefühle, die sich in dieser Stunde entladen, alle die Worte, die er auf der Straße, die er bei dem Bankett gehört, der Hass gegen die Tyrannen, die Angst um die Heimaterde, das Vertrauen zum Siege, die Liebe zur Freiheit. Rouget braucht gar nicht zu dichten, zu erfinden, er braucht nur in Reime zu bringen, in den hinreißenden Rhythmus seiner Melodie die Worte zu setzen, die heute, an diesem einzigen Tage, von Mund zu Mund gegangen, und er hat alles ausgesprochen, alles ausgesagt, alles ausgesungen, was die Nation in innerster Seele empfand. Und er braucht nicht zu komponieren, denn durch die verschlossenen Fensterläden dringt der Rhythmus der Straße, der Stunde herein, dieser Rhythmus des Trotzes und der Herausforderung, der in dem Marschschritt der Soldaten, dem Schmettern der Trompeten, dem Rasseln der Kanonen liegt. Vielleicht vernimmt er ihn nicht selbst, nicht sein eigenes waches Ohr, aber der Genius der Stunde, der für diese einzige Nacht Hausung genommen hat in seinem sterblichen Leibe, hat ihn vernommen. Und immer fügsamer gehorcht die Melodie dem hämmernden, dem jubelnden Takt, der Herzschlag eines ganzen Volkes ist. Wie unter fremdem Diktat schreibt hastig und immer hastiger Rouget die Worte, die Noten hin – ein Sturm ist über ihn gekommen, wie er nie seine enge, bürgerliche Seele durchbrauste. Eine Exaltation, eine Begeisterung, die nicht die seine ist, sondern magische Gewalt, zusammengeballt in eine einzige explosive Sekunde, reißt den armen Dilettanten hunderttausendfach über sein eigenes Maß hinaus und schleudert ihn wie eine Rakete – eine Sekunde lang Licht und strahlende Flamme – bis zu den Sternen. Eine Nacht ist es dem Kapitänleutnant Rouget de Lisle gegönnt, Bruder der Unsterblichen zu sein: Aus den übernommenen, der Straße, den Journalen abgeborgten Rufen des Anfangs formt sich ihm schöpferisches Wort und steigt empor zu einer Strophe, die in ihrer dichterischen Formulierung so unvergänglich ist wie die Melodie unsterblich.

Amour sacre de la patrie,
Conduis, soutiens nos bras vengeurs!
Liberté, liberté chérie,
Combats avec tes défenseurs!

Dann noch eine fünfte Strophe, die letzte, und aus einer Erregung und in einem Guss gestaltet, vollkommen das Wort der Melodie verbindend, ist noch vor dem Morgengrauen das unsterbliche Lied vollendet. Rouget löscht das Licht und wirft sich hin auf sein Bett. Irgendetwas, er weiß nicht, was, hat ihn aufgehoben in eine niegefühlte Helligkeit seiner Sinne, irgendetwas schleudert ihn jetzt nieder in eine dumpfe Erschöpfung. Er schläft einen abgründigen Schlaf, der wie ein Tod ist. Und tatsächlich ist schon wieder der Schöpfer, der Dichter, der Genius in ihm gestorben. Auf dem Tische aber liegt, losgelöst von dem Schlafenden, den dies Wunder wahrhaftig im heiligen Rausch überkommen, das vollendete Werk. Kaum ein zweites Mal in der Geschichte aller Völker ist ein Lied so rasch und so vollkommen gleichzeitig Wort und Musik geworden.

Dieselben Glocken vom Münster verkünden wie immer den neuen Morgen. Ab und zu trägt der Wind vom Rhein her Schüsse herüber, die ersten Geplänkel haben begonnen. Rouget erwacht. Mit Mühe tastet er sich aus dem Abgrund seines Schlafes empor. Etwas ist geschehen, fühlt er dumpf, etwas mit ihm geschehen, an das er nur dumpf sich erinnert. Dann erst bemerkt er auf dem Tisch das frisch beschriebene Blatt. Verse? Wann habe ich die geschrieben? Musik, in meiner eigenen Handschrift? Wann habe ich das komponiert? Ach ja, das Lied, das Freund Dietrich gestern erbeten, das Marschlied für die Rheinarmee! Rouget liest seine Verse, summt dazu die Melodie, fühlt aber, wie immer der Schöpfer vor dem eben geschaffenen Werk, sich völlig ungewiss. Aber nebenan wohnt ein Regimentskamerad, dem zeigt und singt er es vor. Der Freund scheint zufrieden und schlägt nur einige kleine Änderungen vor. An dieser ersten Zustimmung gewinnt Rouget ein gewisses Zutrauen. Mit der ganzen Ungeduld eines Autors und stolz auf sein rasch erfülltes Versprechen, fällt er gleich dem Bürgermeister Dietrich ins Haus, der im Garten seinen Morgenspaziergang macht und dabei eine neue Rede meditiert. Wie, Rouget? Schon fertig? Nun, da wollen wir gleich eine Probe abhalten. Die beiden gehen aus dem Garten in den Salon des Hauses, Dietrich setzt sich ans Klavier und spielt die Begleitung, Rouget singt den Text. Angelockt von der unerwarteten morgendlichen Musik, kommt die Frau des Bürgermeisters ins Zimmer und verspricht, Kopien von dem neuen Lied zu machen und als gelernte Musikerin, die sie ist, gleich die Begleitung auszuarbeiten, damit man schon heute Nacht bei der Abendgesellschaft es den Freunden des Hauses zwischen allerhand andern Liedern vorsingen könne. Der Bürgermeister Dietrich, stolz auf seine nette Tenorstimme, übernimmt es, das Lied nun gründlicher zu studieren, und am 26. April, am Abend desselben Tages, in dessen Morgenstunden das Lied gedichtet und komponiert war, wird es zum ersten Mal einer zufällig gewählten Gesellschaft im Salon des Bürgermeisters vorgesungen.

Die Zuhörer scheinen freundlich applaudiert zu haben, und wahrscheinlich hat es an allerhand höflichen Komplimenten für den anwesenden Autor nicht gefehlt. Aber selbstverständlich hat nicht die leiseste Ahnung die Gäste des Hôtel de Broglie an dem großen Platz von Straßburg überkommen, dass mit unsichtbaren Flügeln eine ewige Melodie sich niedergeschwungen in ihre irdische Gegenwart. Selten begreifen die Zeitgenossen auf den ersten Blick die Größe eines Menschen oder die Größe eines Werkes, und wie wenig sich die Frau Bürgermeisterin jenes erstaunlichen Augenblicks bewusst wurde, beweist sie mit dem Brief an ihren Bruder, in dem sie ein Wunder zu einem gesellschaftlichen Ereignis banalisiert. »Du weißt, dass wir viele Leute im Haus empfangen und man immer etwas erfinden muss, um Abwechslung in die Unterhaltung zu bringen. Und so hat mein Mann die Idee gehabt, irgendein Gelegenheitslied komponieren zu lassen. Der Kapitän vom Ingenieurkorps, Rouget de Lisle, ein liebenswürdiger Dichter und Kompositeur, hat sehr schnell diese Musik eines Kriegsliedes gemacht. Mein Mann, der eine gute Tenorstimme hat, hat das Stück gleich gesungen, das sehr anziehend ist und eine gewisse Eigenart zeigt. Es ist ein besserer Gluck, lebendiger und belebter. Ich für mein Teil habe meine Begabung für Orchestrierung dabei angewandt und arrangierte die Partitur für Klavier und andere Instrumente, sodass ich viel zu arbeiten habe. Das Stück ist bei uns gespielt worden, zur großen Zufriedenheit der ganzen Gesellschaft.«

»Zur großen Zufriedenheit der ganzen Gesellschaft« – das scheint uns heute überraschend kühl. Aber der bloß freundliche Eindruck, die bloß laue Zustimmung ist verständlich, denn noch hat sich bei dieser ersten Darbietung die Marseillaise nicht wahrhaft in ihrer Kraft enthüllen können. Die Marseillaise ist kein Vortragsstück für eine behagliche Tenorstimme und nicht bestimmt, in einem kleinbürgerlichen Salon zwischen Romanzen und italienischen Arien mit einer einzelnen Singstimme vorgetragen zu werden. Ein Lied, das aufrauscht zu den hämmernden, federnden, fordernden Takten »Aux armes, citoyens«, wendet sich an eine Masse, eine Menge, und seine wahre Orchestrierung sind klirrende Waffen, schmetternde Fanfaren, marschierende Regimenter. Nicht für Zuhörer, für kühl sitzende und behaglich genießende, war sie gedacht, sondern für Mittäter, Mitkämpfer. Nicht einem einzelnen Sopran, einem Tenor ist sie zugesungen, sondern der tausendkehligen Masse, das vorbildliche Marschlied, Siegeslied, Todeslied, Heimatlied, Nationallied eines ganzen Volkes. Erst Begeisterung, aus der es zuerst geboren ward, wird dem Lied Rougets die begeisternde Gewalt verleihen. Noch hat das Lied nicht gezündet, noch haben in magischer Resonanz nicht die Worte, nicht die Melodie die Seele der Nation erreicht, noch kennt die Armee nicht ihr Marschlied, ihr Siegeslied, noch kennt die Revolution nicht ihren ewigen Päan.

Auch er selbst, dem über Nacht dieses Wunder geschehen, Rouget de Lisle, ahnt ebenso wenig wie die andern, was er traumwandlerisch und von einem treulosen Genius geführt, in jener einen Nacht geschaffen. Er freut sich natürlich herzhaft, der brave, liebenswürdige Dilettant, dass die eingeladenen Gäste kräftig applaudieren, dass man ihn als Autor höflich komplimentiert. Mit der kleinen Eitelkeit eines kleinen Menschen sucht er diesen kleinen Erfolg in seinem kleinen Provinzkreise fleißig auszunützen. Er singt in den Kaffeehäusern seinen Kameraden die neue Melodie vor, er lässt Abschriften herstellen und schickt sie an die Generäle der Rheinarmee. Inzwischen hat auf Befehl des Bürgermeisters und Empfehlung der Militärbehörden das Straßburger Musikkorps das »Kriegslied für die Rheinarmee« einstudiert, und vier Tage später, beim Abmarsch der Truppen, spielt das Musikkorps der Straßburger Nationalgarde auf dem großen Platz den neuen Marsch. In patriotischer Weise erklärt sich auch der Straßburger Verleger bereit, den »Chant de guerre pour l'armée du Rhin« zu drucken, der respektvoll dem General Luckner von seinem militärischen Untergebenen gewidmet wird. Aber nicht ein einziger der Generäle der Rheinarmee denkt daran, die neue Weise beim Vormarsch wirklich spielen oder singen zu lassen, und so scheint, wie alle bisherigen Versuche Rougets, der Salonerfolg des »Allons, enfants de la patrie« ein Eintagserfolg, eine Provinzialangelegenheit zu bleiben und als solche vergessen zu werden.

Aber nie lässt sich die eingeborene Kraft eines Werkes auf die Dauer verbergen oder verschließen. Ein Kunstwerk kann vergessen werden von der Zeit, es kann verboten werden und versargt, immer aber erzwingt sich das Elementare den Sieg über das Ephemere. Einen Monat, zwei Monate hört man nichts vom Kriegslied der Rheinarmee. Die gedruckten und handgeschriebenen Exemplare liegen und wandern herum in gleichgültigen Händen. Aber immer genügt es, wenn ein Werk auch nur einen einzigen Menschen wirklich begeistert, denn jede echte Begeisterung wird selber schöpferisch. Am andern Ende von Frankreich, in Marseille, gibt der Klub der Verfassungsfreunde am 22. Juni ein Bankett für die abmarschierenden Freiwilligen. An langer Tafel sitzen fünfhundert junge, feurige Menschen in ihren neuen Uniformen der Nationalgarde; in ihrem Kreise fiebert genau die gleiche Stimmung wie an dem 25. April in Straßburg, nur noch heißer, hitziger und leidenschaftlicher, dank dem südlichen Temperament der Marseiller, und nicht mehr so eitel siegesgewiss wie in jener ersten Stunde der Kriegserklärung. Denn nicht wie jene Generäle flunkerten, sind die revolutionären französischen Truppen gleich über den Rhein marschiert und überall mit offenen Armen empfangen worden. Im Gegenteil, der Feind ist tief ins französische Land vorgestoßen, die Freiheit ist bedroht, die Sache der Freiheit in Gefahr.

Plötzlich, inmitten des Festmahls, schlägt einer – er heißt Mireur und ist ein Medizinstudent von der Universität in Montpellier – an sein Glas und erhebt sich. Alle verstummen und blicken auf ihn. Man erwartet eine Rede und eine Ansprache. Aber stattdessen schwingt der junge Mensch die Rechte empor und stimmt ein Lied an, ein neues Lied, das sie alle nicht kennen und von dem niemand weiß, wie es in seine Hand geraten ist, »Allons, enfants de la patrie«. Und nun zündet der Funke, als wäre er in ein Pulverfass gefallen. Gefühl und Gefühl, die ewigen Pole, haben sich berührt. Alle diese jungen Menschen, die morgen ausrücken, die für die Freiheit kämpfen wollen und für das Vaterland zu sterben bereit sind, empfinden ihren innersten Willen, ihren ureigensten Gedanken in diesen Worten ausgedrückt; unwiderstehlich reißt der Rhythmus sie auf in eine einhellige ekstatische Begeisterung. Strophe um Strophe wird bejubelt, noch einmal, noch ein zweites Mal muss das Lied wiederholt werden, und schon ist die Melodie ihr eigen geworden, schon singen sie, erregt aufgesprungen, die Gläser erhoben, den Refrain donnernd mit. »Aux armes, citoyens! Formez vos bataillons!« Neugierig drängen von der Straße Menschen heran, um zu hören, was hier mit solcher Begeisterung gesungen wird, und schon singen sie selber mit; am nächsten Tage ist die Melodie auf tausend und zehntausend Lippen. Ein Neudruck verbreitet sie, und wie die fünfhundert Freiwilligen am 2. Juli abmarschieren, wandert das Lied mit ihnen. Wenn sie müde werden auf der Landstraße, wenn ihr Schritt schlapp wird, braucht nur einer die Hymne anzustimmen, und schon gibt ihr mitreißender Takt ihnen allen erneuten Schwung. Wenn sie durch ein Dorf marschieren und staunend die Bauern, neugierig die Einwohner sich versammeln, stimmen sie es im Chore an. Es ist ihr Lied geworden, sie haben, ohne es zu wissen, dass es für die Rheinarmee bestimmt war, ohne zu ahnen, von wem und wann es gedichtet war, den Hymnus als den ihres Bataillons, als Bekenntnis ihres Lebens und Sterbens übernommen. Es gehört zu ihnen wie die Fahne, und in leidenschaftlichem Vormarsch wollen sie ihn über die Welt tragen.

Der erste große Sieg der Marseillaise – denn so wird die Hymne Rougets bald sich nennen – ist Paris. Am 30. Juli marschiert das Bataillon durch die Faubourgs ein, die Fahne voran und das Lied. Tausende und Zehntausende stehen und warten in den Straßen, um sie festlich zu empfangen, und wie die Marseiller nun anrücken, fünfhundert Männer, gleichsam aus einer Kehle zum Taktschritt das Lied singend und immer wieder singend, horcht die Menge auf. Was ist das für eine herrliche, hinreißende Hymne, welche die Marseiller da singen? Was für ein Fanfarenruf dies, der in alle Herzen fährt, begleitet vom prasselnden Trommelschlag, dies »Aux armes, citoyens!« Zwei Stunden später, drei Stunden später, und schon klingt der Refrain in allen Gassen wider. Vergessen ist das »Ça ira«, vergessen die alten Märsche, die abgebrauchten Couplets: die Revolution hat ihre eigne Stimme erkannt, die Revolution hat ihr Lied gefunden.

Lawinenhaft wird nun die Verbreitung, unaufhaltsam der Siegeslauf. Auf den Banketten wird die Hymne gesungen, in den Theatern und Klubs, dann sogar in den Kirchen nach dem Tedeum und bald anstatt des Tedeum. In einem, in zwei Monaten ist die Marseillaise das Lied des Volkes geworden und der ganzen Armee. Servan, der erste republikanische Kriegsminister, erkennt mit klugem Blick die tonische, die exaltierende Kraft eines so einzigartigen nationalen Schlachtgesanges. In eiliger Ordre befiehlt er, dass hunderttausend Exemplare an alle Kommandos überstellt werden sollen, und in zwei oder drei Nächten ist das Lied des Unbekannten mehr verbreitet als alle Werke Molières, Racines und Voltaires. Kein Fest, das nicht mit der Marseillaise schließt, keine Schlacht, wo nicht vorerst die Regimentsmusiker das Kriegslied der Freiheit intonieren. Bei Jemappes und Nerwinden ordnen sich die Regimenter im Chorgesang zum entscheidenden Sturme, und die feindlichen Generäle, die nur mit dem alten Rezept der verdoppelten Branntweinration ihre Soldaten stimulieren können, sehen erschreckt, dass sie nichts der explosiven Kraft dieser »fürchterlichen« Hymne entgegenzusetzen haben, wenn sie gleichzeitig von Tausenden und Tausenden gesungen, wie eine klingende, klirrende Welle gegen ihre eigenen Reihen stürmt. Über allen Schlachten Frankreichs schwebt nun, Unzählige mitreißend in Begeisterung und Tod, die Marseillaise, wie Nike, die geflügelte Göttin des Sieges.

Unterdessen sitzt in der kleinen Garnison von Hüningen ein höchst unbekannter Hauptmann des Festungswesens, Rouget, und entwirft brav Wälle und Verschanzungen. Vielleicht hat er schon das »Kriegslied der Rheinarmee« vergessen, das er in jener verschollenen Nacht des 26. April 1792 geschaffen, und wagt gar nicht zu ahnen, wenn er in den Gazetten von jener andern Hymne, jenem andern Kriegslied liest, das im Sturm Paris erobert, dass dieses sieghafte »Lied der Marseiller« Wort für Wort und Takt für Takt nichts anderes ist als das in ihm und an ihm geschehene Wunder jener Nacht. Denn grausame Ironie des Schicksals – in alle Himmel rauschend, zu den Sternen brausend, trägt diese Melodie nur einen einzigen Menschen nicht hoch, nämlich den Menschen, der sie ersonnen. Niemand in ganz Frankreich kümmert sich um den Hauptmann Rouget de Lisle, der riesigste Ruhm, den je ein Lied gekannt, bleibt dem Liede, und nicht ein Schatten davon fällt auf seinen Schöpfer Rouget. Sein Name wird nicht mitgedruckt auf den Texten, und er selbst bliebe völlig unbeachtet bei den Herren der Stunde, brächte er sich nicht selbst in ärgerliche Erinnerung. Denn – geniale Paradoxie, wie sie nur die Geschichte erfinden kann – der Schöpfer der Revolutionshymne ist kein Revolutionär; im Gegenteil: Der wie kein anderer die Revolution durch sein unsterbliches Lied fortgetrieben, möchte sie mit allen Kräften nun wieder zurückdämmen. Als die Marseiller und der Pariser Pöbel – seinen Gesang auf den Lippen – die Tuilerien stürmen und man den König absetzt, hat Rouget de Lisle genug von der Revolution. Er weigert sich, den Eid auf die Republik zu leisten, und quittiert lieber seinen Dienst, als den Jakobinern zu dienen. Das Wort von der »liberté chérie«, der geliebten Freiheit, in seiner Hymne ist diesem aufrechten Manne kein leeres Wort: Er verabscheut die neuen Tyrannen und Despoten im Konvent nicht minder, als er die gekrönten und gesalbten jenseits der Grenzen hasste. Offen macht er seinem Unmut gegen den Wohlfahrtsausschuss Luft, als sein Freund, der Bürgermeister Dietrich, der Pate der Marseillaise, als der General Luckner, dem sie gewidmet war, als alle die Offiziere und Adeligen, die an jenem Abend ihre ersten Zuhörer waren, auf die Guillotine geschleppt werden, und bald ereignet sich die groteske Situation, dass der Dichter der Revolution als Konterrevolutionär gefangengesetzt wird, dass man ihm, und gerade ihm den Prozess macht mit der Anschuldigung, sein Vaterland verraten zu haben. Nur der 9. Thermidor, der mit dem Sturz Robespierres die Gefängnisse öffnet, hat der Französischen Revolution die Schmach erspart, den Dichter ihres unsterblichsten Liedes dem »nationalen Rasiermesser« überantwortet zu haben.

Immerhin, es wäre ein heldischer Tod gewesen und nicht ein so klägliches Verdämmern im Dunkel, wie es Rouget verhängt ist. Denn um mehr als vierzig Jahre, um Tausende und Tausende von Tagen überlebt der unglückliche Rouget den einzigen wirklich schöpferischen Tag seines Lebens. Man hat ihm die Uniform ausgezogen, man hat ihm die Pension gestrichen; die Gedichte, die Opern, die Texte, die er schreibt, werden nicht gedruckt, nicht gespielt. Das Schicksal verzeiht es dem Dilettanten nicht, sich unberufen in die Reihe der Unsterblichen eingedrängt zu haben. Mit allerhand kleinen und nicht immer sauberen Geschäften fristet der kleine Mann sein kleines Leben. Vergebens versuchen aus Mitleid Carnot und später Bonaparte, ihm zu helfen. Aber etwas in dem Charakter Rougets ist rettungslos vergiftet und verschroben geworden durch die Grausamkeit jenes Zufalls, der ihn Gott und Genius sein ließ drei Stunden lang und dann verächtlich wieder zurückwarf in die eigene Nichtigkeit. Er zankt und queruliert mit allen Mächten, er schreibt an Bonaparte, der ihm helfen wollte, freche und pathetische Briefe, er rühmt sich öffentlich, bei der Volksabstimmung gegen ihn gestimmt zu haben. Seine Geschäfte verwickeln ihn in dunkle Affären, und wegen eines unbezahlten Wechsels muss er sogar mit dem Schuldgefängnis Sainte-Pélargie Bekanntschaft machen. Unbeliebt an allen Stellen, von Schuldnern gejagt, von der Polizei ständig bespitzelt, verkriecht er sich schließlich irgendwo in der Provinz, und wie aus einem Grabe, abgeschieden und vergessen, lauscht er von dort dem Schicksal seines unsterblichen Liedes; er erlebt es noch, dass die Marseillaise mit den siegreichen Armeen über alle Lander Europas stürmt, dann noch, dass Napoleon, kaum Kaiser geworden, sie als zu revolutionär aus allen Programmen streichen lässt, dass die Bourbonen sie dann gänzlich verbieten. Nur ein Staunen kommt den verbitterten Greis an, wie nach einem Menschenalter die Julirevolution 1830 seine Worte, seine Melodie in alter Kraft auferstehen lässt an den Barrikaden von Paris und der Bürgerkönig Louis Philippe ihm als dem Dichter ein kleines Pensiönchen verleiht. Wie ein Traum scheint es dem Verschollenen, dem Vergessenen, dass man sich seiner überhaupt noch erinnert, aber es ist nur ein kleines Erinnern mehr, und als der Sechsundsiebzigjährige endlich in Choisy-le-Roi 1836 stirbt, nennt und kennt niemand seinen Namen mehr. Abermals muss ein Menschenalter vergehen: Erst im Weltkrieg, da die Marseillaise, längst Nationalhymnus geworden, an allen Fronten Frankreichs wieder kriegerisch erklingt, wird angeordnet, dass der Leichnam des kleinen Hauptmanns Rouget an derselben Stelle im Invalidendom bestattet werde wie der des kleinen Leutnants Bonaparte, und so ruht endlich der höchst unberühmte Schöpfer eines ewigen Liedes in der Ruhmeskrypta seines Vaterlandes von der Enttäuschung aus, nichts gewesen zu sein als der Dichter einer einzigen Nacht.

Die Weltminute von Waterloo
Napoleon, 18. Juni 1815

Das Schicksal drängt zu den Gewaltigen und Gewalttätigen. Jahrelang macht es sich knechtisch gehorsam einem Einzelnen hörig: Cäsar, Alexander, Napoleon; denn es liebt den elementaren Menschen, der ihm selber ähnlich wird, dem unfassbaren Element.

Manchmal aber, ganz selten in allen Zeiten, wirft es in sonderbarer Laune irgendeinem Gleichgültigen sich hin. Manchmal – und dies sind die erstaunlichsten Augenblicke der Weltgeschichte – fällt der Faden des Fatums für eine zuckende Minute in eines ganz Nichtigen Hand. Immer sind dann solche Menschen mehr erschreckt als beglückt von dem Sturm der Verantwortung, der sie in heroisches Weltspiel mengt, und fast immer lassen sie das zugeworfene Schicksal zitternd aus den Händen. Selten nur reißt einer die Gelegenheit mächtig empor und sich selber mit ihr. Denn bloß eine Sekunde lang gibt sich das Große hin an den Geringen; wer sie versäumt, den begnadet sie nie mehr ein zweites Mal.

Zwischen Tanz, Liebschaften, Intrigen und Streit des Wiener Kongresses fährt als schmetternde Kanonenkugel sausend die Nachricht, Napoleon, der gefesselte Löwe, sei ausgebrochen aus seinem Käfig in Elba; und schon jagen andere Stafetten nach; er hat Lyon erobert, er hat den König verjagt, die Truppen gehen mit fanatischen Fahnen zu ihm über, er ist in Paris, in den Tuilerien, vergeblich waren Leipzig und zwanzig Jahre menschenmörderischen Krieges. Wie von einer Kralle gepackt, fahren die eben noch quengelnden streitenden Minister zusammen, ein englisches, ein preußisches, ein österreichisches, ein russisches Heer wird eilig aufgeboten, noch einmal und nun endgültig den Usurpator der Macht niederzuschmettern: Nie war das legitime Europa der Kaiser und Könige einiger als in dieser Stunde ersten Entsetzens. Von Norden rückt Wellington gegen Frankreich, an seiner Seite schiebt sich eine preußische Armee unter Blücher hilfreich heran, am Rhein rüstet Schwarzenberg, und als Reserve marschieren quer durch Deutschland langsam und schwer die russischen Regimenter.

Napoleon übersieht mit einem Ruck die tödliche Gefahr. Er weiß, keine Zeit bleibt, zu warten, bis die Meute sich sammelt. Er muss sie zerteilen, muss sie einzeln anfallen, die Preußen, die Engländer, die Österreicher, ehe sie zur europäischen Armee werden und zum Untergang seines Kaiserreichs. Er muss eilen, weil sonst die Missvergnügten im eigenen Lande erwachen, er muss schon Sieger sein, ehe die Republikaner erstarken und sich mit den Royalisten verbünden, bevor Fouché, der Zweizüngige und Unfassbare, im Bunde mit Talleyrand, seinem Gegenspieler und Spiegelbild, ihm hinterrücks die Sehnen zerschneidet. In einem einzigen Elan muss er, den rauschenden Enthusiasmus der Armee nützend, gegen seine Feinde los; jeder Tag ist Verlust, jede Stunde Gefahr. So wirft er hastig den klirrenden Würfel auf das blutigste Schlachtfeld Europas, nach Belgien. Am 15. Juni, um drei Uhr morgens, überschreiten die Spitzen der Großen – und nun auch einzigen – Armee Napoleons die Grenze. Am 16. schon rennen sie bei Ligny gegen die preußische Armee an und werfen sie zurück. Es ist der erste Prankenschlag des ausgebrochenen Löwen, ein furchtbarer, aber kein tödlicher. Geschlagen, aber nicht vernichtet, zieht sich die preußische Armee gegen Brüssel zurück.

Nun holt Napoleon aus zum zweiten Schlage, gegen Wellington. Er darf nicht Atem holen, nicht Atem lassen, denn jeder Tag bringt dem Gegner Verstärkung, und das Land hinter ihm, das ausgeblutete, unruhige französische Volk muss berauscht werden mit dem feurigen Fusel der Siegesbulletins. Noch am 17. marschiert er mit seiner ganzen Armee bis an die Höhen von Quatre-Bras, wo Wellington, der kalte, stahlnervige Gegner, sich verschanzt hat. Nie waren Napoleons Dispositionen umsichtiger, seine militärischen Befehle klarer als an diesem Tage: Er erwägt nicht nur den Angriff, sondern auch seine Gefahren, nämlich, dass die geschlagene, aber nicht vernichtete Armee Blüchers sich mit jener Wellingtons vereinigen könnte. Dies zu verhindern, spaltet er einen Teil seiner Armee ab, damit sie Schritt für Schritt die preußische Armee vor sich herjage und die Vereinigung mit den Engländern verhindere.

Den Befehl dieser Verfolgungsarmee übergibt er dem

Marschall Grouchy. Grouchy: ein mittlerer Mann, brav, aufrecht, wacker, verlässlich, ein Reiterführer, oftmals bewährt, aber ein Reiterführer und nicht mehr. Kein heißer, mitreißender Kavallerieberserker wie Murat, kein Stratege wie Saint-Cyr und Berthier, kein Held wie Ney. Kein kriegerischer Kürass schmückt seine Brust, kein Mythus umrankt seine Gestalt, keine sichtbare Eigenheit gibt ihm Ruhm und Stellung in der heroischen Welt der Napoleonischen Legende: nur sein Unglück, nur sein Missgeschick hat ihn berühmt gemacht. Zwanzig Jahre hat er gekämpft in allen Schlachten, von Spanien bis Russland, von Holland bis Italien, langsam ist er die Staffel bis zur Marschallswürde aufgestiegen, nicht unverdient, aber ohne sonderliche Tat. Die Kugeln der Österreicher, die Sonne Ägyptens, die Dolche der Araber, der Frost Russlands haben ihm die Vorgänger weggeräumt, Desaix bei Marengo, Kleber in Kairo, Lannes bei Wagram: Den Weg zur obersten Würde, er hat ihn nicht erstürmt, sondern er ist ihm freigeschossen worden durch zwanzig Jahre Krieg.

Dass er in Grouchy keinen Heros hat und keinen Strategen, nur einen verlässlichen, treuen, braven, nüchternen Mann, weiß Napoleon wohl. Aber die Hälfte seiner Marschälle liegt unter der Erde, die andern sind verdrossen auf ihren Gütern geblieben, müde des unablässigen Biwaks. So ist er genötigt, einem mittleren Mann entscheidende Tat zu vertrauen.

Am 17. Juni, um elf Uhr vormittags, einen Tag nach dem Siege bei Ligny, einen Tag vor Waterloo, übergibt Napoleon dem Marschall Grouchy zum ersten Mal ein selbständiges Kommando. Für einen Augenblick, für einen Tag tritt der bescheidene Grouchy aus der militärischen Hierarchie in die Weltgeschichte. Für einen Augenblick nur, aber für welch einen Augenblick! Napoleons Befehle sind klar. Während er selbst auf die Engländer losgeht, soll Grouchy mit einem Drittel der Armee die preußische Armee verfolgen. Ein einfacher Auftrag anscheinend dies, grade und unverkennbar, aber doch auch biegsam und zweischneidig wie ein Schwert. Denn gleichzeitig mit jener Verfolgung ist Grouchy geboten, ständig in Verbindung mit der Hauptarmee zu bleiben.

Zögernd übernimmt der Marschall den Befehl. Er ist nicht gewohnt, selbständig zu wirken, seine Besonnenheit ohne Initiative fühlt sich nur sicher, wenn der geniale Blick des Kaisers ihr die Tat zuweist. Außerdem spürt er im Rücken die Unzufriedenheit seiner Generäle, vielleicht auch, vielleicht, den dunklen Flügelschlag des Schicksals. Nur die Nähe des Hauptquartiers beruhigt ihn: Denn bloß drei Stunden Eilmarsch trennen seine Armee von der kaiserlichen.

Im strömenden Regen nimmt Grouchy Abschied. Langsam rücken im schwammigen, lehmigen Grund seine Soldaten den Preußen nach, oder in die Richtung zumindest, in der sie Blücher und die Seinen vermuten.

Die Nacht in Caillou

Der nordische Regen strömt ohne Ende. Wie eine nasse Herde trotten im Dunkel die Regimenter Napoleons heran, jeder Mann zwei Pfund Schmutz an seinen Sohlen; nirgends Unterkunft, kein Haus und kein Dach. Das Stroh zu schwammig, um sich darauf hinzulegen – so drücken sich immer zehn oder zwölf Soldaten zusammen und schlafen, aufrecht sitzend, Rücken an Rücken, im strömenden Regen. Auch der Kaiser selbst hält keine Rast. Eine fiebrige Nervosität jagt ihn auf und nieder, denn die Rekognoszierungen versagen an der Undurchdringlichkeit des Wetters, Kundschafter melden höchst verworrenen Bericht. Noch weiß er nicht, ob Wellington die Schlacht annimmt, und von Grouchy fehlt Nachricht über die Preußen. So schreitet er selbst um ein Uhr nachts – gleichgültig gegen den sausenden Wolkenbruch – die Vorposten entlang bis auf Kanonenschussweite an die englischen Biwaks heran, die ab und zu ein dünnes, rauchiges Licht im Nebel zeigen, und entwirft den Angriff. Erst mit Tagesgrauen kehrt er in die kleine Hütte Caillou, in sein ärmliches Hauptquartier, zurück, wo er die ersten Depeschen Grouchys findet; unklare Nachrichten über den Rückzug der Preußen, immerhin aber das beruhigende Versprechen, ihnen zu folgen. Allmählich hört der Regen auf. Ungeduldig geht der Kaiser im Zimmer auf und ab und starrt gegen den gelben Horizont, ob nicht endlich sich die Ferne enthüllen wolle und damit die Entscheidung.

Um fünf Uhr morgens – der Regen hat aufgehört – klärt sich auch das innere Gewölk des Entschließens. Der Befehl wird gegeben, um neun Uhr habe sturmbereit die ganze Armee anzutreten. Die Ordonnanzen sprengen in alle Richtungen. Bald knattern die Trommeln zur Sammlung. Nun erst wirft sich Napoleon auf sein Feldbett, um zwei Stunden zu schlafen.

Neun Uhr morgens. Aber die Truppen sind noch nicht vollzählig beisammen. Der von dreitägigem Regen durchweichte Grund erschwert jede Bewegung und hemmt das Nachrücken der Artillerie. Erst allmählich erscheint die Sonne und leuchtet unter scharfem Wind: Aber es ist nicht die Sonne von Austerlitz, blankstrahlend und glückverheißend, sondern nur falben Scheins glitzert missmutig dieses nordische Licht. Endlich sind die Truppen bereit, und nun, ehe die Schlacht beginnt, reitet noch einmal Napoleon auf seiner weißen Stute die ganze Front entlang. Die Adler auf den Fahnen senken sich nieder wie unter brausendem Wind, die Reiter schütteln martialisch ihre Säbel, das Fußvolk hebt zum Gruß seine Bärenmützen auf die Spitzen der Bajonette. Alle Trommeln rollen frenetischen Wirbel, die Trompeten stoßen ihre scharfe Lust dem Feldherrn entgegen, aber alle diese funkelnden Töne überwogt donnernd der über die Regimenter hinrollende, aus siebzigtausend Soldatenkehlen sonor brausende Jubelschrei: »Vive l'Empereur!«

Keine Parade der zwanzig Napoleonjahre war großartiger und enthusiastischer als diese seine letzte. Kaum sind die Rufe verhallt, um elf Uhr – zwei Stunden später als vorausgesehen, um zwei verhängnisvolle Stunden zu spät! –, ergeht an die Kanoniere der Befehl, die Rotröcke am Hügel niederzukartätschen. Dann rückt Ney, »le brave des braves«, mit dem Fußvolk vor; die entscheidende Stunde Napoleons beginnt. Unzählige Male ist diese Schlacht geschildert worden, aber man wird nicht müde, ihre aufregenden Wechselfälle zu lesen, bald in der großartigen Darstellung

Walter Scotts, bald in der episodischen Darstellung Stendhals. Sie ist groß und vielfältig von nah und fern gesehen, ebenso vom Hügel des Feldherrn wie vom Sattel des Kürassiers. Sie ist ein Kunstwerk der Spannung und Dramatik mit ihrem unablässigen Wechsel von Angst und Hoffnung, der plötzlich sich löst in einem äußersten Katastrophenmoment. Vorbild einer echten Tragödie, weil in diesem Einzelschicksal das Schicksal Europas bestimmt war und das phantastische Feuerwerk der Napoleonischen Existenz prachtvoll wie eine Rakete noch einmal aufschießt in alle Himmel, ehe es in zuckendem Sturz für immer erlischt.

Von elf bis ein Uhr stürmen die französischen Regimenter die Höhen, nehmen Dörfer und Stellungen, werden wieder verjagt, stürmen wieder empor. Schon bedecken zehntausend Tote die lehmigen, nassen Hügel des leeren Landes, und noch nichts ist erreicht als Erschöpfung hüben und drüben. Beide Heere sind ermüdet, beide Feldherren beunruhigt. Beide wissen, dass dem der Sieg gehört, der zuerst Verstärkung empfängt, Wellington von Blücher, Napoleon von Grouchy. Immer wieder greift Napoleon nervös zum Teleskop, immer neue Ordonnanzen jagt er hinüber; kommt sein Marschall rechtzeitig heran, so leuchtet über Frankreich noch einmal die Sonne von Austerlitz.

Der Fehlgang Grouchys

Grouchy, der unbewusst Napoleons Schicksal in Händen hält, ist indessen befehlsgemäß am 17. Juni abends aufgebrochen und folgt in der vorgeschriebenen Richtung den

Preußen. Der Regen hat aufgehört. Sorglos wie in Friedensland schlendern die jungen Kompanien dahin, die gestern zum ersten Mal Pulver geschmeckt haben: noch immer zeigt sich nicht der Feind, noch immer ist keine Spur zu finden von der geschlagenen preußischen Armee.

Da plötzlich, gerade als der Marschall in einem Bauernhaus ein rasches Frühstück nimmt, schüttert leise der Boden unter ihren Füßen. Sie horchen auf. Wieder und wieder rollt dumpf und schon verlöschend der Ton heran: Kanonen sind das, feuernde Batterien von ferne, doch nicht gar zu ferne, höchstens drei Stunden weit. Ein paar Offiziere werfen sich nach Indianerart auf die Erde, um deutlich die Richtung zu erlauschen. Stetig und dumpf dröhnt dieser ferne Schall. Es ist die Kanonade von Saint-Jean, der Beginn von Waterloo. Grouchy hält Rat. Heiß und feurig verlangt Gerard, sein Unterbefehlshaber, »il faut marcher au canon«, rasch hin in die Richtung des Geschützfeuers! Ein zweiter Offizier stimmt zu: hin, nur rasch hinüber! Es ist für sie alle zweifellos, dass der Kaiser auf die Engländer gestoßen ist und eine schwere Schlacht begonnen hat. Grouchy wird unsicher. An Gehorchen gewöhnt, hält er sich ängstlich an das geschriebene Blatt, an den Befehl des Kaisers, die Preußen auf ihrem Rückzug zu verfolgen. Gerard wird heftiger, als er sein Zögern sieht. »Marchez au canon!« – Wie ein Befehl klingt die Forderung des Unterkommandanten vor zwanzig Offizieren und Zivilisten, nicht wie eine Bitte. Das verstimmt Grouchy. Er erklärt härter und strenger, nicht abweichen zu dürfen von seiner Pflicht, solange keine Gegenordre vom Kaiser eintreffe. Die Offiziere sind enttäuscht, und die Kanonen poltern in ein böses Schweigen.

Da versucht Gerard sein Letztes: er bittet flehentlich, wenigstens mit seiner Division und etwas Kavallerie hinüber auf das Schlachtfeld zu dürfen, und verpflichtet sich, rechtzeitig zur Stelle zu sein. Grouchy überlegt. Er überlegt eine Sekunde lang.

Weltgeschichte in einem Augenblick

Eine Sekunde überlegt Grouchy, und diese eine Sekunde formt sein eigenes Schicksal, das Napoleons und das der Welt. Sie entscheidet, diese Sekunde im Bauernhaus von Walhain, über das ganze neunzehnte Jahrhundert, und sie hängt an den Lippen – Unsterblichkeit – eines recht braven, recht banalen Menschen, sie liegt flach und offen in den Händen, die nervös die verhängnisvolle Ordre des Kaisers zwischen den Fingern knittern. Könnte Grouchy jetzt Mut fassen, kühn sein, ungehorsam der Ordre aus Glauben an sich und das sichtliche Zeichen, so wäre Frankreich gerettet. Aber der subalterne Mensch gehorcht immer dem Vorgeschriebenen und nie dem Anruf des Schicksals.

So winkt Grouchy energisch ab. Nein, das wäre unverantwortlich, ein so kleines Korps noch einmal zu teilen. Seine Aufgabe gebietet, die Preußen zu verfolgen, nichts als dies. Und er weigert sich, gegen den Befehl des Kaisers zu handeln. Die Offiziere schweigen verdrossen. Es entsteht eine Stille um ihn. Und in ihr entschwebt unwiderruflich, was Worte und Taten dann nie mehr fassen können – die entscheidende Sekunde. Wellington hat gesiegt.

So marschieren sie weiter, Gerard, Vandamme, mit zornigen Fäusten, Grouchy, bald beunruhigt und von Stunde zu Stunde unsicherer: Denn sonderbar, noch immer zeigten sich die Preußen nicht, offenbar haben sie die Richtung auf Brüssel verlassen. Bald melden Botschafter verdächtige Anzeichen, dass ihr Rückzug sich in einen Flankenmarsch zum Schlachtfeld verwandelt habe. Noch wäre es Zeit, mit letzter Eile dem Kaiser zu Hilfe zu kommen, und immer ungeduldiger wartet Grouchy auf die Botschaft, auf den Befehl, zurückzukehren. Aber keine Nachricht kommt. Nur dumpf rollen immer ferner von drüben die Kanonen über die schauernde Erde: die eisernen Würfel von Waterloo.

Der Nachmittag von Waterloo

Unterdessen ist es ein Uhr geworden. Vier Attacken sind zwar zurückgeworfen, aber sie haben das Zentrum Wellingtons empfindlich aufgelockert; schon rüstet Napoleon zum entscheidenden Sturm. Er lässt die Batterien vor Belle-Alliance verstärken, und ehe der Kampf der Kanonade seinen wolkigen Vorhang zwischen die Hügel zieht, wirft Napoleon noch einen letzten Blick über das Schlachtfeld.

Da bemerkt er nordöstlich einen dunkel vorrückenden Schatten, der aus den Wäldern zu fließen scheint: neue Truppen! Sofort wendet sich jedes Fernglas hin: Ist es schon Grouchy, der kühn den Befehl überschritten hat und nun wunderbar zur rechten Stunde kommt? Nein, ein eingebrachter Gefangener meldet, es sei die Vorhut der Armee des Generals von Blücher, preußische Truppen. Zum ersten Mal ahnt der Kaiser, jene geschlagene preußische Armee müsse sich der Verfolgung entzogen haben, um sich vorzeitig mit den Engländern zu vereinigen, indes ein Drittel seiner eigenen Truppen nutzlos im Leeren herummanövriere. Sofort schreibt er einen Brief an Grouchy mit dem Auftrag, um jeden Preis die Verbindung aufrechtzuerhalten und die Einmengung der Preußen in die Schlacht zu verhindern.

Zugleich erhält der Marschall Ney die Ordre zum Angriff. Wellington muss geworfen werden, ehe die Preußen eintreffen: Kein Einsatz scheint mehr zu verwegen bei so plötzlich verringerten Chancen. Nun folgen den ganzen Nachmittag jene furchtbaren Attacken auf das Plateau mit immer frisch vorgeworfener Infanterie. Immer erstürmt sie die zerschossenen Dörfer, immer wieder wird sie herabgeschmettert, immer wieder erhebt sich mit flatternden Fahnen die Welle gegen die schon zerhämmerten Karrees. Aber noch hält Wellington stand, und noch immer kommt keine Nachricht von Grouchy. »Wo ist Grouchy? Wo bleibt Grouchy?«, murmelt der Kaiser nervös, als er den Vortrab der Preußen allmählich eingreifen sieht. Auch die Befehlshaber unter ihm werden ungeduldig. Und entschlossen, gewaltsam ein Ende zu machen, schleudert Marschall Ney – ebenso tollkühn wie Grouchy allzu bedächtig (drei Pferde wurden ihm schon unter dem Leibe weggeschossen) – mit einem Wurf die ganze französische Kavallerie in einer einzigen Attacke heran. Zehntausend Kürassiere und Dragoner versuchen diesen fürchterlichen Todesritt, zerschmettern die Karrees, hauen die Kanoniere nieder und sprengen die ersten Reihen. Zwar werden sie selbst wieder herabgedrängt, aber die Kraft der englischen Armee ist im Erlöschen, die Faust, die jene Hügel umkrallt, beginnt sich zu lockern. Und als nun die dezimierte französische Kavallerie vor den Geschützen zurückweicht, rückt die letzte Reserve Napoleons, die alte Garde, schwer und langsamen Schrittes heran, um den Hügel zu stürmen, dessen Besitz das Schicksal Europas verbürgt.

Die Entscheidung

Vierhundert Kanonen donnern ununterbrochen seit Morgen auf beiden Seiten. An der Front klirren die Kavalkaden der Reiterei gegen die feuernden Karrees, Trommelschläge prasseln auf das dröhnende Fell, die ganze Ebene bebt vom vielfältigen Schall! Aber oben, auf den beiden Hügeln, horchen die beiden Feldherren über das Menschengewitter hinweg. Sie horchen beide auf leiseren Laut.

Zwei Uhren ticken leise wie Vogelherzen in ihrer Hand über die gewitternden Massen. Napoleon und Wellington, beide greifen sie ununterbrochen nach dem Chronometer und zählen die Stunden, die Minuten, die ihnen jene letzte, entscheidende Hilfe bringen müssen. Wellington weiß Blücher nah, und Napoleon hofft auf Grouchy. Beide haben sie keine Reserven mehr, und wer zuerst eintrifft, hat die Schlacht entschieden. Beide spähen sie mit dem Teleskop nach dem Waldrand, wo jetzt wie ein leichtes Gewölk der preußische Vortrab zu erscheinen beginnt. Aber sind es nur Plänkler oder die Armee selbst, auf ihrer Flucht vor Grouchy? Schon leisten die Engländer nur noch letzten Widerstand, aber auch die französischen Truppen ermatten. Wie zwei Ringer keuchend, stehen sie mit schon gelähmten Armen einander gegenüber, atemholend, ehe sie einander zum letzten Mal fassen: Die unwiderrufliche Runde der Entscheidung ist gekommen.

Da endlich donnern Kanonen an der Flanke der Preußen: Geplänkel, Füsilierfeuer! »Enfin Grouchy!« Endlich Grouchy!, atmet Napoleon auf. Im Vertrauen auf die nun gesicherte Flanke sammelt er seine letzte Mannschaft und wirft sie noch einmal gegen Wellingtons Zentrum, den englischen Riegel vor Brüssel zu zerbrechen, das Tor Europas aufzusprengen.

Aber jenes Gewehrfeuer war bloß ein irrtümliches Geplänkel, das die anrückenden Preußen, durch die andere Uniform verwirrt, gegen die Hannoveraner begonnen: Bald stellen sie das Fehlfeuer ein, und ungehemmt, breit und mächtig, quellen jetzt ihre Massen aus der Waldung hervor. Nein, es ist nicht Grouchy, der mit seinen Truppen anrückt, sondern Blücher, und damit das Verhängnis. Die Botschaft verbreitet sich rasch unter den kaiserlichen Truppen, sie beginnen zurückzuweichen, in leidlicher Ordnung noch. Aber Wellington erfasst den kritischen Augenblick. Er reitet bis an den Rand des siegreich verteidigten Hügels, lüftet den Hut und schwenkt ihn über dem Haupt gegen den weichenden Feind. Sofort verstehen die Seinen die triumphierende Geste. Mit einem Ruck erhebt sich, was von englischen Truppen noch übrig ist, und wirft sich auf die gelockerte Masse. Von der Seite stürzt gleichzeitig die preußische Kavallerie in die ermattete, zertrümmerte Armee: Der Schrei gellt auf, der tödliche: »Sauve qui peut!« Ein paar Minuten nur, und die Grande Armee ist nichts mehr als ein zügellos jagender Angststrom, der alles, auch Napoleon selbst, mitreißt. Wie in wehrloses, fühlloses Wasser schlägt die nachspornende Kavallerie in diesen rasch und flüssig rückrennenden Strom, mit lockerem Zug fischen sie die Karosse Napoleons, den Heerschatz, die ganze Artillerie aus dem schreienden Schaum von Angst und Entsetzen, und nur die einbrechende Nacht rettet dem Kaiser Leben und Freiheit. Aber der dann mitternachts, verschmutzt und betäubt, in einem niedern Dorfwirtshaus müde in den Sessel fällt, ist kein Kaiser mehr. Sein Reich, seine Dynastie, sein Schicksal ist zu Ende: Die Mutlosigkeit eines kleinen, unbedeutenden Menschen hat zerschlagen, was der Kühnste und Weitblickendste in zwanzig heroischen Jahren erbaut.

Rücksturz ins Tägliche

Kaum schmettert der englische Angriff Napoleon nieder, so jagt ein damals fast Namenloser auf einer Extrakalesche die Straße nach Brüssel und von Brüssel an das Meer, wo ein Schiff wartet. Er segelt hinüber nach London, um dort vor den Stafetten der Regierung einzutreffen, und es gelingt ihm, dank der noch unbekannten Nachricht, die Börse zu sprengen: Es ist Rothschild, der mit diesem genialen Zug ein anderes Kaiserreich begründet, eine neue Dynastie. Am nächsten Tage weiß England um den Sieg und weiß in Paris Fouché, der ewige Verräter, um die Niederlage: Schon dröhnen in Brüssel und Deutschland die Siegesglocken.

Nur einer weiß am nächsten Morgen noch nichts von Waterloo, obzwar nur vier Stunden weit von dem Schicksalsort: Der unglückliche Grouchy; beharrlich und planmäßig ist er, genau nach dem Befehl, den Preußen nachgerückt. Aber sonderbar, er findet sie nirgends, das wirft Unsicherheit in sein Gefühl. Und immer noch poltern von nahe her die Kanonen lauter und lauter, als schrien sie um Hilfe. Sie spüren die Erde beben und spüren jeden Schuss bis ins Herz. Alle wissen nun, das gilt keinem Geplänkel, sondern eine gigantische Schlacht ist entbrannt, die Schlacht der Entscheidung.

Nervös reitet Grouchy zwischen seinen Offizieren. Sie vermeiden, mit ihm zu diskutieren: Ihr Ratschlag ist ja verworfen.

Erlösung darum, wie sie bei Wavre endlich auf ein einzelnes preußisches Korps stoßen, auf Blüchers Nachhut. Gleich Rasenden stürmen sie gegen die Verschanzung, Gerard allen voran, als suche er, von düsterer Ahnung getrieben, den Tod. Eine Kugel schlägt ihn nieder: Der lauteste der Mahner ist nun stumm. Mit Nachteinbruch stürmen sie das Dorf, aber sie fühlen's, dieser kleine Nachhutsieg hat keinen Sinn mehr, denn mit einmal ist es von drüben, vom Schlachtfeld her, vollkommen still geworden. Beängstigend stumm, grauenhaft friedlich, ein grässliches, totes Schweigen. Und alle spüren sie, dass das Rollen der Geschütze noch besser war als diese nervenzerfressende Ungewissheit. Die Schlacht muss entschieden sein, die Schlacht bei Waterloo, von der endlich Grouchy (zu spät!) jenes hilfedrängende Billet Napoleons erhalten hat. Sie muss entschieden sein, die gigantische Schlacht, doch für wen? Sie warten die ganze Nacht. Vergeblich! Keine Botschaft kommt von drüben. Es ist, als hätte die Große Armee sie vergessen, und sie ständen leer und sinnlos im undurchsichtigen Raum. Am Morgen brechen sie die Biwaks ab und nehmen den Marsch wieder auf, todmüde und längst bewusst, dass all ihr Marschieren und Manövrieren ganz zwecklos geworden ist. Da endlich, um zehn Uhr vormittags, sprengt ein Offizier des Generalstabs heran. Sie helfen ihm vom Pferde und überschütten ihn mit Fragen. Aber er, das Antlitz verwüstet von Grauen, die Haare nass an den Schläfen und zitternd von übermenschlicher Anstrengung, stammelt nur unverständliche Worte, Worte, die sie nicht verstehen, nicht verstehen können und wollen. Für einen Wahnsinnigen, für einen Trunkenen halten sie ihn, wie er sagt, es gäbe keinen Kaiser mehr, keine kaiserliche Armee, Frankreich sei verloren. Aber nach und nach entreißen sie ihm die ganze Wahrheit, den niederschmetternden, tödlich lähmenden Bericht. Grouchy steht bleich und stützt sich zitternd auf seinen Säbel: Er weiß, dass jetzt das Martyrium seines Lebens beginnt. Aber er nimmt entschlossen die undankbare Aufgabe der vollen Schuld auf sich. Der subalterne, zaghafte Untergebene, der in der großen Sekunde der unsichtbaren Entscheidung versagte, wird jetzt, Blick in Blick mit einer nahen Gefahr, wieder Mann und beinahe Held. Er versammelt sofort alle Offiziere und hält – Tränen des Zorns und der Trauer in den Augen – eine kurze Ansprache, in der er sein Zögern rechtfertigt und gleichzeitig beklagt. Schweigend hören ihn seine Offiziere an, die ihm gestern noch grollten. Jeder könnte ihn anklagen und sich rühmen, besserer Meinung gewesen zu sein. Aber keiner wagt es und will es. Sie schweigen und schweigen. Die rasende Trauer macht sie alle stumm.

Und gerade in jener Stunde nach seiner versäumten Sekunde zeigt Grouchy – nun zu spät – seine ganze militärische Kraft. Alle seine großen Tugenden, Besonnenheit, Tüchtigkeit, Umsicht und Gewissenhaftigkeit, werden klar, seit er wieder sich selbst vertraut und nicht mehr geschriebenem Befehl. Von fünffacher Übermacht umstellt, führt er – eine meisterhafte taktische Leistung – mitten durch die Feinde seine Truppen zurück, ohne eine Kanone, ohne einen Mann zu verlieren, und rettet Frankreich, rettet dem Kaiserreich sein letztes Heer. Aber kein Kaiser ist, wie er heimkehrt, mehr da, ihm zu danken, kein Feind, dem er die Truppen entgegenstellen kann. Er ist zu spät gekommen, zu spät für immer; und wenn nach außen sein Leben noch aufsteigt und man ihn zum Oberkommandanten ernennt, zum Pair von Frankreich, und er in jedem Amt sich mannhaft-tüchtig bewährt, nichts kann ihm mehr diesen einen Augenblick zurückkaufen, der ihn zum Herrn des Schicksals gemacht und dem er nicht gewachsen war.

So furchtbar rächt sich die große Sekunde, sie, die selten in das Leben der Irdischen niedersteigt, an dem zu Unrecht Gerufenen, der sie nicht zu nützen weiß. Alle bürgerlichen Tugenden, Vorsicht, Gehorsam, Eifer und Bedächtigkeit, sie alle schmelzen ohnmächtig in der Glut des großen Schicksalsaugenblicks, der immer nur den Genius fordert und zum dauernden Bildnis formt. Verächtlich stößt er den Zaghaften zurück; einzig den Kühnen hebt er, ein anderer Gott der Erde, mit feurigen Armen in den Himmel der Helden empor.

Die Marienbader Elegie
Goethe zwischen Karlsbad und Weimar
5. September 1823

Am 5. September 1823 rollt ein Reisewagen langsam die Landstraße von Karlsbad gegen Eger zu: Der Morgen schauert schon herbstlich kühl, scharfer Wind geht durch die abgeernteten Felder, aber blau spannt sich der Himmel über geweitete Landschaft. In der Kalesche sitzen drei Männer, der großherzoglich sachsen-weimarsche Geheimrat v. Goethe (wie ihn die Kurliste Karlsbad rühmend verzeichnet) und die beiden Getreuen, Stadelmann, der alte Diener, und John, der Sekretär, dessen Hand fast alle Goethe-Werke des neuen Jahrhunderts zum ersten Mal geschrieben. Keiner von beiden spricht ein Wort, denn seit der Abfahrt von Karlsbad, wo junge Frauen und Mädchen mit Gruß und Kuss den Scheidenden umdrängten, hat sich die Lippe des alternden Mannes nicht mehr geregt. Unbewegt sitzt er im Wagen, nur der sinnende, in sich gefangene Blick deutet auf innere Bewegung. In der ersten Relaisstation steigt er aus, die beiden Gefährten sehen ihn hastig mit der Bleifeder Worte auf ein zufälliges Blatt schreiben, und das Gleiche wiederholt sich auf dem ganzen Wege bis Weimar bei Fahrt und Rast. In Zwotau, kaum angekommen, im Schloss Hartenberg am nächsten Tage, in Eger und dann in

Pößneck, überall ist es sein Erstes, das im rollenden Gefährt Übersonnene in eilender Schrift zu vermerken. Und das Tagebuch verrät nur lakonisch: »An dem Gedicht redigiert« (6. September), »Sonntag das Gedicht fortgesetzt« (7. September), »das Gedicht abermals unterwegs durchgegangen« (12. September). In Weimar, am Ziele, ist das Werk vollendet; kein geringeres als die »Marienbader Elegie«, das bedeutendste, das persönlich intimste und darum von ihm auch geliebteste Gedicht seines Alters, sein heroischer Abschied und sein heldenhafter Neubeginn.

»Tagebuch innerer Zustände« hat Goethe einmal im Gespräch die Gedichte genannt, und vielleicht kein Blatt seines Lebenstagebuches liegt so offen, so klar in Ursprung und Entstehung vor uns wie dies tragisch fragende, tragisch klagende Dokument seines innersten Gefühls: kein lyrischer Erguss seiner Jünglingsjahre ist so unmittelbar aus Anlass und Geschehnis entsprungen, kein Werk können wir dermaßen Zug um Zug, Strophe um Strophe, Stunde um Stunde sich bilden sehen wie dies »wundersame Lied, das uns bereitet«, dieses tiefste, reifste, wahrhaft herbstlich erglühende Spätlingsgedicht des Vierundsiebzigjährigen. »Produkt eines höchst leidenschaftlichen Zustandes«, wie er es Eckermann gegenüber nannte, vereint es gleichzeitig erhabenste Bändigung der Form: So wird offenbar und geheimnisvoll zugleich feurigster Lebensaugenblick in Gestaltung verwandelt. Noch heute, nach mehr als hundert Jahren, ist nichts welk und abgedunkelt an diesem herrlichen Blatt seines weitverzweigten rauschenden Lebens, und noch Jahrhunderte bewahrt sich dieser 5. September denkwürdig im Gedächtnis und Gefühl kommenden deutschen Geschlechts.

Über diesem Blatt, diesem Gedicht, diesem Menschen, dieser Stunde steht strahlend der seltene Stern der Neugeburt. Im Februar 1822 hatte Goethe schwerste Krankheit zu überstehen, heftige Fieberschauer durchschütteln den Körper, zu manchen Stunden ist das Bewusstsein schon verloren, und er selbst scheint es nicht minder. Die Ärzte, die kein deutliches Symptom erkennen und nur die Gefahr spüren, sind ratlos. Aber plötzlich, wie sie gekommen, entschwindet die Krankheit: Im Juni geht Goethe nach Marienbad, ein vollkommen Verwandelter, denn fast hat es den Anschein, als ob jener Anfall nur Symptom einer inneren Verjüngung, einer »neuen Pubertät« gewesen wäre; der verschlossene, verhärtete, pedantische Mann, in dem das Dichterische fast ganz zu Gelehrsamkeit verkrustet war, gehorcht seit Jahrzehnten wieder nur noch ganz dem Gefühl. Musik »faltet ihn auseinander«, wie er sagt, kaum kann er Klavier spielen und besonders von einer so schönen Frau wie der Szymanowska spielen hören, ohne dass seine Augen in Tränen stehen; er sucht aus tiefstem Triebe Jugend auf, und staunend sehen die Genossen den Vierundsiebzigjährigen bis Mitternacht mit Frauen schwärmen, sehen ihn, wie er seit Jahren wieder zum Tanz antritt, wobei ihm, wie er stolz erzählt, »beim Damenwechsel die meisten hübschen Kinder in die Hand kamen«. Sein starres Wesen ist magisch aufgeschmolzen in diesem Sommer, und aufgetan, wie seine Seele nun ist, verfällt sie dem alten Zauber, der ewigen Magie. Das Tagebuch vermeldet verräterisch »konziliante Träume«, der »alte Werther« wird wieder in ihm wach: Frauennähe begeistert ihn zu kleinen Gedichten, zu scherzhaften Spielen und Neckereien, wie er sie vor einem halben Jahrhundert mit Lili Schönemann geübt. Noch schwankt unsicher die Wahl dem Weiblichen zu: Erst ist es die schöne Polin, dann aber die neunzehnjährige Ulrike von Levetzow, der sein genesenes Gefühl entgegenschlägt. Vor fünfzehn Jahren hat er ihre Mutter geliebt und verehrt, und vor einem Jahre noch »das Töchterlein« bloß väterlich geneckt, nun aber wächst Neigung jäh zur Leidenschaft, nun eine andere Krankheit, sein ganzes Wesen ergreifend, tiefer ihn aufrüttelnd in der vulkanischen Welt des Gefühls als seit Jahren ein Erlebnis. Wie ein Knabe schwärmt der Vierundsiebzigjährige: Kaum dass er die lachende Stimme auf der Promenade hört, lässt er die Arbeit und eilt ohne Hut und Stock zu dem heiteren Kinde hinab. Aber er wirbt auch wie ein Jüngling, wie ein Mann: Das groteske Schauspiel, leicht satyrhaft im Tragischen, tut sich auf. Nachdem er mit dem Arzt geheim beraten, offenbart Goethe sich dem ältesten seiner Gefährten, dem Großherzog, mit der Bitte, er möchte für ihn bei Frau Levetzow um die Hand ihrer Tochter Ulrike werben. Und der Großherzog, gedenkend mancher tollen gemeinsamen Weibernacht vor fünfzig Jahren, vielleicht still und schadenfroh lächelnd über den Mann, den Deutschland, den Europa als den Weisesten der Weisen, den reifsten und abgeklärtesten Geist des Jahrhunderts verehrt – der Großherzog legt feierlich Stern und Orden an und geht für den Vierundsiebzigjährigen die Hand des neunzehnjährigen Mädchens von ihrer Mutter erbitten. Über die Antwort ist Genaues nicht bekannt – sie scheint abwartend, hinausschiebend gewesen zu sein. So ist Goethe Werber ohne Gewissheit, beglückt von bloß flüchtigem Kusse, liebgemeinten Worten, indes leidenschaftlicher und leidenschaftlicher das Verlangen ihn durchwogt, noch einmal Jugend in so zarter Gestalt zu besitzen. Noch einmal ringt der ewig Ungeduldige um höchste Gunst des Augenblicks: Treulich folgt er von Marienbad der Geliebten nach Karlsbad, auch hier nur Ungewissheit für die Feurigkeit seines Wunsches findend, und mit dem sinkenden Sommer mehrt sich seine Qual. Endlich naht der Abschied, nichts versprechend, weniges verheißend, und als nun der Wagen rollt, fühlt der große Ahnende, dass ein Ungeheures in seinem Leben zu Ende ist. Aber tiefsten Schmerzes ewiger Genosse, ist in verdunkelter Stunde der alte Tröster da: Über den Leidenden neigt sich der Genius, und der im Irdischen Trost nicht findet, ruft nach dem Gott. Noch einmal flieht, wie unzählige Male schon und nun zum letzten Mal, Goethe aus dem Erlebnis in die Dichtung, und in wundersamer Dankbarkeit für diese letzte Gnade schreibt der Vierundsiebzigjährige über dies sein Gedicht die Verse seines Tasso, die er vor vierzig Jahren gedichtet, um sie noch einmal staunend zu erleben:

Und wenn der Mensch in seiner Qual verstummt,
Gab mir ein Gott, zu sagen, was ich leide.

Sinnend sitzt nun der greise Mann im fortrollenden Wagen, unmutig bewegt von der Ungewissheit innerer Fragen. Noch war Ulrike frühmorgens mit der Schwester beim »tumultuarischen Abschied« zu ihm hingeeilt, noch hatte ihn der jugendliche, der geliebte Mund geküsst, aber war dieser Kuss ein zärtlicher, war er ein töchterlicher? Wird sie ihn lieben können, wird sie ihn nicht vergessen? Und der Sohn, die Schwiegertochter, die unruhig das reiche Erbe erharren, werden sie eine Heirat dulden, die Welt, wird sie seiner nicht spotten? Wird er im nächsten Jahre ihr nicht weggealtert sein? Und falls, was darf er vom Wiedersehen erhoffen?

Unruhig wogen die Fragen. Und plötzlich formt sich eine, die wesentlichste, zur Zeile, zur Strophe – die Frage, die Not wird zum Gedicht, der Gott hat ihm gegeben, »zu sagen, was ich leide«. Unmittelbar, nackt geradezu, stößt sich der Schrei hinein in das Gedicht, gewaltiger Anschwung innerer Bewegung:

Was soll ich nun vom Wiedersehen hoffen,
Von dieses Tages noch geschlossner Blüte?
Das Paradies, die Hölle steht dir offen;
Wie wankelsinnig regt sich's im Gemüte! –

Und nun strömt der Schmerz in kristallene Strophen, wunderbar von der eigenen Wirrnis gereinigt. Und wie der Dichter seines inneren Zustandes chaotische Not, die »schwüle Atmosphäre« durchirrt, hebt sich ihm zufällig der Blick. Aus dem rollenden Wagen sieht er morgendlich still die böhmische Landschaft, göttlichen Frieden gegen seine Unruhe gestellt, und schon fließt das eben erst geschaute Bildnis über sein Gedicht:

Ist denn die Welt nicht übrig? Felsenwände,
Sind sie nicht mehr gekrönt von heiligen Schatten?
Die Ernte, reift sie nicht? Ein grün Gelände,
Zieht sich's nicht hin am Fluss durch Busch und Matten?
Und wölbt sich nicht das überweltlich Große,
Gestaltenreiche, bald Gestaltenlose?

Aber zu unbeseelt ist ihm diese Welt. In solch leidenschaftlicher Sekunde vermag er alles nur in Verbindung mit der Gestalt der Geliebten zu begreifen, und magisch verdichtet sich die Erinnerung zu verklärender Erneuerung:

Wie leicht und zierlich, klar und zart gewoben
Schwebt, seraphgleich, aus ernster Wolken Chor,
Als glich' es ihr, am blauen Äther droben
Ein schlank Gebild aus lichtem Duft empor;
So sahst du sie in frohem Tanze walten,
Die lieblichste der lieblichen Gestalten.
Doch nur Momente darfst dich unterwinden,
Ein Luftgebild statt ihrer festzuhalten;
Ins Herz zurück! dort wirst du's besser finden,
Dort regt sie sich in wechselnden Gestalten:
Zu Vielen bildet Eine sich hinüber,
So tausendfach, und immer, immer lieber.

Kaum beschworen, bildet sich aber Ulrikens Bildnis schon sinnlich geformt. Er schildert, wie sie ihn empfing und »stufenweis' beglückte«, wie sie nach dem letzten Kuss ihm noch den »letztesten« auf die Lippen drückte, und selig erinnernder Beglückung dichtet nun in erhabenster Form der alte Meister eine der reinsten Strophen über das Gefühl der Hingabe und Liebe, die jemals die deutsche und irgendeine Sprache geschaffen:

In unsers Busens Reine wogt ein Streben,
Sich einem Höhern, Reinern, Unbekannten
Aus Dankbarkeit freiwillig hinzugeben,

Enträtselnd sich den ewig Ungenannten;
Wir heißen's: fromm sein! – Solcher seligen Höhe
Fühl' ich mich teilhaft, wenn ich vor ihr stehe.

Aber gerade im Nachgefühl dieses seligsten Zustandes leidet der Verlassene unter der Trennung der Gegenwart, und nun bricht ein Schmerz hervor, der die erhaben elegische Stimmung des großartigen Gedichtes fast zerreißt, eine Offenheit des Empfindens, wie sie nur das spontane Verwandeln eines unmittelbaren Erlebnisses einmal in Jahren verwirklicht. Erschütternd ist diese Klage:

Nun bin ich fern! Der jetzigen Minute,
Was ziemt denn der? Ich wüsst' es nicht zu sagen.
Sie bietet mir zum Schönen manches Gute;
Das lastet nur, ich muss mich ihm entschlagen.
Mich treibt umher ein unbezwinglich Sehnen,
Da bleibt kein Rat als grenzenlose Tränen.

Dann steigert sich, kaum steigerungsfähig, der letzte, furchtbarste Aufschrei:

Verlasst mich hier, getreue Weggenossen,
Lasst mich allein am Fels, in Moor und Moos!
Nur immer zu! euch ist die Welt erschlossen,
Die Erde weit, der Himmel hehr und groß;
Betrachtet, forscht, die Einzelheiten sammelt,
Naturgeheimnis werde nachgestammelt.
Mir ist das All, ich bin mir selbst verloren,
Der ich noch erst den Göttern Liebling war:

Sie prüften mich, verliehen mir Pandoren,
So reich an Gütern, reicher an Gefahr;
Sie drängten mich zum gabeseligen Munde,
Sie trennen mich und – richten mich zugrunde.

Nie war dem sonst Verhaltenen eine ähnliche Strophe entklungen. Der sich als Jüngling zu verbergen, als Mann zu enthalten wusste, der sonst fast immer nur in Spiegelbildern, Chiffren und Symbolen sein tiefstes Geheimnis verriet, hier offenbart er als Greis zum ersten Mal großartig frei sein Gefühl. Seit fünfzig Jahren war der fühlende Mensch, der große lyrische Dichter in ihm vielleicht nicht lebendiger als auf diesem unvergesslichen Blatt, an diesem denkwürdigen Wendepunkt seines Lebens.

So geheimnisvoll, als eine seltene Gnade des Schicksals, hat auch Goethe selbst dieses Gedicht empfunden. Kaum nach Weimar heimgekehrt, ist es sein Erstes, noch ehe er sich irgendeiner anderen Arbeit oder häuslichen Dingen zuwendet, eine kunstvolle Abschrift der Elegie eigenhändig zu kalligraphieren. Drei Tage schreibt er auf besonders gewähltem Papier mit großen, feierlichen Lettern, wie ein Mönch in seiner Zelle, das Gedicht nieder und birgt es selbst vor den nächsten Hausgenossen, auch vor dem vertrautesten, als Geheimnis. Selbst die Buchbinderarbeit fertigt er, damit geschwätzige Kunde sich nicht voreilig verbreite, und befestigt das Manuskript mit einer seidenen Schnur in einer Decke von rotem Maroquin (die er dann später durch einen blauen, wundervollen Leinwandband ersetzen ließ, der noch heute im Goethe-und-Schiller-Archiv zu sehen ist).

Die Tage sind ärgerlich und verdrießlich, sein Heiratsplan hat im Hause nur Hohn gefunden, den Sohn sogar zu Ausbrüchen offenen Hasses verleitet; nur in den eigenen dichterischen Worten kann er bei dem geliebten Wesen weilen. Erst als die schöne Polin, die Szymanowska, wieder zu Besuch kommt, erneuert sich das Gefühl der hellen Marienbader Tage und macht ihn mitteilsam. Am 27. Oktober endlich ruft er Eckermann zu sich herein, und schon an der besonderen Feierlichkeit, mit der er die Verlesung einleitete, verrät sich's, mit welcher besonderen Liebe er an diesem Gedichte gehangen. Der Diener muss zwei Wachslichter auf den Schreibtisch stellen, dann erst wird Eckermann ersucht, vor den Lichtern Platz zu nehmen und die Elegie zu lesen. Nach und nach bekommen sie auch die anderen, aber nur die Vertrautesten, zu Gehör, denn Goethe hütet sie nach Eckermanns Worten »wie ein Heiligtum«. Dass sie besondere Bedeutung für sein Leben besitzt, zeigen schon die nächsten Monate. Dem gesteigerten Wohlbefinden des Verjüngten folgt bald ein Zusammenbruch. Wieder scheint er dem Tode nahe, schleppt sich vom Bett zum Lehnsessel, vom Lehnsessel zum Bett, ohne Ruhe zu finden; die Schwiegertochter ist auf Reisen, der Sohn voll Hass, niemand pflegt oder berät den verlassenen, alten Kranken. Da kommt, offenbar von den Freunden gerufen, Zelter aus Berlin, der Vertrauteste seines Herzens, und erkennt sofort den inneren Brand. »Was finde ich«, schreibt er erstaunt, »einen, der aussieht, als hätte er Liebe, die ganze Liebe mit aller Qual der Jugend im Leibe.« Um ihn zu heilen, liest er ihm immer und immer wieder »mit inniger Teilnahme« das eigene Gedicht vor, und Goethe wird nicht müde, es zu hören. »Es war doch eigen«, schreibt er dann als Genesender, »dass du mich durch dein gefühlvolles, sanftes Organ mehrmals vernehmen ließest, was mir in einem Grade lieb ist, den ich mir selbst nicht gestehen mag.« Und schreibt dann weiter: »Ich darf es nicht aus Händen geben, aber lebten wir zusammen, so müsstest du mir's so lange vorlesen und vorsingen, bis du's auswendig könntest.«

So kommt, wie Zelter sagt, »die Heilung vom Speer, der ihn verwundet hatte«. Goethe rettet sich – man darf es wohl so sagen – durch dieses Gedicht. Endlich ist die Qual überwunden, die letzte tragische Hoffnung besiegt, der Traum von einem ehelichen Leben mit dem geliebten »Töchterchen« zu Ende. Er weiß, er wird niemals mehr nach Marienbad, nach Karlsbad, nie mehr in die heitere Spielwelt der Sorglosen gehen, fortan gehört sein Leben allein noch der Arbeit. Dem Neubeginnen des Schicksals hat der Geprüfte entsagt, dafür tritt ein anderes großes Wort in seinen Lebenskreis, es heißt: vollenden. Ernst wendet er seinen Blick zurück auf sein Werk, das sechzig Jahre umspannt, sieht es zersplittert und verstreut und beschließt, da er nun nicht mehr bauen kann, wenigstens zu sammeln; der Kontrakt für die »Gesammelten Werke« wird abgeschlossen, das Schutzrecht erworben. Noch einmal wirbt seine Liebe, die eben noch um ein neunzehnjähriges Mädchen geirrt, um die beiden ältesten Gefährten seiner Jugend: »Wilhelm Meister« und »Faust«. Rüstig geht er zu Werke; aus vergilbten Blättern wird der Plan vergangenen Jahrhunderts erneuert. Ehe er achtzig ist, sind die »Wanderjahre« abgeschlossen, und heroischen Mutes tritt der Einundachtzigjährige an das »Hauptgeschäft« seines Lebens, den »Faust«, den er sieben Jahre nach diesen tragischen Schicksalstagen der Elegie vollendet und mit gleich ehrfürchtiger Pietät wie die Elegie noch mit Siegel und Geheimnis vor der Welt verschließt.

Zwischen diesen beiden Sphären des Gefühls, zwischen letztem Begehren und letztem Entsagen, zwischen Beginnen und Vollenden, steht als Scheitelpunkt, als unvergesslicher Augenblick innerer Wende, dieser fünfte September, der Abschied von Karlsbad, der Abschied von der Liebe, in Ewigkeit verwandelt durch erschütternde Klage. Wir dürfen ihn denkwürdig nennen, diesen Tag, denn die deutsche Dichtung hat seitdem keine sinnlich großartigere Stunde gehabt als den Überstrom urmächtigsten Gefühls in dies mächtige Gedicht.

Die Entdeckung Eldorados
J. A. Suter, Kalifornien. Januar 1848

Der Europamüde

1834. Ein Amerikadampfer steuert von Le Havre nach New York. Mitten unter den Desperados, einer unter Hunderten, Johann August Suter, heimisch zu Rynenberg bei Basel, 31 Jahre alt und höchst eilig, das Weltmeer zwischen sich und den europäischen Gerichten zu haben, Bankerotteur, Dieb, Wechselfälscher, hat er seine Frau und drei Kinder einfach im Stich gelassen, in Paris sich mit einem betrügerischen Ausweis etwas Geld verschafft und ist nun auf der Suche nach neuer Existenz. Am 7. Juli landet er in New York und treibt dort zwei Jahre lang alle möglichen und unmöglichen Geschäfte, wird Packer, Drogist, Zahnarzt, Arzneiverkäufer, Tavernenhälter. Schließlich, einigermaßen gesettlet, siedelt er sich in einem Wirtshaus an, verkauft es wieder und zieht, dem magischen Zug der Zeit folgend, nach Missouri. Dort wird er Landmann, schafft sich in kurzer Zeit ein kleines Eigentum und könnte ruhig leben. Aber immer hasten Menschen an seinem Hause vorbei, Pelzhändler, Jäger, Abenteurer und Soldaten, sie kommen vom Westen, sie ziehen nach Westen, und dieses Wort Westen bekommt allmählich einen magischen Klang. Zuerst, so weiß man, sind Steppen, Steppen mit ungeheuren Büffelherden, tageweit, wochenweit menschenleer, nur durchjagt von den Rothäuten, dann kommen Gebirge, hoch, unerstiegen, dann endlich jenes andere Land, von dem niemand Genaues weiß und dessen sagenhafter Reichtum gerühmt wird, Kalifornien, das noch unerforschte. Ein Land, wo Milch und Honig fließt, frei jedem, der es nehmen will – nur weit, unendlich weit und lebensgefährlich zu erreichen.

Aber Johann August Suter hat Abenteurerblut, ihn lockt es nicht, stillzusitzen und seinen guten Grund zu bebauen. Eines Tages, im Jahre 1837, verkauft er sein Hab und Gut, rüstet eine Expedition mit Wagen und Pferden und Büffelherden aus und zieht vom Fort Independence ins Unbekannte.

Der Marsch nach Kalifornien

1838. Zwei Offiziere, fünf Missionare, drei Frauen ziehen aus in Büffelwagen ins unendliche Leere. Durch Steppen und Steppen, schließlich über die Berge, dem Pazifischen Ozean entgegen. Drei Monate lang reisen sie, um Ende Oktober in Fort Van Couver anzukommen. Die beiden Offiziere haben Suter schon vorher verlassen, die Missionare gehen nicht weiter, die drei Frauen sind unterwegs an den Entbehrungen gestorben.

Suter ist allein, vergebens sucht man ihn zurückzuhalten in Van Couver, bietet ihm eine Stellung an – er lehnt alles ab, die Lockung des magischen Namens sitzt ihm im Blut.

Mit einem erbärmlichen Segler durchkreuzt er den Pazifik zuerst zu den Sandwich-Inseln und landet, nach unendlichen Schwierigkeiten an den Küsten von Alaska vorbei, an einem verlassenen Platz, namens San Franzisko. San Franzisko – nicht die Stadt von heute, nach dem Erdbeben mit verdoppeltem Wachstum zu Millionenzahlen emporgeschossen – nein, nur ein elendes Fischerdorf, so nach der Mission der Franziskaner genannt, nicht einmal Hauptstadt jener unbekannten mexikanischen Provinz Kalifornien, die verwahrlost, ohne Zucht und Blüte, in der üppigsten Zone des neuen Kontinents brachliegt.

Spanische Unordnung, gesteigert durch Abwesenheit jeder Autorität, Revolten, Mangel an Arbeitstieren und Menschen, Mangel an zupackender Energie. Suter mietet ein Pferd, treibt es hinab in das fruchtbare Tal des Sakramento: Ein Tag genügt, um ihm zu zeigen, dass hier nicht nur Platz ist für eine Farm, für ein großes Gut, sondern Raum für ein Königreich. Am nächsten Tag reitet er nach Monte Rey, in die klägliche Hauptstadt, stellt sich dem Gouverneur Alvarado vor, erklärt ihm seine Absicht, das Land urbar zu machen. Er hat Kanaken mitgebracht von den Inseln, will regelmäßig diese fleißigen und arbeitsamen Farbigen von dort sich nachkommen lassen und macht sich anheischig, Ansiedlungen zu bauen und ein kleines Reich, Neu-Helvetien, zu gründen.

»Warum Neu-Helvetien?«, fragt der Gouverneur.

»Ich bin Schweizer und Republikaner«, antwortet Suter.

»Gut, tun Sie, was Sie wollen. Ich gebe Ihnen eine Konzession auf zehn Jahre.«

Man sieht: Geschäfte werden dort rasch abgeschlossen.

Tausend Meilen von jeder Zivilisation hat Energie eines einzelnen Menschen einen anderen Preis als zu Hause.

Neu-Helvetien

1839. Eine Karawane karrt langsam längs der Ufer des Sakramento hinauf. Voran Suter zu Pferd, das Gewehr umgeschnallt, hinter ihm zwei, drei Europäer, dann hundertfünfzig Kanaken in kurzem Hemd, dann dreißig Büffelwagen mit Lebensmitteln, Samen und Munition, fünfzig Pferde, fünfundsiebzig Maulesel, Kühe und Schafe, dann eine kurze Nachhut – das ist die ganze Armee, die Neu-Helvetien erobern will.

Vor ihnen rollt eine gigantische Feuerwoge. Sie zünden die Wälder an, bequemere Methode, als sie auszuroden. Und kaum dass die riesige Lohe über das Land gerannt ist, noch auf den rauchenden Baumstrünken, beginnen sie ihre Arbeit. Magazine werden gebaut, Brunnen gegraben, der Boden, der keiner Pflügung bedarf, besät, Hürden geschaffen für die unendlichen Herden; allmählich strömt von den Nachbarorten Zuwachs aus den verlassenen Missionskolonien.

Der Erfolg ist gigantisch. Die Saaten tragen sofort fünfhundert Prozent. Die Scheuern bersten, bald zählen die Herden nach Tausenden, und ungeachtet der fortwährenden Schwierigkeiten im Lande, der Expeditionen gegen die Eingeborenen, die immer wieder Einbrüche in die aufblühende Kolonie wagen, entfaltet sich Neu-Helvetien zu tropisch gigantischer Größe. Kanäle, Mühlen, Faktoreien werden geschaffen, auf den Flüssen fahren Schiffe stromauf und stromab, Suter versorgt nicht nur Van Couver und die Sandwich-Inseln, sondern auch alle Segler, die in Kalifornien anlegen, er pflanzt Obst, das heute so berühmte und vielbewunderte Obst Kaliforniens. Sieh da!, es gedeiht, und so lässt er Weinreben kommen aus Frankreich und vom Rhein, und nach wenigen Jahren bedecken sie weite Gelände. Sich selbst baut er Häuser und üppige Farmen, lässt ein Klavier von Pleyel hundertachtzig Tagereisen weit aus Paris kommen und eine Dampfmaschine mit sechzig Büffeln von New York her über den ganzen Kontinent. Er hat Kredite und Guthaben bei den größten Bankhäusern Englands und Frankreichs, und nun, fünfundvierzig Jahre alt, auf der Höhe seines Triumphes, erinnert er sich, vor vierzehn Jahren eine Frau und drei Kinder irgendwo in der Welt gelassen zu haben. Er schreibt ihnen und ladet sie zu sich, in sein Fürstentum. Denn jetzt fühlt er die Fülle in den Fäusten, er ist Herr von Neu-Helvetien, einer der reichsten Männer der Welt, und wird es bleiben. Endlich reißen auch die Vereinigten Staaten die verwahrloste Kolonie aus Mexikos Händen. Nun ist alles gesichert und geborgen. Ein paar Jahre noch, und Suter ist der reichste Mann der Welt.

Der verhängnisvolle Spatenstich

1848, im Januar. Plötzlich kommt James W. Marshall, sein Schreiner, aufgeregt zu Johann August Suter ins Haus gestürzt, er müsse ihn unbedingt sprechen. Suter ist erstaunt, hat er doch noch gestern Marshall hinaufgeschickt in seine

Farm nach Coloma, dort ein neues Sägewerk anzulegen. Und nun ist der Mann ohne Erlaubnis zurückgekehrt, steht zitternd vor Aufregung vor ihm, drängt ihn in sein Zimmer, schließt die Tür ab und zieht aus der Tasche eine Handvoll Sand mit ein paar gelben Körnern darin. Gestern, beim Graben sei ihm dieses sonderbare Metall aufgefallen, er glaube, es sei Gold, aber die anderen hätten ihn ausgelacht. Suter wird ernst, nimmt die Körner, macht die Scheideprobe: Es ist Gold. Er entschließt sich, sofort am nächsten Tage mit Marshall zur Farm hinaufzureiten, aber der Zimmermeister ist als Erster von dem furchtbaren Fieber ergriffen, das bald die Welt durchschütteln wird: Noch in der Nacht, mitten im Sturm, reitet er zurück, ungeduldig nach Gewissheit.

Am nächsten Morgen ist Colonel Suter in Coloma, sie dämmen den Kanal ab und untersuchen den Sand. Man braucht nur ein Sieb zu nehmen, ein wenig hin und her zu schütteln, und die Goldkörner bleiben blank auf dem schwarzen Geflecht. Suter versammelt die paar weißen Leute um sich, nimmt ihnen das Ehrenwort ab, zu schweigen, bis das Sägewerk vollendet sei, dann reitet er ernst und entschlossen wieder zu seiner Farm zurück. Ungeheure Gedanken bewegen ihn: soweit man sich entsinnen kann, hat niemals das Gold so leicht fassbar, so offen in der Erde gelegen, und diese Erde ist sein, ist Suters Eigentum. Ein Jahrzehnt scheint übersprungen in einer Nacht: Er ist der reichste Mann der Welt.

Der reichste Mann? Nein – der ärmste, der jämmerlichste, der enttäuschteste Bettler dieser Erde. Nach acht Tagen ist das Geheimnis verraten, eine Frau – immer eine Frau! – hat es irgendeinem Vorübergehenden erzählt und ihm ein paar Goldkörner gegeben. Und was nun geschieht, ist ohne Beispiel. Sofort lassen alle Männer Suters ihre Arbeit, die Schlosser laufen von der Schmiede, die Schäfer von den Herden, die Weinbauern von den Reben, die Soldaten lassen ihre Gewehre, alles ist wie besessen und rennt mit rasch geholten Sieben und Kasserollen hin zum Sägewerk, Gold aus dem Sand zu schütteln. Über Nacht ist das ganze Land verlassen, die Milchkühe, die niemand melkt, brüllen und verrecken, die Büffelherden zerreißen ihre Hürden, stampfen hinein in die Felder, wo die Frucht am Halme verfault, die Käsereien arbeiten nicht, die Scheunen stürzen ein, das ungeheure Räderwerk des gigantischen Betriebes steht still. Telegraphen sprühen die goldene Verheißung über Länder und Meere. Und schon kommen die Leute herauf von den Städten, von den Häfen, Matrosen verlassen ihre Schiffe, die Regierungsbeamten ihren Posten, in langen, unendlichen Kolonnen zieht es von Osten, von Westen, zu Fuß, zu Pferd und zu Wagen heran, der Rush, der menschliche Heuschreckenschwarm, die Goldgräber. Eine zügellose, brutale Horde, die kein Gesetz kennt als das der Faust, kein Gebot als das ihres Revolvers, ergießt sich über die blühende Kolonie. Alles ist für sie herrenlos, niemand wagt diesen Desperados entgegenzutreten. Sie schlachten Suters Kühe, sie reißen seine Scheuern ein, um sich Häuser zu bauen, sie zerstampfen seine Äcker, sie stehlen seine Maschinen – über Nacht ist Johann August Suter bettelarm geworden, wie König Midas, erstickt im eigenen Gold.

Und immer gewaltiger wird dieser beispiellose Sturm nach Gold; die Nachricht ist in die Welt gedrungen, von New York allein gehen einhundert Schiffe ab, aus Deutschland, aus England, aus Frankreich, aus Spanien kommen 1848, 1849, 1850, 1851 ungeheure Abenteurerhorden herübergezogen. Einige fahren um das Kap Hoorn, das ist aber den Ungeduldigsten zu lang, so wählen sie den gefährlicheren Weg über den Isthmus von Panama. Eine rasch entschlossene Kompanie baut flink am Isthmus eine Eisenbahn, bei der Tausende Arbeiter im Fieber zugrunde gehen, nur damit für die Ungeduldigen drei bis vier Wochen erspart würden und sie früher zum Gold gelangen. Quer über den Kontinent ziehen riesige Karawanen, Menschen aller Rassen und Sprachen, und alle wühlen sie in Johann August Suters Eigentum wie auf eigenem Grunde. Auf der Erde von San Franzisko, die ihm durch besiegelten Akt der Regierung zugehört, wächst in traumhafter Geschwindigkeit eine Stadt, fremde Menschen verkaufen sich gegenseitig seinen Grund und Boden, und der Name Neu-Helvetien, sein Reich, verschwindet hinter dem magischen Wort: Eldorado, Kalifornien.

Johann August Suter, noch einmal bankerott, starrt wie gelähmt auf diese gigantische Drachensaat. Zuerst versucht er mitzugraben und selbst mit seinen Dienern und Gefährten den Reichtum auszunützen, aber alle verlassen ihn. So zieht er sich ganz aus dem Golddistrikt zurück, in eine abgesonderte Farm, nahe dem Gebirge, weg von dem verfluchten Fluss und dem unheiligen Sand, in seine Farm Eremitage. Dort erreicht ihn endlich seine Frau mit den drei herangewachsenen Kindern, aber kaum angelangt, stirbt sie infolge der Erschöpfung der Reise. Doch drei Söhne sind jetzt da, acht Arme, und mit ihnen beginnt Johann August Suter die Landwirtschaft; noch einmal, nun mit seinen drei Söhnen, arbeitet er sich empor, still, zäh, und nützt die phantastische Fruchtbarkeit dieser Erde. Noch einmal birgt und verbirgt er einen großen Plan.

Der Prozess

1850. Kalifornien ist in die Union der Vereinigten Staaten aufgenommen worden. Unter ihrer strengen Zucht kommt nach dem Reichtum endlich Ordnung in das goldbesessene Land. Die Anarchie ist gebändigt, das Gesetz gewinnt wieder sein Recht.

Und nun tritt Johann August Suter plötzlich vor mit seinen Ansprüchen. Der ganze Boden, so heischt er, auf dem die Stadt San Franzisko gebaut ist, gehört ihm nach Fug und Recht. Der Staat ist verpflichtet, den Schaden, den er durch Diebstahl seines Eigentums erlitten, gutzumachen, an allem aus seiner Erde geförderten Gold beansprucht er sein Teil. Ein Prozess beginnt, in Dimensionen, wie sie die Menschheit vor ihm nie gekannt. Johann August Suter verklagt siebzehntausendzweihunderteinundzwanzig Farmer, die sich in seinen Pflanzungen angesiedelt haben, und fordert sie auf, den gestohlenen Grund zu räumen, er verlangt fünfundzwanzig Millionen Dollar vom Staate Kalifornien dafür, dass er sich die von ihm gebauten Wege, Kanäle, Brücken, Stauwerke, Mühlen einfach angeeignet habe, er verlangt von der Union fünfundzwanzig Millionen Dollar als Schadenersatz für zerstörtes Gut und außerdem noch seinen Anteil am geförderten Gold. Er hat seinen älteren Sohn, Emil, in Washington die Rechte studieren lassen, um den Prozess zu führen, und verwendet die ungeheuren Einnahmen aus seinen neuen Farmen einzig dazu, diesen kostspieligen Prozess zu nähren. Vier Jahre lang treibt er ihn durch alle Instanzen.

Am 15. März 1855 wird endlich das Urteil gefällt. Der unbestechliche Richter Thompson, der höchste Beamte Kaliforniens, erkennt die Rechte Johann August Suters auf den Boden als vollkommen berechtigt und unantastbar an.

An diesem Tage ist Johann August Suter am Ziel. Er ist der reichste Mann der Welt.

Das Ende

Der reichste Mann der Welt? Nein, abermals nein, der ärmste Bettler, der unglücklichste, geschlagenste Mann. Wieder führt das Schicksal wider ihn einen jener mörderischen Streiche, nun aber einen, der ihn für immer zu Boden streckt. Auf die Nachricht von dem Urteil bricht ein Sturm in San Franzisko und im ganzen Lande los. Zehntausende rotten sich zusammen, alle die bedrohten Eigentümer, der Mob der Straße, das immer plünderungsfrohe Gesindel, sie stürmen den Justizpalast und brennen ihn nieder, sie suchen den Richter, um ihn zu lynchen, und sie machen sich auf, eine ungeheure Schar, um den ganzen Besitz Johann August Suters zu plündern. Sein ältester Sohn erschießt sich, von den Banditen bedrängt, der zweite wird ermordet, der dritte flieht und ertrinkt auf der Heimkehr. Eine Feuerwoge fährt über Neu-Helvetien hin, Suters Farmen werden niedergebrannt, seine Weinstöcke zertreten, sein Mobiliar, seine Sammlungen, sein Geld geraubt und mit erbarmungsloser Wut der ungeheure Besitz zur Wüstenei gemacht. Suter selbst rettet sich mit knapper Not.

Von diesem Schlage hat sich Johann August Suter nie mehr erholt. Sein Werk ist vernichtet, seine Frau, seine Kinder sind tot, sein Geist verwirrt: Nur eine Idee flackert noch wirr in dem dumpf gewordenen Gehirn: das Recht, der Prozess.

Fünfundzwanzig Jahre irrt dann noch ein alter, geistesschwacher, schlechtgekleideter Mann in Washington um den Justizpalast. In allen Bureaux kennt man dort den »General« im schmutzigen Überrock und mit den zerfetzten Schuhen, der seine Milliarden fordert. Und immer wieder finden sich Advokaten, Abenteurer und Filous, die ihm das Letzte seiner Pension entlocken und ihn neuerdings zum Prozesse treiben. Er selbst will kein Geld, er hasst das Gold, das ihn arm gemacht, das ihm drei Kinder ermordet, das sein Leben zerstört. Er will nur sein Recht und verficht es mit der querulantischen Erbitterung des Monomanen. Er reklamiert beim Senat, er reklamiert beim Kongress, er vertraut sich allerlei Helfern an, die, mit Pomp dann die Affäre aufzäumend, ihm eine lächerliche Generalsuniform anziehen und den Unglücklichen als Popanz von Amt zu Amt, von Abgeordneten zu Abgeordneten schleppen. Das geht zwanzig Jahre lang, von 1860 bis 1880, zwanzig erbärmliche Bettlerjahre. Tag um Tag umlungert er den Kongresspalast, Spott aller Beamten, Spiel aller Gassenjungen, er, dem das reichste Land der Erde gehört und auf dessen Grund und Boden die zweite Hauptstadt des Riesenreiches steht und stündlich wächst. Aber man lässt den Unbequemen warten. Und dort auf der Treppe des Kongresspalastes trifft ihn endlich am 17. Juni 1880 am Nachmittag der erlösende Herzschlag – man trägt einen toten Bettler weg. Einen toten Bettler, aber einen mit einer Streitschrift in der Tasche, die ihm und seinen Erben nach allen irdischen Rechten den Anspruch auf das größte Vermögen der Weltgeschichte sichert.

Niemand hat Suters Erbe bislang angefordert, kein Nachfahr hat seinen Anspruch angemeldet. Noch immer steht San Franzisko, steht ein ganzes Land auf fremdem Boden. Noch immer ist hier nicht Recht gesprochen, und nur ein Künstler, Blaise Cendrars, hat dem vergessenen Johann August Suter wenigstens das einzige Recht großen Schicksals gegeben, das Recht auf staunendes Gedenken der Nachwelt.

Heroischer Augenblick
Dostojewski, Petersburg, Semenowskplatz
22. Dezember 1849

Nachts haben sie ihn aus dem Schlaf gerissen,
Säbel durchklirren die Kasematten,
Stimmen befehlen; im Ungewissen
Zucken gespenstisch drohende Schatten.
Sie stoßen ihn vorwärts, tief gähnt ein Gang,
Lang und dunkel, dunkel und lang.
Ein Riegel kreischt, eine Türe klirrt;
Dann spürt er Himmel und eisige Luft
Und ein Karren harrt, eine rollende Gruft,
In die er eilig gestoßen wird.

Neben ihm, hart in Eisen geschlossen,
Schweigend und mit verblasstem Gesicht
Die neun Genossen;
Keiner spricht,
Denn jeder spürt,
Wohin der Karren ihn vorwärtsführt,
Und dass dies unten rollende Rad
Ihr Leben zwischen den Speichen hat.

Da hält
Der ratternde Karren, die Türe knarrt:
Durch das geöffnete Gitter starrt
Sie ein dunkles Stück Welt
Mit trüb-verschlafenem Blicke an.
Ein Häuserkarree,
Die Dächer niedrig und schmutzig bereift,
Umschließt einen Platz voll Dunkel und Schnee.
Nebel umfloren mit grauem Tuch
Das Hochgericht,
Und nur um die goldene Kirche streift
Der Morgen mit frostig blutendem Licht.

Schweigend treten sie alle an.
Ein Leutnant liest ihren Urteilsspruch:
Tod für Verrat durch Pulver und Blei,
Tod!
Das Wort fällt wie ein wuchtiger Stein
In den frostigen Spiegel der Stille hinein,
Es klingt
Hart, als schlüge etwas entzwei,
Dann sinkt
Der leere Schall ins lautlose Grab
Der eisigen Morgenstille hinab.

Wie im Traum
Fühlt er alles mit sich geschehen
Und weiß nur, dass er jetzt sterben muss.
Einer tritt vor und wirft ihm stumm
Ein weißes, wallendes Sterbehemd um.

Ein letztes Wort grüßt die Gefährten,
Und heißen Blicks,
Mit stummem Schrei,
Küsst er den Heiland am Kruzifix,
Den der Pope ihm ernst und mahnend hinbietet;
Dann werden
Sie alle zehn, je drei und drei,
Mit Stricken an ihre Pfähle genietet.

Schon
Kommt ein Kosake eilig heran,
Die Augen ihm vor dem Gewehr zu verbinden.
Da greift – er weiß es: zum letzten Male! –
Der Blick vor seinem großen Erblinden
Gierig nach jenem kleinen Stück Welt,
Das der Himmel ihm drüben entgegenhält:
Im Frühschein sieht er die Kirche lohn:
Wie zum letzten seligen Abendmahle
Glüht ihre Schale,
Gefüllt mit heiligem Morgenrot.
Und er greift nach ihr mit plötzlichem Glück
Wie nach Gottes Leben hinter dem Tod …

Da schnüren sie ihm die Nacht um den Blick.

Aber innen
Beginnt das Blut nun farbig zu rinnen.
In spiegelnder Flut
Steigt aus dem Blut
Gestaltetes Leben,

Und er fühlt,
Dass diese Sekunde, die todgeweihte,
Alle verlornen Vergangenheiten
Wieder durch seine Seele spült:
Sein ganzes Leben wird wieder wach
Und geistert in Bildern durch seine Brust;
Die Kindheit, bleich, verloren und grau,
Vater und Mutter, der Bruder, die Frau,
Drei Brocken Freundschaft, zwei Becher Lust,
Einen Traum von Ruhm, ein Bündel Schmach;
Und feurig rollt der bildernde Drang
Verlorene Jugend die Adern entlang,
Sein ganzes Sein fühlt er nochmals tief innen
Bis zur Sekunde,
Da sie ihn an den Pfahl gebunden.
Dann wirft ein Besinnen,
Schwarz und schwer
Seine Schatten über die Seele her.

Und da
Spürt er, wie einer auf ihn zutritt,
Spürt einen schwarzen, schweigenden Schritt,
Nah, ganz nah,
Und wie er die Hand ihm aufs Herz hinlegt,
Dass es schwächer … und schwächer … und gar nicht
mehr schlägt –
Noch eine Minute – dann ist es vorbei.
Die Kosaken
Formen sich drüben zur funkelnden Reih …
Die Riemen schwingen … die Hähne knacken …

Trommeln rasseln die Luft entzwei.
Die Sekunde macht Jahrtausende alt.

Da ein Schrei:
Halt!
Der Offizier
Tritt vor, weiß flackt ein Papier,
Seine Stimme schneidet hell und klar
In die harrende Stille:
Der Zar
Hat in der Gnade seines heiligen Willens
Das Urteil kassiert,
Das in mildere Strafe verwandelt wird.

Die Worte klingen
Noch fremd: Er kann ihren Sinn nicht erdenken,
Aber das Blut
In seinen Adern wird wieder rot,
Steigt auf und beginnt ganz leise zu singen.
Der Tod
Kriecht zögernd aus den erstarrten Gelenken,
Und die Augen spüren, noch schwarz verhängt,
Dass sie Gruß vom ewigen Lichte umfängt.

Der Profos
Schnürt ihm schweigend die Stricke los,
Zwei Hände schälen die weiße Binde
Wie eine rissige Birkenrinde
Von seinen brennenden Schläfen ab.
Taumelnd entsteigen die Augen dem Grab

Und tasten linkisch, geblendet und schwach
In das schon abgeschworene Sein
Wieder hinein.

Und da sieht
Er das gleiche goldene Kirchendach,
Das nun im steigenden Frührotschein
Mystisch erglüht.

Die reifen Rosen der Morgenröte
Umschlingen es wie mit frommen Gebeten,
Der glitzernde Knauf
Deutet mit seiner gekreuzigten Hand,
Ein heiliges Schwert, hoch in den Rand
Der freudig errötenden Wolken hinauf.
Und dort, aufrauschend in Morgenhelle,
Wächst über die Kirche der Gottesdom.

Ein Strom
Von Licht wirft seine glühende Welle
in alle klingenden Himmel empor.

Die Nebelschwaden
Steigen qualmend, wie mit der Last
Allen irdischen Dunkels beladen,
In den göttlichen Morgenglast,
Und Tönen schwillt empor aus den Tiefen,
Als riefen
Tausend Stimmen in einem Chor.
Und da hört er zum ersten Mal,

Wie die ganze irdische Qual
Ihr brennendes Leid
Brünstig über die Erde hinschreit.

Er hört die Stimmen der Kleinen und Schwachen,
Der Frauen, die sich vergebens verschenkten,
Der Dirnen, die sich selber verlachen,
Den finstern Groll der immer Gekränkten,
Die Einsamen, die kein Lächeln berührte,
Er hört die Kinder, die schluchzenden, klagen
Und die schreiende Ohnmacht der heimlich Verführten,
Er hört sie alle, die die Leiden tragen,
Die Ausgesetzten, die Dumpfen, Verhöhnten,
Die ungekrönten
Märtyrer aller Gassen und Tage,
Er hört ihre Stimme und hört, wie sie
In einer urmächtigen Melodie
Sich in die offenen Himmel erheben.
Und er sieht,
Dass einzig das Leiden zu Gott aufschwebt,
Indes die andern das schwere Leben
Mit bleiernem Glück an die Erde klebt.
Aber endlos weitet sich oben das Licht
Unter dem Schwalle
Der steigenden Chöre
Von irdischem Leid;
Und er weiß, sie alle, sie alle
Wird Gott erhören,
Seine Himmel klingen Barmherzigkeit!

Über die Armen
Hält Gott nicht Gericht,
Unendlich Erbarmen
Durchflammt seine Hallen mit ewigem Licht.
Die Apokalyptischen Reiter entstieben,
Leiden wird Lust, und Glück wird zur Qual
Für den, der im Tode das Leben erlebt.
Und schon schwebt
Ein feuriger Engel bodenwärts
Und bohrt ihm den Strahl
Der heiligen, schmerzgeborenen Liebe
Tief und strahlend ins schauernde Herz.

Da bricht
Er ins Knie wie gefällt.
Er fühlt mit einmal die ganze Welt
Wahr und in ihrem unendlichen Leid.
Sein Körper bebt,
Weißer Schaum umspült seine Zähne,
Krampf hat seine Züge entstellt,
Doch Tränen
Tränken selig sein Sterbekleid.
Denn er fühlt, dass, erst seit
Er die bittern Lippen des Todes berührt,
Sein Herz die Süße des Lebens spürt.
Seine Seele glüht nach Martern und Wunden,
Und ihm wird klar,
Dass er in dieser einen Sekunde
Jener andere war,
Der vor tausend Jahren am Kreuze stand,

Und dass er, wie Er,
Seit jenem brennenden Todeskuss
Um des Leidens das Leben liebhaben muss.

Soldaten reißen ihn weg vom Pfahl.
Fahl
Und wie verloschen ist sein Gesicht.
Schroff
Stoßen sie ihn in den Zug zurück.
Sein Blick
Ist fremd und ganz nach innen gesenkt,
Und um seine zuckenden Lippen hängt
Das gelbe Lachen der Karamasow.

Das erste Wort über den Ozean
Cyrus W. Field, 28. Juli 1858

Der neue Rhythmus

Während all der Tausende und vielleicht Hunderttausende von Jahren, seit das sonderbare Wesen, genannt Mensch, die Erde beschreitet, hatte kein anderes Höchstmaß irdischer Fortbewegung gegolten als der Lauf des Pferdes, das rollende Rad, das geruderte oder segelnde Schiff. Alle die Fülle des technischen Fortschritts innerhalb jenes schmalen, vom Bewusstsein belichteten Raumes, den wir Weltgeschichte nennen, hatte keine merkbare Beschleunigung im Rhythmus der Bewegung gezeitigt. Die Armeen Wallensteins kamen kaum rascher vorwärts als die Legionen Cäsars, die Armeen Napoleons brachen nicht rapider vor als die Horden Dschingis-Khans, die Korvetten Nelsons durchquerten das Meer nur um weniges rascher als die Raubboote der Wikinger und die Handelsschiffe der Phönizier. Ein Lord Byron bewältigt auf seiner Childe-Harold-Fahrt nicht mehr Meilen im Tag als Ovidius auf seinem Wege ins pontische Exil, Goethe reist im achtzehnten Jahrhundert nicht wesentlich bequemer oder geschwinder als der Apostel Paulus zu Anfang des Jahrtausends. Unverändert weit liegen die Länder in Raum und Zeit voneinander geschieden im Zeitalter Napoleons wie unter dem römischen Imperium; noch obsiegt der Widerstand der Materie über den menschlichen Willen.

Erst das neunzehnte Jahrhundert verändert fundamental Maß und Rhythmus der irdischen Geschwindigkeit. In seinem ersten und zweiten Jahrzehnt rücken die Völker, die Länder rascher aneinander als vordem in Jahrtausenden; durch die Eisenbahn, durch das Dampfboot werden Tagereisen von vordem in einem einzigen Tag, bisher endlose Reisestunden in Viertelstunden und Minuten bewältigt. Aber so triumphal auch von den Zeitgenossen diese neuen Beschleunigungen durch die Eisenbahn und das Dampfboot empfunden werden, diese Erfindungen liegen immerhin noch im Bereich der Fassbarkeit. Denn diese Vehikel verfünffachen, verzehnfachen, verzwanzigfachen doch nur die bisher gekannten Geschwindigkeiten, der äußere Blick und der innere Sinn vermag ihnen noch zu folgen und sich das scheinbare Wunder zu erklären. Völlig unvermutet aber in ihren Auswirkungen erscheinen die ersten Leistungen der Elektrizität, die, ein Herkules schon in der Wiege, alle bisherigen Gesetze umstößt, alle gültigen Maße zertrümmert. Nie werden wir Späteren das Staunen jener Generation über die ersten Leistungen des elektrischen Telegraphen nachzufühlen vermögen, die ungeheure und begeisterte Verblüffung, dass ebenderselbe kleine, kaum fühlbare elektrische Funke, der gestern von der Leidener Flasche gerade noch einen Zoll weit bis zum Fingerknöchel hinüberzuknistern vermochte, mit einmal die dämonische Kraft gewonnen hat, Länder, Berge und ganze Erdteile zu überspringen. Dass der noch kaum zu Ende gedachte Gedanke, das noch feucht hingeschriebene Wort in derselben Sekunde schon Tausende Meilen weit empfangen, gelesen, verstanden werden kann und dass der unsichtbare Strom, der zwischen den beiden Polen der winzigen Voltaschen Säule schwingt, ausgespannt zu werden vermag über die ganze Erde von ihrem einen bis zum andern Ende. Dass der Spielzeugapparat der Physikstube, gestern gerade noch fähig, durch Reibung einer Glasscheibe ein paar Papierstückchen an sich zu ziehen, potenziert werden könnte zum Millionenfachen und Milliardenfachen menschlicher Muskelkraft und Geschwindigkeit, Botschaften bringend, Bahnen bewegend, Straßen und Häuser mit Licht erhellend und wie Ariel unsichtbar die Luft durchschwebend. Erst durch diese Entdeckung hat die Relation von Raum und Zeit die entscheidendste Umstellung seit Erschaffung der Welt erfahren.

Dieses weltbedeutsame Jahr 1837, da zum ersten Mal der Telegraph das bisher isolierte menschliche Erleben gleichzeitig macht, wird selten in unseren Schulbüchern auch nur vermerkt, die es leider noch immer für wichtiger halten, von Kriegen und Siegen einzelner Feldherren und Nationen zu erzählen statt von den wahrhaften, weil gemeinsamen Triumphen der Menschheit. Und doch ist kein Datum der neueren Geschichte an psychologischer Weitwirkung dieser Umstellung des Zeitwertes zu vergleichen. Die Welt ist verändert, seit es möglich ist, in Paris gleichzeitig zu wissen, was in Amsterdam, Moskau und Neapel und Lissabon in derselben Minute geschieht. Nur ein letzter Schritt ist noch zu tun, dann sind auch die andern Weltteile einbezogen in jenen großartigen Zusammenhang und ein gemeinsames Bewusstsein der ganzen Menschheit geschaffen.

Aber noch widerstrebt die Natur dieser letzten Vereinigung, noch stemmt sie ein Hindernis entgegen, noch bleiben zwei Jahrzehnte lang alle jene Länder abgeschaltet, die durch das Meer voneinander geschieden sind. Denn während an den Telegraphenstangen dank der isolierenden Porzellanglocken der Funke ungehemmt weiterspringt, saugt das Wasser den elektrischen Strom an sich. Eine Leitung durch das Meer ist unmöglich, als noch nicht ein Mittel erfunden ist, um die kupfernen und eisernen Drähte im nassen Element vollkommen zu isolieren.

Glücklicherweise reicht nun in den Zeiten des Fortschritts eine Erfindung der anderen hilfreich die Hand. Wenige Jahre nach der Einführung des Landtelegraphen wird das Guttapercha entdeckt als der geeignete Stoff, elektrische Leitungen im Wasser zu isolieren; nun kann man beginnen, das wichtigste Land jenseits des Kontinents, England, an das europäische Telegraphennetz anzuschließen. Ein Ingenieur, namens Brett, legt an der gleichen Stelle, wo Blériot in spätern Tagen als Erster den Kanal mit einem Flugzeug überfliegen wird, das erste Kabel. Ein tölpischer Zwischenfall vereitelt noch das sofortige Gelingen, denn ein Fischer in Boulogne, der meint, einen besonders fetten Aal gefunden zu haben, reißt das schon gelegte Kabel heraus. Aber am 13. November 1851 gelingt der zweite Versuch. Damit ist England angeschlossen und dadurch Europa erst wahrhaft Europa, ein Wesen, das mit einem einzigen Gehirn, einem einzigen Herzen gleichzeitig alles Geschehen der Zeit erlebt.

Ein so ungeheurer Erfolg innerhalb so weniger Jahre – denn was bedeutet ein Jahrzehnt anderes als einen Wimpernschlag in der Geschichte der Menschheit? – muss selbstverständlich maßlosen Mut in jener Generation erwecken. Alles gelingt, was man versucht, und alles traumhaft geschwind. Ein paar Jahre nur, und England ist seinerseits mit Irland, Dänemark mit Schweden, Korsika mit dem Festland telegraphisch verbunden, und schon tastet man aus, um Ägypten und damit Indien dem Netz anzuschließen. Ein Erdteil aber, und zwar gerade der wichtigste, scheint zu dauerndem Ausschluss von dieser weltumspannenden Kette verurteilt: Amerika. Denn wie den Atlantischen Ozean oder den Pazifischen, die beide in ihrer endlosen Breite keine Zwischenstationen erlauben, mit einem einzigen Drahte durchspannen? In jenen Kinderjahren der Elektrizität sind noch alle Faktoren unbekannt. Noch ist die Tiefe des Meeres nicht ausgemessen, noch kennt man nur ungenau die geologische Struktur des Ozeans, noch ist völlig unerprobt, ob ein in solche Tiefe gelegter Draht den Druck so unendlich getürmter Wassermassen ertragen könnte. Und selbst wenn es technisch möglich wäre, ein derart endloses Kabel sicher in solche Tiefen hinabzubetten, wo ist ein Schiff von solcher Größe, dass es die Eisen- und Kupferlast von zweitausend Meilen Draht in sich aufzunehmen vermöchte? Wo die Dynamos von solcher Kraft, dass sie einen elektrischen Strom ungebrochen eine Distanz hinüberzuschicken vermöchten, die mit dem Dampfboot zu durchfahren man noch mindestens zwei bis drei Wochen benötigt? Alle Voraussetzungen fehlen. Noch ist unbekannt, ob nicht in der Tiefe des Weltmeeres magnetische Ströme kreisen, die den elektrischen Strom ablenken könnten, noch besitzt man keine zureichende Isolation, keine richtigen Messapparate, noch kennt man nur die Anfangsgesetze der Elektrizität, die gerade die Augen aufgetan aus ihrem hundertjährigen Schlaf von Unbewusstheit. »Unmöglich! Absurd!«, winken darum die Gelehrten heftig ab, sowie man den Plan der Ozeanüberspannung nur erwähnt. »Später vielleicht«, meinen die mutigsten unter den Technikern. Selbst Morse, dem Manne, dem der Telegraph bisher seine größte Vollendung verdankt, erscheint der Plan als unberechenbares Wagnis. Aber prophetisch fügt er bei, im Falle des Gelingens würde die Legung des transatlantischen Kabels »the great feat of the century«, die ruhmreichste Tat des Jahrhunderts bedeuten.

Damit ein Wunder oder ein Wunderbares sich vollende, ist immer die erste Vorbereitung der Glaube eines Einzelnen an dieses Wunder. Der naive Mut eines Unbelehrbaren vermag gerade dort, wo die Gelehrten zögern, den schöpferischen Anstoß zu geben, und wie meist, bringt auch hier ein simpler Zufall die grandiose Unternehmung in Schwung. Ein englischer Ingenieur, namens Gisborne, der im Jahre 1854 ein Kabel von New York nach dem östlichsten Punkte Amerikas, Neufundland, legen will, damit die Nachrichten von den Schiffen um ein paar Tage früher übernommen werden können, muss mitten im Werke innehalten, weil seine finanziellen Mittel erschöpft sind. So reist er nach New York, um dort Finanzleute zu finden. Dort stößt er durch blanken Zufall, diesen Vater so vieler ruhmreicher Dinge, auf einen jungen Menschen, Cyrus W. Field, einen Pastorssohn, dem in geschäftlichen Unternehmungen so viel und so rasch geglückt ist, dass er sich bereits in jungen Jahren mit einem großen Vermögen ins Privatleben zurückziehen konnte. Diesen Unbeschäftigten, der zu jung und zu energisch ist für dauernde Untätigkeit, sucht Gisborne für die Fertigstellung des Kabels von New York nach Neufundland zu gewinnen. Nun ist Cyrus W. Field – fast sagte man: glücklicherweise! – kein Techniker, kein Fachmann. Er versteht nichts von Elektrizität, er hat nie ein Kabel gesehen. Aber dem Pastorssohn wohnt eine leidenschaftliche Gläubigkeit im Blute, dem Amerikaner der energische Wagemut. Und wo der Fachingenieur Gisborne nur auf das unmittelbare Ziel blickt, New York an Neufundland anzuschließen, sieht der junge, begeisterungsfähige Mensch sofort weiter. Warum nicht gleich dann Neufundland durch ein Unterseekabel mit Irland verbinden? Und mit einer Energie, die entschlossen ist, jedes Hindernis zu überwinden – einunddreißigmal ist jener Mann in diesen Jahren hin und zurück über das Weltmeer zwischen den beiden Erdteilen gefahren –, macht sich Cyrus W. Field sofort ans Werk, ehern entschlossen, von diesem Augenblick an alles, was er in sich und um sich hat, für diese Tat einzusetzen. Damit ist schon jene entscheidende Zündung vollzogen, dank deren ein Gedanke explosive Kraft in der Wirklichkeit gewinnt. Die neue, die wunderwirkende elektrische Kraft hat sich dem andern stärksten dynamischen Element des Lebens verbunden: dem menschlichen Willen. Ein Mann hat seine Lebensaufgabe und eine Aufgabe ihren Mann gefunden.

Mit unwahrscheinlicher Energie macht sich Cyrus W. Field ans Werk. Er setzt sich mit allen Fachleuten in Verbindung, bestürmt die Regierungen um die Konzessionen, führt in beiden Weltteilen eine Kampagne, um das nötige Geld aufzubringen, und so stark ist die Stoßkraft, die von diesem völlig unbekannten Manne ausgeht, so passionierend seine innere Überzeugung, so gewaltig der Glaube an die Elektrizität als neue Wunderkraft, dass das Grundkapital von dreihundertfünfzigtausend Pfund in England innerhalb weniger Tage voll gezeichnet wird. Es genügt, in Liverpool, in Manchester und London die reichsten Kaufleute zur Gründung der Telegraph Construction and Maintenance Company zusammenzurufen, und das Geld strömt ein. Aber auch die Namen Thackerays und der Lady Byron, die ohne jeden geschäftlichen Nebenzweck und nur aus moralischem Enthusiasmus das Werk fördern wollen, findet man unter den Zeichnern; nichts veranschaulicht so sehr den Optimismus für alles Technische und Maschinelle, der im Zeitalter Stevensons, Brunels und der anderen großen Ingenieure England beseelte, als dass ein einziger Anruf genügt, um einen so enormen Betrag für ein völlig phantastisches Unterfangen à fonds perdu bereitzustellen.

Denn die ungefähren Kosten der Kabellegung sind so ziemlich das einzige verlässlich Errechenbare bei diesem Beginnen. Für die eigentliche technische Durchführung gibt es keinerlei Vorbild. In ähnlichen Dimensionen ist im neunzehnten Jahrhundert noch nie gedacht und geplant worden. Denn wie diese Überspannung eines ganzen Ozeans vergleichen mit der Überbrückung jenes schmalen Wasserstreifens zwischen Dover und Calais? Dort hatte es genügt, vom offenen Deck eines gewöhnlichen Raddampfers dreißig oder vierzig Meilen abzuspulen, und das Kabel rollte gemächlich ab wie der Anker von seiner Winde. Bei der Kabellegung im Kanal konnte man in Ruhe einen besonders stillen Tag abwarten, man kannte genau die Tiefe des Meeresgrundes, blieb ständig in Sicht des einen oder des anderen Ufers und damit jedem gefährlichen Zufall entrückt; innerhalb eines einzigen Tages konnte bequem die Verbindung geleistet werden. Während einer Überfahrt aber, die zum mindesten drei Wochen ständiger Fahrt voraussetzt, kann eine hundertfach längere, hundertfach gewichtigere Spule nicht offen auf Deck allen Unbilden der Witterung ausgesetzt bleiben. Kein Schiff der damaligen Zeit ist außerdem groß genug, um in seinem Laderaum diesen gigantischen Kokon aus Eisen, Kupfer und Guttapercha aufnehmen zu können, keines mächtig genug, um diese Last zu ertragen. Zwei Schiffe zumindest sind vonnöten, und diese Hauptschiffe müssen wieder begleitet sein von andern, damit der kürzeste Kurs genau eingehalten und bei Zwischenfällen Hilfe geleistet werden könne. Zwar stellt die englische Regierung für diesen Zweck die »Agamemnon« bei, eines ihrer größten Kriegsschiffe, das als Flaggschiff vor Sebastopol gefochten, und die amerikanische Regierung die »Niagara«, eine Fünftausendtonnen-Fregatte (damals das gewaltigste Ausmaß). Aber beide Schiffe müssen erst eigens umgebaut werden, um jedes die Hälfte der endlosen Kette, welche zwei Erdteile miteinander verbinden soll, in sich zu verstauen. Das Hauptproblem freilich bleibt das Kabel selbst. Unausdenkbare Anforderung ist an diese gigantische Nabelschnur zwischen zwei Weltteilen gestellt. Denn dieses Kabel muss einerseits fest und unzerreißbar sein wie ein stählernes Tau und gleichzeitig elastisch bleiben, um leicht ausgelegt werden zu können. Es muss jeden Druck aushalten, jede Belastung bestehen und doch sich glatt abschnurren lassen wie ein Seidenfaden. Es muss massiv sein und doch nicht zu füllig, einerseits solid und anderseits doch so exakt, um die leiseste elektrische Welle über zweitausend Meilen hinüberschwingen zu lassen. Der kleinste Riss, die winzigste Unebenheit an irgendeiner einzelnen Stelle dieses Riesenteils kann schon die Übermittlung auf diesem Vierzehn-Tage-Wege zerstören.

Aber man wagt's! Tag und Nacht spinnen jetzt die Fabriken, der dämonische Wille dieses einen Menschen treibt alle Räder vorwärts. Ganze Bergwerke von Eisen und Kupfer werden verbraucht für diese eine Schnur, ganze Wälder von Gummibäumen müssen bluten, um die Guttaperchahülle zu schaffen auf so riesige Distanz. Und nichts veranschaulicht sinnlicher die enormen Proportionen der Unternehmung, als dass dreihundertsiebenundsechzigtausend Meilen einzelnen Drahtes in dieses eine Kabel versponnen werden, dreizehnmal so viel, als genügte, die ganze Erde zu umspannen, und genug, um in einer Linie die Erde mit dem Mond zu verbinden. Seit dem Turmbau von Babel hat die Menschheit im technischen Sinne nichts Grandioseres gewagt.

Ein Jahr lang sausen die Maschinen, unablässig spult sich wie ein dünner, fließender Faden der Draht aus den Fabriken in das Innere der beiden Schiffe, und endlich, nach tausend und tausend Umdrehungen, ist je eine Hälfte des Kabels in je einem der Schiffe zur Spule zusammengerollt. Konstruiert und schon aufgestellt sind auch die neuen, schwerfälligen Maschinen, die, mit Bremsen und Rücklauf versehen, in einem Zug nun eine Woche, zwei Wochen, drei Wochen lang ununterbrochen das Kabel hinabsenken sollen in die Tiefe des Weltmeeres. Die besten Elektriker und Techniker, darunter Morse selbst, sind an Bord versammelt, um dauernd mit ihren Apparaten während der ganzen Auslegung zu kontrollieren, ob der elektrische Strom nicht ins Stocken gerät, Reporter und Zeichner haben sich der Flotte zugesellt, um mit Wort und Schrift diese aufregendste Ausfahrt seit Kolumbus und Magalhães zu schildern.

Endlich ist alles zur Abfahrt bereit, und während bislang die Zweifler die Oberhand behielten, wendet sich nun das öffentliche Interesse ganz Englands leidenschaftlich der Unternehmung zu. Hunderte kleiner Boote und Schiffe umkreisen am 5. August 1857 im kleinen irländischen Hafen von Valentia die Kabelflotte, um den welthistorischen Augenblick mitzuerleben, wie das eine Kabelende von Booten an die Küste geschafft und in der festen Erde Europas verhakt wird. Unwillkürlich gestaltet sich der Abschied zur großen Feierlichkeit. Die Regierung hat Vertreter entsandt, Reden werden gehalten, in einer ergreifenden Ansprache erbittet der Priester den Segen Gottes für das kühne Unterfangen. »O ewiger Gott«, beginnt er, »der du allein die Himmel ausbreitest und den Aufschwall der See beherrschst, du, dem die Winde und die Fluten gehorchen, blicke in Barmherzigkeit nieder auf deine Diener... Gebiete mit deinem Gebot jedem Hindernis, beseitige jeden Widerstand, der uns in der Vollendung dieses wichtigen Werkes hemmen könnte.« Und dann winken noch vom Strande und vom Meer Tausende Hände und Hüte. Langsam verdämmert das Land. Einer der kühnsten Träume der Menschheit versucht Wirklichkeit zu werden.

Missgeschick

Ursprünglich war geplant worden, die beiden großen Schiffe, die »Agamemnon« und die »Niagara«, deren jedes eine Hälfte des Kabels in sich trägt, sollten gemeinsam bis zu einem vorausberechneten Punkt in der Mitte des Ozeans fahren und dort erst die Vernietung der beiden Hälften stattfinden. Dann hätte das eine Schiff nach Westen gegen Neufundland zu steuern, das andere nach Osten gegen Irland. Aber zu verwegen schien es, gleich das ganze kostbare Kabel an diesen ersten Versuch zu wagen; so zog man vor, vom Festland aus die erste Strecke zu legen, solange man noch nicht gewiss war, ob eine telegraphische Untersee-Übertragung auf solche Distanzen überhaupt noch richtig funktionierte.

Von den beiden Schiffen ist der »Niagara« die Aufgabe zugefallen, vom Festland aus das Kabel bis in die Mitte des Meeres zu legen. Langsam, vorsichtig steuert die amerikanische Fregatte dahin, wie eine Spinne aus ihrem gewaltigen Leibe den Faden ständig hinter sich zurücklassend. Langsam, regelmäßig rattert an Bord die Auslegemaschine – es ist das alte, allen Seeleuten wohlbekannte Geräusch eines abrollenden Ankertaues, das sich von der Winde niederdreht. Und nach wenigen Stunden achten die Leute an Bord auf dies regelmäßig mahlende Geräusch schon ebenso wenig wie auf ihren eigenen Herzschlag.

Weiter, weiter hinaus in die See, ständig, ständig das Kabel hinab hinter dem Kiel. Gar nicht abenteuerlich scheint dieses Abenteuer. Nur in einer besonderen Kammer sitzen und horchen die Elektriker, ständig Zeichen mit dem irischen Festlande tauschend. Und wunderbar: Obwohl man längst die Küste nicht mehr erblickt, funktioniert die Übertragung auf dem Unterwasser-Kabel genauso deutlich, als ob man von einer europäischen Stadt zur andern sich verständigte. Schon sind die seichten Wasser verlassen, schon das sogenannte Tiefseeplateau, das hinter Irland sich erhebt, teilweise überquert, und noch immer läuft wie Sand aus der Sanduhr regelmäßig die metallene Schnur hinter dem Kiel herab, gleichzeitig Botschaft gebend und Botschaft empfangend.

Schon sind dreihundertfünfunddreißig Meilen gelegt, mehr also als die zehnfache Distanz von Dover nach Calais, schon sind fünf Tage, fünf Nächte erster Unsicherheit überstanden, schon bettet sich am sechsten Abend, am 11. August, Cyrus W. Field nach vielstündiger Arbeit und Aufregung zu berechtigter Ruhe. Da plötzlich – was ist geschehen? – stoppt das ratternde Geräusch. Und wie ein Schlafender auffährt im fahrenden Zuge, wenn die Lokomotive unerwarteterweise stoppt, wie der Müller aufschreckt im Bette, wenn das Mühlrad plötzlich stehenbleibt, so sind im Nu alle auf dem Schiff wach und stürzen auf Deck. Der erste Blick auf die Maschine zeigt: Der Auslauf ist leer. Das Kabel ist plötzlich der Winde entschlüpft; unmöglich war es, das losgerissene Ende noch rechtzeitig aufzufangen, und noch unmöglicher ist es jetzt, das verlorene Ende in der Tiefe zu finden und wieder heraufzuholen. Das Entsetzliche ist geschehen. Ein kleiner technischer Fehler hat die Arbeit von Jahren vernichtet. Als Besiegte kehren die so verwegen Ausgefahrenen nach England zurück, wo das plötzliche Verstummen aller Zeichen und Signale auf schlimme Kunde schon vorbereitet hat.

Noch einmal Missgeschick

Cyrus Field, der einzig Unerschütterliche, Held und Kaufmann zugleich, macht Bilanz. Was ist verloren? Dreihundert Meilen Kabel, etwa hunderttausend Pfund des Aktienkapitals und, was ihn vielleicht noch mehr bedrückt, ein ganzes, ein unersetzliches Jahr. Denn nur im Sommer kann die Expedition auf günstiges Wetter hoffen, und diesmal ist die Jahreszeit schon zu weit vorgeschritten. Auf dem andern Blatt steht ein kleiner Gewinn. Man hat ein gutes Stück praktischer Erfahrung bei diesem ersten Versuch gewonnen. Das Kabel selbst, das sich als tauglich erwiesen, kann aufgewickelt werden und für die nächste Expedition verstaut. Geändert müssen nur die Auslegemaschinen werden, die den verhängnisvollen Bruch verschuldet haben.

So vergeht mit Warten und Vorarbeiten wieder ein Jahr. Erst am 10. Juni 1858 können, mit neuem Mut und mit dem alten Kabel befrachtet, dieselben Schiffe wieder ausfahren. Und da die elektrische Zeichenübertragung bei der ersten Reise klaglos funktioniert hat, ist man zum alten Plane zurückgekehrt, die Kabellegung von der Mitte des Weltmeeres aus nach beiden Seiten zu beginnen. Die ersten Tage dieser neuen Reise vergehen bedeutungslos. Erst am siebenten Tag soll ja an der vorher berechneten Stelle die Kabellegung und damit die eigentliche Arbeit beginnen. Bishin ist oder scheint alles eine Spazierfahrt. Die Maschinen stehen unbeschäftigt, die Matrosen können noch rasten und sich des freundlichen Wetters erfreuen, wolkenlos ist der Himmel und still, vielleicht allzu still, die See.

Aber am dritten Tage fühlt der Kapitän der »Agamemnon« heimliche Unruhe. Ein Blick auf das Barometer hat ihm gezeigt, mit welcher beängstigenden Geschwindigkeit die Quecksilbersäule sinkt. Ein Unwetter besonderer Art muss im Anzug sein, und tatsächlich bricht am vierten Tage ein Sturm los, wie ihn selbst die erprobtesten Seeleute im Atlantischen Ozean nur selten erlebt. Am verhängnisvollsten trifft dieser Orkan gerade das englische Auslegeschiff, die »Agamemnon«. An sich ein vortreffliches Fahrzeug, das auf allen Meeren und auch im Kriege die härtesten Proben bestanden, müsste das Admiralsschiff der englischen Marine auch diesem schlimmen Wetter gewachsen sein. Aber unseligerweise ist das Schiff für die Kabellegung völlig umgebaut worden, um die riesige Last in sich bergen zu können. Nicht wie auf einem Frachtschiff konnte man hier das Gewicht nach allen Seiten gleichmäßig auf den Laderaum verteilen, sondern in der Mitte lastet das ganze Gewicht der riesigen Spule, und nur einen Teil hat man ganz im Vorderschiff untergebracht, was die noch ärgere Folge hat, dass bei jedem Auf und Nieder die Pendelschwingung verdoppelt wird. So kann das Unwetter gefährlichstes Spiel mit seinem Opfer treiben; zur Rechten, zur Linken, nach vorn und rückwärts wird das Schiff bis zu einem Winkel von fünfundvierzig Grad gehoben, Sturzwellen überfluten das Deck, alle Gegenstände werden zerschmettert. Und neues Verhängnis – bei einem der fürchterlichsten Stöße, der das Schiff vom Kiel bis zum Mast erschüttert, gibt der Verschlag der auf das Deck gehäuften Kohlenladung nach. In einem schwarzen Hagel schmettert die ganze Masse wie ein Steinschlag auf die schon ohnehin blutenden und erschöpften Matrosen. Einige werden im Hinsturz verwundet, andere in der Küche durch die überschlagenden Kessel verbrüht. Ein Matrose wird wahnsinnig im zehntägigen Sturm, und schon denkt man an das Äußerste: einen Teil der verhängnisvollen Kabellast über Bord zu werfen. Glücklicherweise widerstrebt der Kapitän, diese Verantwortung auf sich zu nehmen, und er behält recht. Die »Agamemnon« übersteht nach unsäglichen Prüfungen den zehntägigen Sturm und kann trotz starker Verspätung die andern Schiffe an der vereinbarten Stelle des Weltmeeres wiederfinden, an der die Kabellegung beginnen soll.

Aber jetzt zeigt sich erst, wie sehr die kostbare und empfindliche Fracht der tausendfach verschlungenen Drähte durch das fortwährende Schleudern gelitten hat. An einigen Stellen haben sich die Stränge verwirrt, die Guttaperchahülle ist zerrieben oder zerrissen. Mit wenig Vertrauen unternimmt man einige Versuche, das Kabel trotzdem auszulegen, doch sie zeitigen nur einen Verlust von etwa zweihundert Meilen Kabel, die nutzlos im Meere verschwinden. Zum zweiten Mal heißt es die Flagge streichen und ruhmlos heimkehren statt im Triumph.

Die dritte Fahrt

Mit blassen Gesichtern erwarten, schon von der Unglücksnachricht verständigt, die Aktionäre in London ihren Führer und Verführer Cyrus W. Field. Die Hälfte des Aktienkapitals ist auf diesen beiden Fahrten vertan und nichts bewiesen, nichts erreicht; man versteht, dass die meisten nun sagten: Genug! Der Vorsitzende rät, man solle retten, was zu retten sei. Er stimme dafür, den Rest des unbenützten Kabels von den Schiffen zu holen und notfalls auch mit Verlust zu verkaufen, dann aber einen Strich unter diesen wüsten Plan der Ozeanüberspannung zu machen. Der Vizepräsident schließt sich ihm an und sendet schriftlich seine Demission, um darzutun, dass er mit diesem absurden Unternehmen weiter nichts mehr zu tun haben wolle. Aber die Zähigkeit und der Idealismus Cyrus W. Fields sind nicht zu erschüttern. Nichts sei verloren, erklärte er. Das Kabel selbst habe glänzend die Probe bestanden und genug noch an Bord, um den Versuch zu erneuern, die Flotte sei versammelt, die Mannschaften angeheuert. Gerade das ungewöhnliche Unwetter der letzten Fahrt lasse jetzt auf eine Periode schöner, windstiller Tage hoffen. Mut, noch einmal Mut! Jetzt oder nie sei Gelegenheit, auch das Letzte zu wagen.

Immer unsicherer sehen sich die Aktionäre an: Sollen sie das Letzte des eingezahlten Kapitals diesem Narren anvertrauen? Aber da ein starker Wille Zögernde schließlich doch immer mit sich fortreißt, erzwingt Cyrus W. Field die neuerliche Ausfahrt. Am 17. Juli 1858, fünf Wochen nach der zweiten Unglücksfahrt, verlässt die Flotte zum dritten Mal den englischen Hafen.

Und nun bestätigt sich abermals die alte Erfahrung, dass die entscheidenden Dinge fast immer im Geheimen gelingen. Diesmal geht die Abfahrt völlig unbeobachtet vor sich; keine Boote, keine Barken umkreisen glückwünschend die Schiffe, keine Menge versammelt sich am Strand, kein festliches Abschiedsdiner wird gegeben, keine Reden gehalten, kein Priester fleht den Beistand Gottes herab. Wie zu einem piratischen Unternehmen, scheu und schweigsam fahren die Schiffe aus. Aber freundlich erwartet sie die See. Genau am vereinbarten Tage, am 28. Juli, elf Tage nach der Abfahrt von Queenstown, können die »Agamemnon« und die »Niagara« an der vereinbarten Stelle in der Mitte des Ozeans die große Arbeit beginnen.

Seltsames Schauspiel – Heck gegen Heck wenden sich die Schiffe einander zu. Zwischen beiden werden nun die Enden des Kabels vernietet. Ohne jede Förmlichkeit, ja sogar ohne dass die Leute an Bord dem Vorgang wesentliches Interesse schenken (sie sind schon so abgemüdet von den erfolglosen Versuchen), sinkt das eiserne und kupferne Tau zwischen den beiden Schiffen in die Tiefe bis zu dem untersten, von keinem Lot noch erforschten Grund des Ozeans. Dann noch eine Begrüßung von Bord zu Bord, von Flagge zu Flagge, und das englische Schiff steuert England, das amerikanische Amerika zu. Während sie sich voneinander entfernen, zwei wandernde Punkte im unendlichen Ozean, hält das Kabel sie ständig verbunden – zum ersten Mal seit Menschengedenken können zwei Schiffe sich miteinander über Wind und Welle und Raum und Ferne im Unsichtbaren verständigen. Jede paar Stunden meldet das eine mit elektrischem Signal aus der Tiefe des Ozeans die zurückgelegten Meilen, und jedes Mal bestätigt das andere, dass es ebenfalls dank des trefflichen Wetters die gleiche Strecke geleistet. So vergeht ein Tag und ein zweiter, ein dritter, ein vierter. Am 5. August kann endlich die »Niagara« melden, dass sie in Trinity Bay auf Neufundland die amerikanische Küste vor sich sehe, nachdem sie nicht weniger als tausendunddreißig Meilen Kabel gelegt hat, und ebenso kann die »Agamemnon« triumphieren, die gleichfalls an tausend Meilen sicher in die Tiefe gebettet, sie habe ihrerseits die irische Küste in Sicht. Zum ersten Mal verständigt sich jetzt das menschliche Wort von Land zu Land, von Amerika nach Europa. Aber nur diese beiden Schiffe, diese paar hundert Menschen in ihrem hölzernen Gehäuse wissen, dass die Tat getan ist. Noch weiß es nicht die Welt, die längst dieses Abenteuer vergessen. Niemand erwartet sie am Strand, nicht in Neufundland, nicht in Irland: Aber in der einen Sekunde, da das neue Ozeankabel an das Landkabel sich anschließt, wird die ganze Menschheit von ihrem gewaltigen gemeinsamen Sieg wissen.

Gerade weil dieser Blitz der Freude aus völlig heiterem Himmel herabfährt, zündet er so ungeheuer. Fast zur gleichen Stunde erfahren in den ersten Augusttagen der alte und der neue Kontinent die Botschaft des gelungenen Werkes; die Wirkung ist eine unbeschreibliche. In England leitartikelt die sonst so bedächtige Times: »Since the discovery of Columbus, nothing has been done in any degree comparable to the vast enlargement which has thus been given to the sphere of human activity.« »Seit der Entdeckung des Kolumbus ist nichts geschehen, was in irgendeiner Weise vergleichbar wäre dieser gewaltigen Erweiterung der Sphäre menschlicher Tätigkeit.« Und die City ist in hellster Erregung. Aber schattenhaft und scheu scheint diese stolze Freude Englands, verglichen mit der orkanischen Begeisterung Amerikas, kaum dass dort die Nachricht übermittelt wird. Sofort stocken die Geschäfte, die Straßen sind überflutet mit fragenden, lärmenden, diskutierenden Menschen. Über Nacht ist ein völlig unbekannter Mann, Cyrus W. Field, zum Nationalhelden eines ganzen Volkes geworden. Franklin und Kolumbus wird er emphatisch zur Seite gestellt, die ganze Stadt und hinter ihr hundert andere beben und dröhnen von Erwartung, den Mann zu sehen, der »die Vermählung des jungen Amerika und der Alten Welt« durch seine Entschlossenheit vollzogen. Aber noch hat die Begeisterung nicht den höchsten Grad erreicht, denn nichts als die dürre Meldung ist ja vorläufig eingetroffen, dass das Kabel gelegt sei. Aber kann es auch sprechen? Ist die Tat, die eigentliche, gelungen? Grandioses Schauspiel – eine ganze Stadt, ein ganzes Land wartet und lauscht auf ein einziges, auf das erste Wort über den Ozean. Man weiß, die englische Königin wird allen voran ihre Botschaft, ihren Glückwunsch sagen, jede Stunde erwartet man sie ungeduldiger. Aber es vergehen noch Tage und Tage, weil durch einen unglücklichen Zufall gerade das Kabel nach Neufundland gestört ist, und es dauert bis zum 16. August, bis die Botschaft der Königin Viktoria in den Abendstunden in New York eintrifft.

Zu spät, als dass die Zeitungen die offizielle Mitteilung bringen könnten, kommt die ersehnte Nachricht; nur angeschlagen kann sie werden an den Telegraphenämtern und Redaktionen, und sofort stauen sich ungeheure Massen. Zerschunden und mit zerrissenen Kleidern müssen sich die Newspaper Boys durch das Getümmel durchschlagen. In den Theatern, in den Restaurants wird die Botschaft verkündet. Tausende, die noch nicht fassen können, dass der Telegraph dem schnellsten Schiff um Tage vorauseilt, stürmen zu dem Hafen von Brooklyn, um das Heldenschiff dieses friedlichen Sieges, die »Niagara«, zu begrüßen. Am nächsten Tage dann, am 17. August, jubeln die Zeitungen mit faustdicken Überschriften: »The cable in perfect working order«, »Everybody crazy with joy«, »Tremendous sensation throughout the city«, »Now's the time for an universal jubilee«. Triumph ohnegleichen: Seit Anfang alles Denkens auf Erden hat ein Gedanke mit seiner eigenen Geschwindigkeit über das Weltmeer sich geschwungen. Und schon donnern von der Battery hundert Kanonenschüsse, um anzukündigen, dass der Präsident der Vereinigten Staaten der Königin geantwortet habe. Jetzt wagt niemand mehr zu zweifeln; abends strahlen New York und alle anderen Städte in Zehntausenden von Lichtern und Fackeln. Jedes Fenster ist beleuchtet, und es stört kaum die Freude, dass dabei die Kuppel der City Hall in Brand gerät. Denn schon der nächste Tag bringt ein neuerliches Fest. Die »Niagara« ist eingetroffen, Cyrus W. Field, der große Held, ist da! Im Triumph wird der Rest des Kabels durch die Stadt geführt und die Mannschaft bewirtet. Tag für Tag wiederholen sich jetzt in jeder Stadt vom Pazifischen Ozean bis zum Golf von Mexiko die Manifestationen, als feierte Amerika zum zweiten Mal das Fest seiner Entdeckung.

Aber noch nicht genug und genug! Der eigentliche Triumphzug soll noch grandioser sein, der großartigste, den der neue Weltteil jemals gesehen. Zwei Wochen dauern die Vorbereitungen, dann aber, am 31. August, feiert eine ganze Stadt einen einzigen Menschen, Cyrus W. Field, wie seit den Zeiten der Kaiser und Cäsaren kaum ein Sieger von seinem Volke gefeiert wurde. Ein Festzug wird an diesem herrlichen Herbsttag gerüstet, der so lang ist, dass er sechs Stunden braucht, um von einem Ende der Stadt bis zum andern zu gelangen. Die Regimenter ziehen voran mit Bannern und Fahnen durch die beflaggten Straßen, die Harmoniegesellschaften, die Liedertafeln, die Sängerbünde, die Feuerwehr, die Schulen, die Veteranen folgen in endlosem Zuge. Alles, was marschieren kann, marschiert, jeder, der singen kann, singt, jeder, der jubeln kann, jubelt. Im vierspännigen Wagen, wie ein antiker Triumphator, wird Cyrus W. Field, in einem andern der Kommandant der »Niagara«, in einem dritten der Präsident der Vereinigten Staaten dahingeführt; die Bürgermeister, die Beamten, die Professoren hintendrein. Ununterbrochen folgen sich Ansprachen, Bankette, Fackelzüge, die Kirchenglocken läuten, die Kanonen donnern, neuerdings und neuerdings umrauscht der Jubel den neuen Kolumbus, den Vereiniger der beiden Welten, den Besieger des Raums, den Mann, der in dieser Stunde der ruhmreichste und vergöttertste Mann Amerikas geworden ist, Cyrus W. Field.

Das große Crucifige

Tausende und Millionen Stimmen lärmen und jubeln an diesem Tage. Nur eine einzige und die wichtigste bleibt während dieser Feier merkwürdig stumm – der elektrische Telegraph. Vielleicht ahnt Cyrus W. Field in der Mitte des Jubels schon die fürchterliche Wahrheit, und grauenhaft müsste dies sein für ihn, als Einziger zu wissen, dass gerade an diesem Tage das atlantische Kabel aufgehört hat zu funktionieren, dass, nachdem schon in den letzten Tagen nur mehr konfuse und kaum lesbare Zeichen gekommen waren, der Draht endgültig ausgeröchelt hat und seinen letzten, sterbenden Atemzug getan. Noch weiß und noch ahnt von diesem allmählichen Versagen in ganz Amerika niemand als die paar Menschen, die den Empfang der Sendungen in Neufundland kontrollieren, und auch diese zögern noch Tage und Tage angesichts des maßlosen Enthusiasmus, den Jubelnden die bittere Mitteilung zu machen. Bald aber fällt es auf, dass die Nachrichten so spärlich eintreffen. Amerika hatte erwartet, Stunde um Stunde werde jetzt Botschaft über den Ozean blitzen – stattdessen nur ab und zu eine vage und unkontrollierbare Kunde. Es dauert nicht lang, und ein Gerücht flüstert sich herum, man habe im Eifer und der Ungeduld, bessere Übertragungen zu erreichen, zu starke elektrische Ladungen geschickt und damit das ohnehin unzulängliche Kabel völlig verdorben. Noch hofft man die Störung zu beheben. Doch bald ist es nicht mehr zu leugnen, dass die Zeichen immer stammelnder, immer unverständlicher geworden sind. Gerade nach jenem katzenjämmerlichen Festmorgen, am 1. September, kommt kein klarer Ton, keine reine Schwingung mehr über das Meer.

Nichts nun verzeihen die Menschen weniger, als in einer ehrlichen Begeisterung ernüchtert zu werden und von einem Manne, von dem sie alles erwarten, sich hinterrücks enttäuscht zu sehen. Kaum dass sich das Gerücht bewahrheitet, der vielgerühmte Telegraph versage, wirft sich die stürmische Welle des Jubels nun im Rückschlag als bösartige Erbitterung dem unschuldig Schuldigen, Cyrus W. Field, entgegen. Er hat eine Stadt, ein Land, eine Welt betrogen; längst habe er von dem Versagen des Telegraphen gewusst, behauptet man in der City, aber eigensüchtig habe er sich umjubeln lassen und inzwischen die Zeit benützt, um die ihm gehörigen Aktien mit ungeheurem Gewinn loszuschlagen. Sogar noch bösartigere Verleumdungen melden sich, darunter die merkwürdigste von allen, die peremptorisch behauptet, der atlantische Telegraph habe überhaupt nie richtig funktioniert; alle Meldungen seien Schwindel und Humbug gewesen und das Telegramm der Königin von England schon vorher abgefasst und nie durch den Ozeantelegraph übermittelt gewesen. Keine einzige Nachricht, geht das Gerücht, sei die ganze Zeit über wirklich verständlich über das Meer gekommen, und die Direktoren hätten nur aus Vermutungen und abgerissenen Zeichen imaginäre Depeschen zusammengebraut. Ein wirklicher Skandal bricht los. Gerade die gestern am lautesten gejubelt hatten, toben nun am meisten. Eine ganze Stadt, ein ganzes Land schämt sich seiner überhitzten und voreiligen Begeisterung. Cyrus W. Field wird zum Opfer dieses Zorns ausersehen; der gestern noch als Nationalheld und Heros galt, als Bruder Franklins und Nachfahre des Kolumbus, muss sich vor seinen vormaligen Freunden und Verehrern verbergen wie ein Verbrecher. Ein einziger Tag hat alles geschaffen, ein einziger Tag alles zerstört. Unabsehbar ist die Niederlage, verloren das Kapital, vertan das Vertrauen, und wie die sagenhafte Midgardschlange liegt das unnütze Kabel in den unerschaubaren Tiefen des Weltmeeres.

Sechs Jahre Schweigen

Sechs Jahre liegt das vergessene Kabel nutzlos im Weltmeer, sechs Jahre herrscht wieder das alte, kalte Schweigen zwischen den beiden Kontinenten, die eine Weltstunde lang Puls mit Puls zueinander gepocht. Die einander nahe gewesen einen Atemzug, ein paar hundert Worte lang, Amerika und Europa, sie sind wieder wie seit Jahrtausenden durch unüberwindliche Ferne getrennt. Der kühnste Plan des neunzehnten Jahrhunderts, gestern beinahe schon eine Wirklichkeit, ist wieder eine Legende, ein Mythos geworden. Selbstverständlich denkt niemand daran, das halbgelungene Werk zu erneuern; die furchtbare Niederlage hat alle Kräfte gelähmt, alle Begeisterung erstickt. In Amerika lenkt der Bürgerkrieg zwischen Nord- und Südamerika jedes Interesse ab, in England tagen ab und zu noch Komitees, aber sie brauchen zwei Jahre, um die dürre Behauptung festzustellen, dass prinzipiell ein Unterseekabel möglich wäre. Aber von diesem akademischen Gutachten bis zur wirklichen Tat ist ein Weg, den niemand zu beschreiten denkt; sechs Jahre ruht jede Arbeit so vollkommen wie das vergessene Kabel auf dem Grunde des Meeres.

Aber sechs Jahre, wenn auch innerhalb des riesigen Raumes der Geschichte nur ein flüchtiger Augenblick, bedeuten in einer so jungen Wissenschaft wie der Elektrizität ein Jahrtausend. Jedes Jahr, jeder Monat zeitigt auf diesem Gebiete neue Entdeckungen. Immer kräftiger, immer präziser werden die Dynamos, immer vielfältiger ihre Anwendung, immer genauer die Apparate. Schon umspannt das Telegraphennetz den inneren Raum aller Kontinente, schon ist das Mittelmeer durchquert, schon Afrika und Europa verbunden; so verliert von Jahr zu Jahr der Plan, den Atlantischen Ozean zu durchspannen, unmerklich mehr und mehr von dem Phantastischen, das ihm so lange angehaftet. Unabwendbar muss die Stunde kommen, die den Versuch erneut; es fehlt nur der Mann, der den alten Plan mit neuer Energie durchströmt.

Und plötzlich ist dieser Mann da, und siehe, es ist der alte, derselbe, mit derselben Gläubigkeit und demselben Vertrauen, Cyrus W. Field, auferstanden aus der schweigenden Verbannung und hämischer Verachtung. Zum dreißigsten Male hat er den Ozean überquert und erscheint wieder in London; es gelingt ihm, die alten Konzessionen mit einem neuen Kapital von sechsmal hunderttausend Pfund zu versehen. Und nun ist auch endlich das langgeträumte Riesenschiff zur Stelle, das die ungeheure Fracht allein in sich aufnehmen kann, die berühmte »Great Eastern« mit ihren zweiundzwanzigtausend Tonnen und vier Schornsteinen, die Isambar Brunel gebaut. Und Wunder über Wunder: Sie liegt in diesem Jahre, 1865, brach, weil gleichfalls zu kühn vorausgeplant ihrer Zeit; innerhalb zweier Tage kann sie gekauft und für die Expedition ausgerüstet werden.

Nun ist alles leicht, was früher unermesslich schwer gewesen. Am 23. Juli 1865 verlässt das Mammutschiff mit einem neuen Kabel die Themse. Wenn auch der erste Versuch misslingt, wenn durch einen Riss zwei Tage vor dem Ziel die Legung missglückt und noch einmal der unersättliche Ozean sechsmal hunderttausend Pfund Sterling schluckt, die Technik ist schon zu sicher ihrer Sache, um sich entmutigen zu lassen. Und als am 13. Juli 1866 zum zweiten Mal die »Great Eastern« ausfährt, wird die Reise zum Triumph, klar und deutlich spricht diesmal das Kabel nach Europa hinüber. Wenige Tage später wird das alte, verlorene Kabel gefunden, zwei Stränge verbinden jetzt die Alte und die Neue Welt zu einer gemeinsamen. Das Wunder von gestern ist die Selbstverständlichkeit von heute geworden, und von diesem Augenblick an hat die Erde gleichsam einen einzigen Herzschlag; sich hörend, sich schauend, sich verstehend lebt die Menschheit nun gleichzeitig von einem bis zum andern Ende der Erde, göttlich allgegenwärtig durch ihre eigene schöpferische Kraft. Und herrlich wäre sie dank ihres Sieges über Raum und Zeit nun für alle Zeiten vereint, verwirrte sie nicht immer wieder von neuem der verhängnisvolle Wahn, unablässig diese grandiose Einheit zu zerstören und mit denselben Mitteln, die ihr Macht über die Elemente geben, sich selbst zu vernichten.

Die Flucht zu Gott
Ende Oktober 1910

Ein Epilog zu Leo Tolstois unvollendetem Drama »Und das Licht scheinet in der Finsternis«

EINLEITUNG

Im Jahre 1890 beginnt Leo Tolstoi eine dramatische Selbstbiographie, die später als Fragment aus seinem Nachlass unter dem Titel: »Und das Licht scheinet in der Finsternis« zur Veröffentlichung und Aufführung gelangte. Dieses unvollendete Drama (schon die erste Szene verrät's) ist nichts anderes als eine allerintimste Darstellung seiner häuslichen Tragödie, geschrieben offenbar als Selbstrechtfertigung eines beabsichtigten Fluchtversuches und gleichzeitig als Entschuldigung seiner Frau, also ein Werk vollkommenen moralischen Gleichgewichts inmitten äußerster seelischer Zerrissenheit.

Sich selbst hat Tolstoi in der durchsichtig selbstbildnerischen Gestalt des Nikolai Michelajewitsch Sarynzew hingestellt, und wohl das wenigste der Tragödie darf als erfunden angenommen werden. Zweifellos hat Leo Tolstoi sie nur gestaltet, um sich selbst die notwendige Lösung seines Lebens vorauszudichten. Aber weder im Werk noch im Leben, weder damals im Jahre 1890 noch zehn Jahre später, 1900, hat Tolstoi den Mut und die Form eines Entschlusses und Abschlusses gefunden. Und aus dieser Willensresignation ist das Stück Fragment geblieben, endend mit vollkommener Ratlosigkeit des Helden, der nur flehend die Hände zu Gott aufhebt, er möge ihm beistehen und für ihn den Zwiespalt enden.

Den fehlenden letzten Akt der Tragödie hat Tolstoi auch später nicht mehr geschrieben, aber wichtiger: Er hat ihn gelebt. In den letzten Oktobertagen des Jahres 1910 wird das Schwanken eines Vierteljahrhunderts endlich Entschluss, Krise zur Befreiung: Tolstoi entflieht nach einigen ungeheuer dramatischen Auseinandersetzungen und entflieht gerade zu Recht, um jenen herrlichen und vorbildlichen Tod zu finden, der seinem Lebensschicksal die vollkommene Formung und Weihe verleiht.

Nichts schien mir natürlicher, als das gelebte Ende der Tragödie dem geschriebenen Fragment anzufügen. Dies und einzig dies habe ich hier mit möglichster historischer Treue und Ehrfurcht vor den Tatsachen und Dokumenten versucht. Ich weiß mich frei von der Vermessenheit, damit ein Bekenntnis Leo Tolstois eigenmächtig und gleichwertig ergänzen zu wollen, ich schließe mich dem Werk nicht an, ich will ihm bloß dienen. Was ich hier versuche, möge darum nicht als Vollendung gelten, sondern als ein selbständiger Epilog zu einem unvollendeten Werke und ungelösten Konflikt, einzig bestimmt, jener unvollendeten Tragödie einen festlichen Ausklang zu geben. Damit sei der Sinn dieses Epilogs und meine ehrfürchtige Mühe erfüllt. Für eine allfällige Darstellung muss betont werden, dass dieser Epilog zeitlich sechzehn Jahre später spielt als »Und das Licht scheinet in der Finsternis« und dies äußerlich in der Erscheinung Leo Tolstois unbedingt sichtbar werden muss. Die schönen Bildnisse seiner letzten Lebensjahre können da vorbildlich sein, insbesondere jenes, das ihn im Kloster Schamardino bei seiner Schwester zeigt, und die Fotografie auf dem Totenbette. Auch das Arbeitszimmer sollte in seiner erschütternden Einfachheit respektvoll dem historischen nachgebildet werden. Rein szenisch wünschte ich diesen Epilog (der Tolstoi mit seinem Namen nennt und nicht mehr hinter der Doppelgängergestalt Sarynzew verbirgt) nach einer größeren Pause dem vierten Akt des Fragments »Und das Licht scheinet in der Finsternis« angeschlossen. Eine selbständige Aufführung liegt nicht in meiner Absicht.

GESTALTEN DES EPILOGS

LEO NIKOLAJEWITSCH TOLSTOI (im dreiundachtzigsten Jahr seines Lebens)

SOFIA ANDREJEWNA TOLSTOI, seine Gattin

ALEXANDRA LWOWNA (genannt Sascha), seine Tochter

DER SEKRETÄR

DUSCHAN PETROWITSCH, Hausarzt und Freund Tolstois

DER STATIONSVORSTEHER VON ASTAPOWO, IWAN IWANOWITSCH OSOLING

DER POLIZEIMEISTER VON ASTAPOWO, CYRILL GREGOROWITSCH

ERSTER STUDENT

ZWEITER STUDENT

DREI REISENDE

Die ersten beiden Szenen spielen an den letzten Oktobertagen des Jahres 1910 im Arbeitszimmer von Jasnaja Poljana, die letzte am 31. Oktober 1910 im Wartesaal des Bahnhofs von Astapowo.

ERSTE SZENE

Ende Oktober 1910 in Jasnja Poljana

Das Arbeitszimmer Tolstois, einfach und schmucklos, genau nach dem bekannten Bild

Der Sekretär führt zwei Studenten herein. Sie sind nach russischer Art in hochgeschlossene, schwarze Blusen gekleidet, beide jung, mit scharfen Gesichtern. Sie bewegen sich vollkommen sicher, eher anmaßend als scheu.

DER SEKRETÄR Nehmen Sie inzwischen Platz, Leo Tolstoi wird Sie nicht lange warten lassen. Nur möchte ich Sie bitten, bedenken Sie sein Alter! Leo Tolstoi liebt dermaßen die Diskussion, dass er oft seine Ermüdbarkeit vergisst.

ERSTER STUDENT Wir haben Leo Tolstoi wenig zu fragen – eine einzige Frage nur, freilich eine entscheidende für uns und für ihn. Ich verspreche Ihnen, knapp zu bleiben – vorausgesetzt, dass wir frei sprechen dürfen.

DER SEKRETÄR Vollkommen. Je weniger Formen, umso

besser. Und vor allem, sagen Sie ihm nicht Durchlaucht – er mag das nicht.

ZWEITER STUDENT *lachend* Das ist von uns nicht zu befürchten, alles, nur das nicht.

DER SEKRETÄR Da kommt er schon die Treppe herauf.

Tolstoi tritt ein, mit raschen, gleichsam wehenden Schritten, trotz seines Alters beweglich und nervös. Während er spricht, dreht er oft einen Bleistift in der Hand oder krümelt ein Papierblatt, aus Ungeduld, schon selber das Wort zu ergreifen. Er geht rasch auf die beiden zu, reicht ihnen die Hand, sieht jeden von ihnen einen Augenblick scharf und durchdringend an, dann lässt er sich auf dem Wachslederfauteuil ihnen gegenüber nieder.

TOLSTOI Sie sind die beiden, nicht wahr, die mir das Komitee schickte … *Er sucht in einem Briefe.* Entschuldigen Sie, dass ich Ihre Namen vergessen habe …

ERSTER STUDENT Unsere Namen bitten wir Sie als gleichgültig zu betrachten. Wir kommen zu Ihnen nur als zwei von Hunderttausenden.

TOLSTOI *ihn scharf ansehend* Haben Sie irgendwelche Fragen an mich?

ERSTER STUDENT Eine Frage.

TOLSTOI *zum zweiten* Und Sie?

ZWEITER STUDENT Dieselbe. Wir haben alle nur eine Frage an Sie, Leo Nikolajewitsch Tolstoi, wir alle, die ganze revolutionäre Jugend Russlands – und es gibt keine andere: Warum sind Sie nicht mit uns?

TOLSTOI *sehr ruhig* Ich habe das, wie ich hoffe, deutlich

ausgesprochen in meinen Büchern und außerdem in einigen Briefen, die inzwischen zugänglich gemacht worden sind. – Ich weiß nicht, ob Sie persönlich meine Bücher gelesen haben?

ERSTER STUDENT *erregt* Ob wir Ihre Bücher gelesen haben, Leo Tolstoi? Es ist sonderbar, was Sie uns da fragen. Gelesen – das wäre zu wenig. Gelebt haben wir von Ihren Büchern seit unserer Kindheit, und als wir junge Menschen wurden, da haben Sie uns das Herz im Leibe erweckt. Wer anders, wenn nicht Sie, hat uns die Ungerechtigkeit der Verteilung aller menschlichen Güter sehen gelehrt – Ihre Bücher, nur Sie haben unsere Herzen von einem Staat, einer Kirche und einem Herrscher losgerissen, der das Unrecht an den Menschen beschützt, statt die Menschheit. Sie und nur Sie haben uns bestimmt, unser ganzes Leben einzusetzen, bis diese falsche Ordnung endgültig zerstört ist …

TOLSTOI *will unterbrechen und sagt* Aber nicht durch Gewalt …

ERSTER STUDENT *hemmungslos ihn übersprechend* Seit wir unsere Sprache sprechen, ist niemand gewesen, dem wir so vertraut haben wie Ihnen. Wenn wir uns fragten, wer wird dieses Unrecht beseitigen, so sagten wir uns: Er! Wenn wir fragten, wer wird einmal aufstehen und diese Niedertracht stürzen, so sagten wir: Er wird es tun, Leo Tolstoi. Wir waren Ihre Schüler, Ihre Diener, Ihre Knechte, ich glaube, ich wäre damals gestorben für einen Wink Ihrer Hand, und hätte ich vor ein paar Jahren in dieses Haus treten dürfen, ich hätte mich noch geneigt vor Ihnen wie vor einem Heiligen. Das waren Sie für uns, Leo Tolstoi, für Hunderttausende von uns, für die ganze russische Jugend bis vor wenigen Jahren – und ich beklage es, wir beklagen es alle, dass Sie uns seitdem ferne und beinahe unser Gegner geworden sind.

TOLSTOI *weicher* Und was meinen Sie, müsste ich tun, um euch verbunden zu bleiben?

ERSTER STUDENT Ich habe nicht die Vermessenheit, Sie belehren zu wollen. Sie wissen selbst, was Sie uns, der ganzen russischen Jugend, entfremdet hat.

ZWEITER STUDENT Nun, warum es nicht aussprechen, zu wichtig ist unsere Sache für Höflichkeiten: Sie müssen endlich einmal die Augen öffnen und nicht länger lau bleiben angesichts der ungeheuren Verbrechen der Regierung an unserm Volke. Sie müssen endlich aufstehen von Ihrem Schreibtisch und offen, klar und rückhaltlos an die Seite der Revolution treten. Sie wissen, Leo Tolstoi, mit welcher Grausamkeit man unsere Bewegung niedergeschlagen hat, mehr Menschen modern jetzt in den Gefängnissen als Blätter in Ihrem Garten. Und Sie, Sie sehen das alles mit an, schreiben vielleicht, so sagt man, ab und zu in einer englischen Zeitung irgendeinen Artikel über die Heiligkeit des menschlichen Lebens. Aber Sie wissen, dass gegen diesen blutigen Terror heute Worte nicht mehr helfen, Sie wissen so gut wie wir, dass jetzt einzig ein vollkommener Umsturz, eine Revolution nottut, und Ihr Wort allein kann ihr eine Armee erschaffen. Sie haben uns zu Revolutionären gemacht, und jetzt, da Ihre Stunde reif ist, wenden Sie sich vorsichtig ab und billigen damit die Gewalt!

TOLSTOI Niemals habe ich die Gewalt gebilligt, niemals! Seit dreißig Jahren habe ich meine Arbeit gelassen, einzig um die Verbrechen aller Machthaber zu bekämpfen. Seit dreißig Jahren – ihr wart noch nicht geboren – forderte ich, radikaler als ihr, nicht nur die Verbesserung, sondern die vollkommene Neuordnung der sozialen Verhältnisse.

ZWEITER STUDENT *unterbrechend* Nun, und? Was hat man Ihnen bewilligt, was hat man uns gegeben seit dreißig Jahren? Die Knute den Duchoborzen, die Ihre Botschaft erfüllten, und sechs Kugeln in die Brust. Was ist besser geworden in Russland durch Ihr sanftmütiges Drängen, durch Ihre Bücher und Broschüren? Sehen Sie nicht endlich ein, dass Sie jenen Unterdrückern noch helfen, indem Sie das Volk langmütig und dulderisch machen und vertrösten auf das tausendjährige Reich? Nein, Leo Tolstoi, es hilft nichts, dieses übermütige Geschlecht im Namen der Liebe anzurufen, und wenn Sie mit Engelszungen redeten! Diese Zarenknechte werden um Ihres Christus willen keinen Rubel aus ihrer Tasche holen, nicht einen Zoll werden sie nachgeben, ehe wir ihnen nicht mit der Faust an die Kehle fahren. Genug lang hat das Volk gewartet auf Ihre Bruderliebe, jetzt warten wir nicht länger, jetzt schlägt die Stunde der Tat.

TOLSTOI *ziemlich heftig* Ich weiß, sogar eine »heilige Tat« nennt ihr es in euren Proklamationen, eine heilige Tat, »den Hass hervorzurufen«. Aber ich kenne keinen Hass, ich will ihn nicht kennen, auch gegen jene nicht, die sich an unserem Volke versündigen. Denn der das Böse tut, ist unglücklicher in seiner Seele als der, der das Böse erleidet – ich bemitleide ihn, aber ich hasse ihn nicht.

ERSTER STUDENT *zornig* Ich aber hasse sie alle, die Unrecht tun an der Menschheit – schonungslos wie blutige Bestien hasse ich jeden von ihnen! Nein, Leo Tolstoi, nie werden Sie mich ein Mitleid lehren mit diesen Verbrechern.

TOLSTOI Auch der Verbrecher ist noch mein Bruder.

ERSTER STUDENT Und wäre er mein Bruder und meiner Mutter Kind und brächte Leiden über die Menschheit, ich würde ihn niederschlagen wie einen tollen Hund. Nein, kein Mitleid mehr mit den Mitleidlosen! Es wird nicht eher Ruhe auf dieser russischen Erde sein, als bis die Leichen der Zaren und Barone unter ihr liegen; es wird keine menschliche und sittliche Ordnung geben, ehe wir sie nicht erzwingen.

TOLSTOI Keine sittliche Ordnung kann durch Gewalt erzwungen werden, denn jede Gewalt zeugt unvermeidlich wieder Gewalt. Sobald ihr zur Waffe greift, schafft ihr neuen Despotismus. Statt zu zerstören, verewigt ihr ihn.

ERSTER STUDENT Aber es gibt kein Mittel gegen die Mächtigen als Zerstörung der Macht.

TOLSTOI Zugegeben; aber niemals darf man ein Mittel anwenden, das man selber missbilligt. Die wahre Stärke, glauben Sie mir, erwidert Gewalt nicht durch Gewalt, sie macht ohnmächtig durch Nachgiebigkeit. Es steht im Evangelium geschrieben …

ZWEITER STUDENT *unterbrechend* Ach, lassen Sie das Evangelium. Die Popen haben längst einen Branntwein daraus gemacht, um das Volk zu verdumpfen. Das galt vor zweitausend Jahren und hat schon damals keinem geholfen, sonst wäre die Welt nicht so randvoll von Elend und Blut. Nein, Leo Tolstoi, mit Bibelsprüchen lässt sich heute die Kluft zwischen Ausgebeuteten und Ausbeutern, zwischen Herren und Knechten nicht mehr verkleistern: Es liegt zu viel Elend zwischen diesen beiden Ufern. Hunderte, nein Tausende gläubiger, hilfreicher Menschen schmachten heute in Sibirien und in den Kerkern, morgen werden es Tausende, Zehntausende sein. Und ich frage Sie, sollen wirklich alle diese Millionen Unschuldiger weiter leiden um einer Handvoll Schuldiger willen?

TOLSTOI *sich zusammenfassend* Besser, sie leiden, als dass nochmals Blut vergossen werde; gerade das unschuldige Leiden ist hilfreich und gut wider das Unrecht.

ZWEITER STUDENT *wild* Gut nennen Sie das Leiden, das unendliche, jahrtausendalte des russischen Volkes? Nun: So gehen Sie in die Gefängnisse, Leo Tolstoi, und fragen Sie die Geknuteten, fragen Sie die Hungernden unserer Städte und Dörfer, ob es wirklich so gut ist, das Leiden.

TOLSTOI *zornig* Besser gewiss als eure Gewalt. Glaubt ihr denn wirklich, mit euren Bomben und Revolvern das Böse endgültig aus der Welt zu schaffen? Nein, in euch selbst wirkt dann das Böse, und ich wiederhole euch, hundertmal besser ist es, für eine Überzeugung zu leiden, als für sie zu morden.

ERSTER STUDENT *gleichfalls zornig* Nun, wenn es so gut ist und wohltätig, zu leiden, Leo Tolstoi, nun – warum leiden Sie dann nicht selbst? Warum rühmen Sie immer die Märtyrerschaft bei den andern und sitzen selbst warm im eigenen Haus und essen auf silbernem Geschirr, während Ihre Bauern – ich hab es gesehen – in Lappen gehen und halb verhungert in den Hütten frieren? Warum lassen Sie sich nicht selber knuten statt Ihrer Duchoborzen, die um Ihrer Lehre willen gepeinigt werden? Warum verlassen Sie nicht endlich dieses gräfliche Haus und gehen auf die Straße, selber in Wind und Frost und Regen die angeblich so köstliche Armut zu kennen? Warum reden Sie nur immer, statt selbst nach Ihrer Lehre zu handeln, warum geben Sie selbst nicht endlich ein Beispiel?

TOLSTOI *ist zurückgewichen. Der Sekretär springt vor gegen den Studenten und will ihn erbittert zurechtweisen, aber schon hat sich Tolstoi gefasst und schiebt ihn sanft beiseite.*

Lassen Sie doch! Die Frage, die dieser junge Mensch an mein Gewissen gerichtet hat, war gut ... eine gute, eine ganz ausgezeichnete, eine wahrhaft notwendige Frage. Ich will mich bemühen, sie aufrichtig zu beantworten. *Er tritt einen kleinen Schritt näher, zögert, rafft sich zusammen, seine Stimme wird rauh und verhüllt.* Sie fragen mich, warum ich nicht das Leiden auf mich nehme, gemäß meiner Lehre und meinen Worten? Und ich antworte Ihnen darauf mit äußerster Scham: Wenn ich bislang meiner heiligsten Pflicht mich entzogen habe, so war es ... so war es ... weil ich ... zu feige, zu schwach oder zu unaufrichtig bin, ein niederer, nichtiger, sündiger Mensch ..., weil mir Gott bis zum heutigen Tage noch nicht die Kraft verliehen hat, das Unaufschiebbare endlich zu tun. Furchtbar reden Sie, junger, fremder Mensch, in mein Gewissen. Ich weiß, nicht den tausendsten Teil dessen habe ich getan, was nottut, ich gestehe in Scham, dass es längst schon, längst meine Pflicht gewesen wäre, den Luxus dieses Hauses und die erbärmliche Art meines Lebens, das ich als Sünde empfinde, zu verlassen und, ganz wie Sie es sagen, als Pilger auf den Straßen zu gehen, und ich weiß keine Antwort, als dass ich mich schäme in tiefster Seele und mich beuge über meine eigene Erbärmlichkeit. *Die Studenten sind einen Schritt zurückgewichen und schweigen betroffen. Eine Pause. Dann fährt Tolstoi fort mit noch leiserer Stimme:*

Aber vielleicht … vielleicht leide ich dennoch … vielleicht leide ich eben daran, dass ich nicht stark und ehrlich genug sein kann, mein Wort vor den Menschen zu erfüllen. Vielleicht leide ich eben hier mehr an meinem Gewissen als an der furchtbarsten Folter des Leibes, vielleicht hat Gott gerade dieses Kreuz mir geschmiedet und dieses Haus mir qualvoller gemacht, als wenn ich im Gefängnis läge mit Ketten an den Füßen … Aber Sie haben recht, nutzlos bleibt dieses Leiden, weil ein Leiden nur für mich allein, und ich überhebe mich, wollte ich seiner mich noch berühmen.

ERSTER STUDENT *etwas beschämt* Ich bitte Sie um Verzeihung, Leo Nikolajewitsch Tolstoi, wenn ich in meinem Eifer persönlich geworden bin …

TOLSTOI Nein, nein, im Gegenteil, ich danke Ihnen! Wer an unser Gewissen rüttelt, und sei es mit den Fäusten, hat wohl an uns getan. *Ein Schweigen. Tolstoi wieder mit ruhiger Stimme:* Haben Sie beide noch eine andere Frage an mich?

ERSTER STUDENT Nein, sie war unsere einzige Frage. Und ich glaube, es ist ein Unglück für Russland und die ganze Menschheit, dass Sie uns Ihren Beistand verweigern. Denn niemand wird diesen Umsturz, diese Revolution mehr aufhalten, und ich fühle, furchtbar wird sie werden, furchtbarer als alle dieser Erde. Die bestimmt sind, sie zu führen, werden eherne Männer sein, Männer der rücksichtslosen Entschlossenheit, Männer ohne Milde. Wären Sie an unsere Spitze getreten, so hätte Ihr Beispiel Millionen gewonnen, und es müssten weniger Opfer sein.

TOLSTOI Und wäre es ein einziges Leben nur, dessen Tod

ich verschuldete, ich könnte es nicht verantworten vor meinem Gewissen.

Die Hausglocke gongt vom untern Stockwerk.

DER SEKRETÄR *zu Tolstoi, um das Gespräch abzubrechen* Es läutet zu Mittag.

TOLSTOI *bitter* Ja, essen, schwätzen, essen, schlafen, ausruhen, schwätzen – so leben wir unser müßiges Leben, und die andern arbeiten indes und dienen damit Gott. *Er wendet sich den jungen Leuten wieder zu.*

ZWEITER STUDENT Wir bringen also unsern Freunden nichts als Ihre Absage zurück? Geben Sie uns kein Wort der Ermutigung?

TOLSTOI *sieht ihn scharf an, überlegt* Sagt euren Freunden Folgendes in meinem Namen: Ich liebe und achte euch, russische junge Menschen, weil ihr so stark das Leiden eurer Brüder mitfühlt und euer Leben einsetzen wollt, um das ihre zu verbessern. *Seine Stimme wird hart, stark und schroff* Aber weiter vermag ich euch nicht zu folgen, und ich weigere mich, mit euch zu sein, sobald ihr die menschliche und brüderliche Liebe zu a l l e n Menschen verleugnet.

Die Studenten schweigen. Dann tritt der zweite Student entschlossen vor und sagt hart:

ZWEITER STUDENT Wir danken Ihnen, dass Sie uns empfangen haben, und danken Ihnen für Ihre Aufrichtigkeit. Ich werde wohl nie mehr Ihnen gegenüberstehen – so erlauben Sie auch mir unbekanntem Nichts zum Abschied ein offenes Wort. Ich sage Ihnen, Leo Tolstoi, Sie irren, wenn Sie meinen, dass die menschlichen Beziehungen allein durch die Liebe verbessert werden können: Das mag gelten für die Reichen und für die Sorglosen. Aber jene, die von Kindheit auf hungern und ein ganzes Leben schon unter der Herrschaft ihrer Herren schmachten, die sind müde, länger auf die Niederfahrt dieser brüderlichen Liebe vom christlichen Himmel zu warten, sie werden lieber ihren Fäusten vertrauen. Und so sage ich Ihnen am Vorabend Ihres Todes, Leo Nikolajewitsch Tolstoi: Die Welt wird noch im Blute ersticken, man wird nicht nur die Herren, sondern auch ihre Kinder erschlagen und in Stücke reißen, damit die Erde auch von jenen nichts Schlimmes mehr zu gewärtigen habe. Möge es Ihnen erspart sein, dann noch Augenzeuge Ihres Irrtums zu werden – dies wünsche ich Ihnen von Herzen! Gott schenke Ihnen einen friedlichen Tod!

Tolstoi ist zurückgewichen, sehr erschreckt von der Vehemenz des glühenden jungen Menschen. Dann fasst er sich, tritt auf ihn zu und sagt schlicht:

TOLSTOI Ich danke Ihnen insbesondere für Ihre letzten Worte: Sie haben mir gewünscht, was ich seit dreißig Jahren ersehne – einen Tod in Frieden mit Gott und allen Menschen. *Die beiden verbeugen sich und gehen; Tolstoi sieht ihnen längere Zeit nach, dann beginnt er erregt auf und ab zu gehen und sagt begeistert zum Sekretär:* Was das doch für wunderbare Jungen sind, wie kühn, stolz und stark, diese jungen russischen Menschen! Herrlich, diese gläubige, glühende Jugend! So habe ich sie vor Sebastopol gekannt, vor sechzig Jahren; mit ganz demselben freien und frechen Blick gingen sie gegen den Tod, gegen jede Gefahr – trotzig bereit, mit einem Lächeln zu sterben für ein Nichts, ihr Leben, das wunderbare junge Leben hinzuwerfen für eine hohle Nuss, für Worte ohne Inhalt, für eine Idee ohne Wahrheit, nur aus Freude an der Hingebung. Wunderbar, diese ewige russische Jugend! Und dient mit all dieser Glut und Kraft dem Hass und dem Mord wie einer heiligen Sache! Und doch, sie haben mir wohlgetan! Aufgerüttelt haben sie mich, diese beiden, denn wirklich, sie haben recht, es tut not, dass ich endlich mich aufraffe aus meiner Schwäche und eintrete für mein Wort! Zwei Schritte vom Tod, und immer zögere ich noch! Wirklich, das Richtige kann man nur von der Jugend lernen, nur von der Jugend!

Die Tür wird aufgerissen, die Gräfin bricht wie eine scharfe Zugluft ein, nervös, irritiert. Ihre Bewegungen sind unsicher, immer irren ihre Augen fahrig von einem zum andern Gegenstand. Man spürt, dass sie an anderes denkt, während sie spricht, und verzehrt ist von einer inneren, aufgerüttelten Unruhe. Sie sieht geflissentlich an dem Sekretär vorbei, als wäre er Luft, und spricht nur zu ihrem Mann. Hinter ihr ist rasch Sascha, ihre Tochter, eingetreten; man hat den Eindruck, als wäre sie der Mutter gefolgt, um sie zu überwachen.

GRÄFIN Es hat schon zum Mittagessen geläutet, und seit einer halben Stunde wartet unten der Redakteur vom ›Daily Telegraph‹ wegen deines Artikels gegen die Todesstrafe, und du lässt ihn stehen wegen solcher Burschen. So ein manierloses, freches Volk! Unten, als der Diener sie fragte, ob sie beim Grafen angemeldet seien, antwortete der eine: Nein, wir sind bei keinem Grafen gemeldet; Leo Tolstoi hat uns bestellt. Und du lässt dich ein mit solchen naseweisen Laffen, die am liebsten die Welt so wirr haben möchten wie ihre eigenen Köpfe! *Sie sieht unruhig im Zimmer herum.* Wie hier alles herumliegt, die Bücher auf der Erde, alles durcheinander und voller Staub, wirklich, es ist schon eine Schande, wenn jemand Besserer kommt. *Sie geht auf den Lehnstuhl zu, fasst ihn an.* Ganz zerfetzt schon das Wachstuch, man muss sich schämen, nein, es ist nicht mehr zum Ansehen. Glücklicherweise dass morgen der Tapezierer aus Tula ins Haus kommt, der muss gleich den Fauteuil ausbessern. *Niemand antwortet ihr. Sie sieht unruhig hin und her.* Also bitte, kommt jetzt! Man kann ihn doch nicht länger warten lassen.

TOLSTOI *plötzlich sehr blass und unruhig* Gleich komme ich, ich habe hier nur noch … etwas zu ordnen … Sascha wird mir helfen dabei … Leiste du inzwischen dem Herrn Gesellschaft und entschuldige mich, ich komme sofort. *Die Gräfin geht, nachdem sie noch einen flackernden Blick über das ganze Zimmer geworfen hat. Tolstoi wirft sich, kaum dass sie aus dem Zimmer getreten ist, gegen die Tür und dreht rasch den Schlüssel um.*

SASCHA *über seine Heftigkeit erschreckt* Was hast du?

TOLSTOI *in höchster Aufregung, die Hand aufs Herz gepresst, stammelnd* Der Tapezierer morgen … Gott sei Dank … da ist es noch Zeit … Gott sei Dank.

SASCHA Aber was ist denn …

TOLSTOI *erregt* Ein Messer, rasch ein Messer oder eine Schere ... *Der Sekretär hat ihm mit befremdetem Blick vom Schreibtisch eine Papierschere herübergereicht. Tolstoi beginnt mit nervöser Hast, manchmal ängstlich zur verschlossenen Tür aufschauend, die Rissstelle in dem zerschlissenen Fauteuil mit der Schere zu erweitern, dann tastet er mit den Händen unruhig in das vorquellende Rosshaar, bis er endlich einen versiegelten Brief herausholt.* Da – nicht wahr? ... Es ist lächerlich ... lächerlich und unwahrscheinlich, wie in einem miserablen französischen Kolportageroman ... Eine Schmach ohne Ende ... So muss ich, ein Mann mit klaren Sinnen, in meinem eigenen Haus und dreiundachtzigsten Jahr meine wichtigsten Papiere verstecken, weil mir alles durchwühlt wird, weil man hinter mir her ist, hinter jedem Wort und Geheimnis! Ah, welche Schande, welche Hölle mein Leben hier in diesem Haus, welche Lüge! *Er wird ruhiger, öffnet den Brief und liest ihn; zu Sascha:* Vor dreizehn Jahren habe ich diesen Brief geschrieben, damals, als ich wegsollte von deiner Mutter und aus diesem Höllenhaus. Es war der Abschied an sie, ein Abschied, zu dem ich dann den Mut nicht fand. *Er knistert den Brief in den zitternden Händen und liest halblaut für sich:* »... Es ist mir jedoch nicht länger möglich, dieses Leben, das ich seit sechzehn Jahren führe, fortzusetzen, ein Leben, in dem ich einerseits gegen euch kämpfe und euch aufreizen muss. So beschließe ich, zu tun, was ich längst hätte tun sollen, nämlich zu fliehen ... Wenn ich dies offen täte, so gäbe es Bitterkeit. Ich würde vielleicht schwach werden und meinen Entschluss nicht ausführen, während er doch ausgeführt werden muss. Verzeiht mir also, ich bitte euch darum, wenn mein Schritt euch Schmerz bereitet, und vor allem, Du, Sonja, entlasse mich gutwillig aus Deinem Herzen, suche mich nicht, beklage Dich nicht über mich, verurteile mich nicht.« *Schwer aufatmend:*

Ah, dreizehn Jahre ist das her, dreizehn Jahre habe ich mich seitdem weitergequält, und jedes Wort ist noch wahr wie einst und mein Leben von heute genauso feig und schwach. Noch immer, noch immer bin ich nicht geflohen, noch immer warte und warte ich und weiß nicht, auf was. Immer habe ich alles klar gewusst und immer falsch gehandelt. Immer war ich zu schwach, immer ohne Willen gegen sie! Den Brief habe ich hier versteckt wie ein Schuljunge ein schmutziges Buch vor dem Lehrer. Und das Testament, in dem ich sie damals bat, das Eigentum an meinen Werken der ganzen Menschheit zu schenken, ihr in die Hand geliefert, nur um Frieden zu haben im Hause, statt Frieden mit meinem Gewissen.

Pause

DER SEKRETÄR Und glauben Sie, Leo Nikolajewitsch Tolstoi – Sie erlauben mir doch die Frage, da sich so unvermutet der Anlass ergibt … glauben Sie … dass wenn … wenn Gott Sie abberufen sollte … dass … dass … dann dieser Ihr letzter, dringlichster Wunsch, auf das Eigentum an Ihren Werken zu verzichten, auch wirklich erfüllt wird?

TOLSTOI *erschrocken* Selbstverständlich … das heißt … *Unruhig:* Nein, ich weiß doch nicht … Was meinst du, Sascha?

Sascha wendet sich ab und schweigt.

TOLSTOI Mein Gott, daran habe ich nicht gedacht. Oder nein: schon wieder, schon wieder bin ich nicht ganz wahrhaftig: – nein, ich habe nur nicht daran denken w o l l e n, ich bin wieder ausgewichen, wie ich immer jeder klaren und geraden Entscheidung ausweiche. *Er sieht den Sekretär scharf an.* Nein, ich weiß, ich weiß bestimmt, meine Frau und die Söhne, sie werden meinen letzten Willen so wenig achten, als sie heute meinen Glauben achten und meine Seelenpflicht. Sie werden mit meinen Werken Schacher treiben, und noch nach meinem Tode werde ich als ein Lügner an meinem Worte vor den Menschen stehen. *Er macht eine entschlossene Bewegung.* Aber das soll, das darf nicht sein! Endlich einmal Klarheit! Wie sagte dieser Student heute, dieser wahre, aufrichtige Mensch? Eine Tat verlangt die Welt von mir, endlich Ehrlichkeit, eine klare, reine und eindeutige Entscheidung – das war ein Zeichen! Mit dreiundachtzig Jahren darf man nicht länger die Augen schließen vor dem Tod, man muss ihm ins Antlitz sehen und bündig seine Entscheidung treffen. Ja, gut gemahnt haben mich diese fremden Menschen: Alles Nichttun versteckt immer nur eine Feigheit der Seele. Klar muss man sein und wahr, und ich will es endlich werden, jetzt in meiner zwölften Stunde, im dreiundachtzigsten Jahr. *Er wendet sich zum Sekretär und seiner Tochter.* Sascha und Wladimir Georgewitsch, morgen mache ich mein Testament, klar, ehern, bindend und unanfechtbar, in dem ich den Ertrag aller meiner Schriften, das ganze schmutzige Geld, das an ihm wuchert, an alle, an die ganze Menschheit schenke – es darf kein

Handel getrieben werden mit dem Wort, das ich um aller Menschen und aus der Not meines Gewissens gesagt und geschrieben habe. Kommen Sie morgen vormittags, bringen Sie einen zweiten Zeugen mit – ich darf nicht länger zögern, vielleicht hält sonst der Tod mir die Hand auf.

SASCHA Einen Augenblick noch, Vater – nicht dass ich dir abreden wollte, aber ich fürchte Schwierigkeiten, wenn die Mutter uns zu viert hier sieht. Sie wird sofort Verdacht schöpfen und deinen Willen im letzten Augenblick vielleicht noch erschüttern.

TOLSTOI *nachdenkend* Du hast recht! Nein, hier in diesem Haus kann ich nichts Reines, nichts Rechtes vollbringen: Hier wird das ganze Leben zur Lüge. *Zum Sekretär:* Richten Sie es so ein, dass ihr mir morgen um elf Uhr vormittags im Walde von Grumont, beim großen Baume links, hinter dem Roggenfeld, begegnet. Ich werde tun, als ob ich meinen gewohnten Spazierritt machte. Bereitet alles vor, und dort wird mir, so hoffe ich, Gott Festigkeit geben, endlich mich von der letzten Fessel zu lösen.

Die Mittagsglocke läutet heftiger zum zweiten Mal.

DER SEKRETÄR Aber lassen Sie jetzt nur nichts vor der Gräfin merken, sonst ist alles verloren.

TOLSTOI *schwer atmend* Entsetzlich, immer wieder sich verstellen müssen, immer wieder sich verstecken. Vor der Welt will man wahr sein, vor Gott will man wahr sein, vor sich selbst will man wahr sein und darf es nicht vor seiner Frau und seinen Kindern! Nein, so kann man nicht leben, so kann man nicht leben!

SASCHA *erschreckt* Die Mutter!

Der Sekretär dreht rasch den Schlüssel an der Tür auf, Tolstoi geht, um seine Erregung zu verbergen, zum Schreibtisch und bleibt mit dem Rücken gegen die Eintretende gewandt.

TOLSTOI *stöhnend* Das Lügen in diesem Haus vergiftet mich – ach, wenn man nur einmal ganz wahr sein könnte, wahr wenigstens vor dem Tod!

DIE GRÄFIN *tritt hastig herein* Warum kommt ihr denn nicht? Immer brauchst du so lange.

TOLSTOI *sich ihr zuwendend, sein Gesichtsausdruck ist bereits vollkommen ruhig, und er sagt langsam, mit nur den andern verständlicher Betonung* Ja, du hast recht, ich brauche immer und zu allem lange. Aber wichtig ist doch nur das eine: dass dem Menschen Zeit bleibt, rechtzeitig das Rechte zu tun.

ZWEITE SZENE

Im gleichen Zimmer. Spätnacht des folgenden Tages

DER SEKRETÄR Sie sollten sich heute früh niederlegen, Leo Nikolajewitsch, Sie müssen müde sein nach dem langen Ritt und den Aufregungen.

TOLSTOI Nein, gar nicht müde bin ich. Müde macht den Menschen nur eines: Schwanken und Unsichersein. Jede Tat befreit, selbst die schlechte ist besser als Nichttun. *Er geht im Zimmer auf und ab.* Ich weiß nicht, ob ich heute richtig gehandelt habe, ich muss erst mein Gewissen fragen. Dass ich mein Werk an alle zurückgab, hat mir die Seele leicht gemacht, aber ich glaube, ich hätte dies Testament nicht heimlich machen dürfen, sondern offen vor allen und mit dem Mut der Überzeugung. Vielleicht habe ich unwürdig getan, was um der Wahrheit willen freimütig hätte getan sein müssen – aber gottlob, nun ist es geschehen, eine Stufe weiter im Leben, eine Stufe näher dem Tod. Jetzt bliebe nur noch das Schwerste, das Letzte: zur rechten Stunde ins Dickicht zu kriechen wie ein Tier, wenn das Ende kommt, denn in diesem Hause wird mein Tod unwahrhaftig sein wie mein Leben. Dreiundachtzig Jahre bin ich alt, und noch immer finde ich nicht die Kraft, mich ganz vom Irdischen loszureißen, und vielleicht versäume ich die rechte Stunde.

DER SEKRETÄR Wer weiß seine Stunde! Wenn man die wüsste, wäre alles gut.

TOLSTOI Nein, Wladimir Georgewitsch, gar nicht gut wäre das. Kennen Sie nicht die alte Legende, ein Bauer hatte sie mir einmal erzählt, wie Christus das Wissen um den Tod von den Menschen nahm? Vordem kannte ein jeder im Voraus seine Todesstunde, und als Christus einmal auf Erden kam, merkte er, dass manche Bauern nicht ihre Äcker bestellten und wie die Sünder lebten. Da tadelte er einen unter ihnen um seiner Lässigkeit willen, doch der Schächter murrte nur: Für wen solle er da noch Saat eingießen in die Erde, wenn er die Ernte nicht mehr erlebe. Da erkannte Christus, dass es schlecht wäre, wenn die Menschen im Voraus wüssten um ihren Tod, und nahm ihnen ihr Wissen. Seitab müssen die Bauern ihr Feld bestellen bis zum letzten Tage, als ob sie ewig lebten, und dies ist recht, denn nur durch die Arbeit hat man am Ewigen teil. So will ich noch heute – *er deutet auf sein Tagebuch* – mein tägliches Feld bestellen.

Heftige Schritte von außen, die Gräfin tritt ein, schon im Nachtkleid, und wirft einen bösen Blick auf den Sekretär.

DIE GRÄFIN Ach so… ich dachte, du wärest endlich allein… ich wollte mit dir sprechen…

DER SEKRETÄR *verbeugt sich* Ich gehe schon.

TOLSTOI Leben Sie wohl, lieber Wladimir Georgewitsch.

DIE GRÄFIN *kaum dass die Tür sich hinter ihm geschlossen* Immer ist er um dich, wie eine Klette hängt er dir an… und mich, mich hasst er, er will mich von dir entfernen, dieser schlechte, heimtückische Mensch.

TOLSTOI Du bist ungerecht gegen ihn, Sonja.

DIE GRÄFIN Ich will nicht gerecht sein! Er hat sich eingedrängt zwischen uns, gestohlen hat er dich mir, entfremdet deinen Kindern. Nichts gelte ich mehr, seit er hier ist, das Haus, du selbst gehörst jetzt aller Welt, nur uns nicht, deinen Nächsten.

TOLSTOI Könnte ich's nur in Wahrheit! So will es ja Gott, dass man allen gehöre und nichts für sich behalte und die Seinen.

DIE GRÄFIN Ja, ich weiß, das redet er dir ein, dieser Dieb an meinen Kindern, ich weiß, er bestärkt dich gegen uns alle. Darum dulde ich ihn nicht mehr im Haus, diesen Aufreizer, ich will ihn nicht.

TOLSTOI Aber Sonja, du weißt doch, dass ich ihn brauche für meine Arbeit.

DIE GRÄFIN Du findest hundert andere! *Abweisend:* Ich ertrage nicht seine Nähe. Ich will diesen Menschen nicht zwischen dir und mir.

TOLSTOI Sonja, Gute, ich bitte dich, errege dich nicht. Komm, setze dich hierher, sprechen wir doch still miteinander – ganz so, wie in der hingegangenen Zeit, als unser Leben anfing –, bedenke doch, Sonja, wie wenig bleibt uns an guten Worten und an guten Tagen noch! *Die Gräfin sieht beunruhigt um sich und setzt sich zitternd nieder.* Sieh, Sonja, ich brauche diesen Menschen – vielleicht brauche ich ihn nur, weil ich schwach bin im Glauben, denn, Sonja, ich bin nicht so stark, als ich mir wünschte zu sein. Jeder Tag zwar bestätigt mir's, viele Tausende Menschen sind irgendwo weit in der Welt, die meinen Glauben teilen, aber versteh dies, so ist unser irdisches Herz; es braucht, um seiner sicher zu bleiben, wenigstens von e i n e m Menschen die nahe, die atmende, die sichtbare, die fühlbare, die greifbare Liebe. Vielleicht konnten die Heiligen ohne Helfer allein in ihrer Zelle wirken und auch ohne Zeugen nicht verzagen, aber sieh, Sonja, ich bin doch kein Heiliger – ich bin nichts als ein sehr schwacher und schon alter Mann. Deshalb muss ich jemand nahe haben, der meinen Glauben teilt, diesen Glauben, der jetzt das Teuerste meines alten, einsamen Lebens ist. Mein größtes Glück freilich wäre das gewesen, wenn du selbst, du, die ich seit achtundvierzig Jahren dankbar achte, wenn du an meinem religiösen Bewusstsein teilgenommen hättest. Aber, Sonja, du hast es ja niemals gewollt. Was meiner Seele das Teuerste ward, das siehst du ohne Liebe, und ich fürchte, du siehst es sogar mit Hass. *Die Gräfin macht eine Bewegung.* Nein, Sonja, missverstehe mich nicht, ich klage dich nicht an. Du hast mir und der Welt gegeben, was du geben konntest, viel mütterliche Liebe und Sorgenfreudigkeit; wie solltest du Opfer bringen für eine Überzeugung, die du nicht mitlebst in deiner Seele. Wie sollte ich dir Schuld geben, dass du meine innersten Gedanken nicht teilst – bleibt doch immer das geistige Leben eines Menschen, seine letzten Gedanken, ein Geheimnis zwischen ihm und seinem Gott. Aber sieh, da ist ein Mensch gekommen, endlich einer in mein Haus, hat vordem selbst gelitten in Sibirien für seine Überzeugung und teilt nun die meine, ist mir Helfer und lieber Gast, hilft und bestärkt mich in meinem inneren Leben – warum willst du mir diesen Menschen nicht lassen?

DIE GRÄFIN Weil er dich mir entfremdet hat, und das kann ich nicht ertragen, das kann ich nicht ertragen. Das macht mich rasend, das macht mich krank, denn ich spüre genau, alles, was ihr tut, geht gegen mich. Heute wieder, mittags, habe ich ihn ertappt, da steckte er hastig ein Papier weg, und keiner von euch konnte mir aufrecht in die Augen sehen: nicht er und nicht du, und nicht Sascha! Ihr alle verbergt etwas vor mir. Ja, ich weiß es, ich weiß es, ihr habt etwas Böses gegen mich getan.

TOLSTOI Ich hoffe, dass Gott mich, eine Handbreit vor meinem Tode, davor bewahrt, wissentlich etwas Böses zu tun.

DIE GRÄFIN *leidenschaftlich* Also du bestreitest nicht, dass ihr Heimliches getan habt … etwas gegen mich. Ah, du weißt, vor mir kannst du nicht lügen wie vor den andern.

TOLSTOI *heftig auffahrend* Ich lüge vor den andern? Das sagst du mir, du, um derentwillen ich vor allen als Lügner erscheine. *Sich bezähmend:* Nun, ich hoffe zu Gott, dass ich die Sünde der Lüge wissentlich nicht begehe. Vielleicht ist es mir schwachem Menschen nicht gegeben, immer die ganze Wahrheit zu sagen, aber dennoch glaube ich, darum kein Lügner, kein Betrüger an den Menschen zu sein.

DIE GRÄFIN Dann sage mir, was ihr getan habt – was war das für ein Brief, für ein Papier … quäle mich doch nicht länger …

TOLSTOI *auf sie zutretend, sehr sanft* Sofia Andrejewna, nicht ich quäle dich, sondern du selbst quälst dich, weil du mich nicht mehr liebst. Hättest du noch Liebe, so hättest du auch Vertrauen zu mir – Vertrauen selbst dort, wo du mich nicht mehr begreifst. Sofia Andrejewna, ich bitte dich, sieh doch in dich hinein: Achtundvierzig Jahre leben wir zusammen! Vielleicht findest du aus diesen vielen Jahren irgendwo noch aus vergessener Zeit in irgendeiner Falte deines Wesens ein wenig Liebe zu mir: dann nimm, ich bitte dich, diesen Funken und fache ihn an, versuche noch einmal zu sein, die du mir so lange warst, liebend, vertrauend, sanft und hingegeben; denn, Sonja, manchmal erschrecke ich, wie du jetzt zu mir bist.

DIE GRÄFIN *erschüttert und erregt* Ich weiß nicht mehr, wie ich bin. Ja, du hast recht, hässlich bin ich geworden und böse. Aber wer könnte das ertragen, mit anzusehen, wie du dich quälst, mehr zu sein als ein Mensch – diese Wut, mit Gott zu leben, diese Sünde. Denn Sünde, ja, Sünde ist das, Hochmut, Überhebung und nicht Demut, sich so hinzudrängen zu Gott und eine Wahrheit zu suchen, die uns versagt ist. Früher, früher, da war alles gut und klar, man lebte wie alle andern Menschen, redlich und rein, hatte seine Arbeit und sein Glück, und die Kinder wuchsen auf, und man freute sich schon ins Alter hinein. Und plötzlich musste das über dich kommen, damals vor dreißig Jahren, dieser furchtbare Wahn, dieser Glaube, der dich und uns alle unglücklich macht. Was kann ich dafür, dass ich's heute noch nicht verstehe, welchen Sinn das hat, dass du Ofen putzest und Wasser trägst und schlechte Stiefel schusterst, du, den eine Welt als ihren größten Künstler liebt. Nein, noch immer will das mir nicht eingehen, warum unser klares Leben, fleißig und sparsam, still und einfach, warum das mit einem Mal Sünde sein sollte an andern Menschen. Nein, ich kann es nicht verstehen, ich kann, ich kann es nicht.

TOLSTOI *sehr sanft* Sieh, Sonja, gerade dies sagte ich dir ja: Dort wo wir nicht begreifen, eben dort müssen wir dank unserer Liebeskraft vertrauen. So ist es mit den Menschen, so auch mit Gott. Meinst du, ich maße mir wirklich an, das Rechte zu wissen? Nein, ich vertraue nur, was man so redlich tut, um das man so bitter sich quält, das kann vor Gott und den Menschen nicht ganz ohne Sinn und Wert sein. So versuche auch du, Sonja, ein wenig zu glauben, wo du mich nicht mehr begreifst, vertraue doch wenigstens meinem Willen zum Rechten, und alles, alles wird noch einmal gut.

DIE GRÄFIN *unruhig* Aber du sagst mir dann alles ... du wirst mir alles sagen, was ihr heute getan habt.

TOLSTOI *sehr ruhig* Alles werde ich dir sagen, nichts will ich mehr verbergen und heimlich tun in meinem Handbreit Leben. Ich warte nur, bis Serjoschka und Andrey zurück sind, dann will ich vor euch alle hintreten und aufrichtig sagen, was ich in diesen Tagen beschlossen. Aber diese kurze Frist, Sonja, lasse dein Misstrauen und spüre mir nicht nach – es ist das meine einzige, meine innigste Bitte. Sofia Andrejewna, willst du sie erfüllen?

DIE GRÄFIN Ja … ja … gewiss … gewiss.

TOLSTOI Ich danke dir. Sieh, wie leicht doch alles wird durch Offenheit und Zuversicht! Wie gut, dass wir sprachen in Frieden und Freundschaft. Du hast mir das Herz wieder warm gemacht. Denn sieh, als du eintratest, da lag dunkel das Misstrauen auf deinem Gesicht, fremd war mir's durch Unruhe und Hass, und ich erkannte dich nicht als jene von einst. Nun liegt deine Stirn wieder klar, und ich erkenne wieder deine Augen, Sofia Andrejewna, deine Mädchenaugen von einst, gut und mir zugewandt. Aber nun ruhe dich aus, du Liebe, es ist spät! Ich danke dir von Herzen. *Er küsst sie auf die Stirn, die Gräfin geht, bei der Tür wendet sie sich noch einmal erregt um.*

DIE GRÄFIN Aber du wirst mir alles sagen? Alles?

TOLSTOI *noch immer ganz ruhig* Alles, Sonja. Und du gedenke deines Versprechens.

Die Gräfin entfernt sich langsam mit einem unruhigen Blick auf den Schreibtisch.

TOLSTOI *geht mehrmals im Zimmer auf und ab, dann setzt er sich zum Schreibtisch, schreibt einige Worte in das Tagebuch. Nach einer Weile steht er auf, schreitet auf und nieder, tritt noch einmal zum Pult zurück, blättert nachdenklich in dem Tagebuch und liest halblaut das Geschriebene* »Ich bemühe mich, Sofia Andrejewna gegenüber so ruhig und fest als möglich zu sein, und ich glaube, ich werde mein Ziel, sie zu beruhigen, mehr oder weniger erreichen … Heute habe ich zum ersten Mal die Möglichkeit gesehen, sie in Güte und Liebe zum Nachgeben zu bringen ... Ach, wenn doch ...« *Er legt das Tagebuch nieder, atmet schwer, um schließlich ins Nebenzimmer hinüberzugehen und dort Licht zu entzünden. Dann kommt er noch einmal zurück, zieht sich mühsam die schweren Bauernschuhe von den Füßen, legt den Rock ab. Dann löscht er das Licht und geht, bloß in den breiten Hosen und dem Arbeitshemd, in seinen Schlafraum nebenan.*

Für einige Zeit bleibt das Zimmer vollkommen still und dunkel. Es geschieht nichts. Man hört keinen Atemzug. Plötzlich öffnet sich leise, mit diebischer Vorsicht, die Eingangstür ins Arbeitszimmer. Jemand tappt auf bloßen Sohlen in den stockschwarzen Raum, in der Hand eine Blendlaterne, die jetzt vorgewendet einen schmalen Kegel Licht zunächst auf den Fußboden wirft. Es ist die Gräfin. Ängstlich blickt sie um sich, lauscht zuerst an der Tür des Schlafzimmers, dann schleicht sie, offenbar beruhigt, zum Schreibtisch hinüber. Die aufgestellte Blendlaterne erhellt nun mit weißem Kreis einzig den Raum um den Schreibtisch inmitten des Dunkels. Die Gräfin, von der man nur die zuckenden Hände im Lichtkreis sieht, greift zuerst nach dem zurückgelassenen Schriftstück, beginnt in nervöser Unruhe im Tagebuch zu lesen, schließlich zieht sie vorsichtig eine nach der andern von den Schreibtischladen auf, stöbert immer hastiger in den Papieren, ohne etwas zu finden. Schließlich nimmt sie mit einer zuckenden Bewegung die Laterne wieder in die Hand und tappt hinaus. Ihr Gesicht ist vollkommen verstört wie das einer Mondsüchtigen. Kaum hat sich die Tür hinter ihr geschlossen, so reißt seinerseits Tolstoi mit einem Ruck die Tür vom Schlafzimmer auf. Er hält eine Kerze in der Hand, und sie schwankt hin und her, so furchtbar schüttelt die Erregung den alten Mann: Er hat seine Frau belauscht. Schon stürzt er ihr nach, schon fasst er die Klinke der Eingangstür, plötzlich aber wendet er sich gewaltsam um, stellt ruhig und entschlossen die Kerze auf den Schreibtisch, geht zur Nachbartür an der andern Seite und klopft ganz leise und vorsichtig an.

TOLSTOI *leise* Duschan … Duschan …

STIMME DUSCHANS *vom Nebenzimmer her* Seid Ihr es, Leo Nikolajewitsch?

TOLSTOI Leise, leise, Duschan! Und komm sofort heraus …

Duschan kommt aus dem Nebenzimmer, auch er nur halb bekleidet.

TOLSTOI Wecke meine Tochter Alexandra Lwowna, sie soll sofort herüberkommen. Dann laufe rasch in den Stall und befiehl Grigor, die Pferde einzuspannen, aber ganz leise soll er es tun, damit niemand im Hause etwas merkt. Und dass du mir selber leise bist! Zieh keine Schuhe an, und gib acht, die Türen knarren. Wir müssen fort, unverzüglich – es ist keine Zeit zu verlieren.

Duschan eilt fort. Tolstoi setzt sich hin, zieht sich entschlossen die Stiefel wieder an, nimmt seinen Rock, fährt hastig hinein, dann sucht er einige Papiere und rafft sie zusammen. Seine Bewegungen sind energisch, aber manchmal fieber-

haft. Auch während er jetzt am Schreibtisch einige Worte auf ein Blatt wirft, zucken seine Schultern.

SASCHA *leise eintretend* Was ist geschehen, Vater?

TOLSTOI Ich fahre fort, ich breche aus … endlich … endlich ist es entschieden. Vor einer Stunde hat sie mir geschworen, Vertrauen zu haben, und jetzt, um drei Uhr nachts, ist sie heimlich in mein Zimmer eingebrochen, die Papiere zu durchwühlen … Aber das war gut, das war sehr gut … nicht ihr Wille war das, das war ein anderer Wille. Wie oft habe ich Gott gebeten, er möge mir ein Zeichen schenken, wenn es Zeit ist – nun ward mir's gegeben, denn jetzt habe ich ein Recht, sie alleinzulassen, die meine Seele verlassen hat.

SASCHA Aber wohin willst du, Vater?

TOLSTOI Ich weiß nicht, ich will es nicht wissen … Irgendwohin, nur fort aus der Unwahrhaftigkeit dieses Daseins … irgendwohin … Es gibt viele Straßen auf Erden, und irgendwo wartet ein Stroh oder ein Bett, wo ein alter Mann ruhig sterben kann.

SASCHA Ich begleite dich …

TOLSTOI Nein. Du musst noch bleiben, sie beruhigen … sie wird ja rasen … ach, was wird sie leiden, die Arme! … Und ich bin es, der sie leiden macht … Aber ich kann nicht anders, ich kann nicht mehr … ich ersticke sonst hier. Du bleibst hier zurück, bis Andrey und Serjoschka eintreffen. Dann erst reise mir nach, ich fahre zuerst ins Kloster von Schamardino, um Abschied zu nehmen von meiner Schwester, denn ich spüre, die Zeit des Abschiednehmens ist für mich gekommen.

DUSCHAN *hastig zurück* Der Kutscher hat eingespannt.

TOLSTOI Dann mach dich selber fertig, Duschan, da, die paar Papiere steck zu dir …

SASCHA Aber Vater, du musst den Pelz nehmen, es ist bitterkalt in der Nacht. Ich will rasch noch wärmere Kleider für dich einpacken …

TOLSTOI Nein, nein, nichts mehr. Mein Gott, wir dürfen nicht mehr zögern … ich will nicht mehr warten … sechsundzwanzig Jahre warte ich auf diese Stunde, auf dieses Zeichen … mach rasch, Duschan … es könnte uns jemand noch aufhalten und hindern. Da, die Papiere nimm, die Tagebücher, den Bleistift …

SASCHA Und das Geld für die Bahn, ich will es holen …

TOLSTOI Nein, kein Geld mehr! Ich will keines mehr anrühren. Sie kennen mich an der Bahn, sie werden mir Karten geben, und weiter wird Gott helfen. Duschan, mach fertig, komm. *Zu Sascha:* Du, gib ihr diesen Brief: Es ist mein Abschied, möge sie mir ihn vergeben! Und schreibe mir, wie sie es ertragen hat.

SASCHA Aber Vater, wie soll ich dir schreiben? Sofort erfahren sie, nenne ich an der Post den Namen, deinen Aufenthalt und jagen dir nach. Du musst einen falschen Namen annehmen.

TOLSTOI Ach, immer lügen! Immer lügen, immer wieder sich die Seele erniedern mit Heimlichkeiten … aber du hast recht … Komm doch, Duschan! … Wie du willst, Sascha … es ist ja nur zum Guten … also, wie soll ich mich nennen?

SASCHA *denkt einen Augenblick nach* Ich unterschreibe alle Depeschen mit Frolowa, und du nennst dich T. Nikolajew.

TOLSTOI *schon ganz fieberhaft vor Eile* T. Nikolajew …

gut … gut … Und nun lebe wohl! *Er umarmt sie.* T. Nikolajew, sagst du, soll ich mich nennen. Noch eine Lüge, noch eine! Nun – gebe Gott, dies möge meine letzte Unwahrheit vor den Menschen sein.

Er geht hastig ab.

DRITTE SZENE

Drei Tage später (31. Oktober 1910). Der Wartesaal im Eisenbahnstationsgebäude von Astapowo. Rechts führt eine große, verglaste Tür hinaus auf den Perron, links eine kleinere Tür zum Wohnraum des Stationsvorstehers, Iwan Iwanowitsch Osoling. Auf den Holzbänken des Wartesaals und um einen Tisch sitzen einige Passagiere, um auf den Schnellzug aus Danlow zu warten: Bäuerinnen, die, eingehüllt in ihre Tücher, schlafen, kleine Händler in Schafpelzen, außerdem ein paar Angehörige großstädtischer Stände, offenbar Beamte oder Kaufleute.

ERSTER REISENDER *in einer Zeitung lesend, plötzlich laut* Das hat er ausgezeichnet gemacht! Ein famoses Stück von dem Alten! Das hätte keiner mehr erwartet.

ZWEITER REISENDER Was gibt's denn?

ERSTER REISENDER Durchgebrannt ist er, Leo Tolstoi, aus seinem Haus, niemand weiß, wohin. Nachts hat er sich aufgemacht, die Stiefel angezogen und den Pelz, und so, ohne Gepäck und ohne Abschied zu nehmen, ist er davongefahren, nur von seinem Arzt, Duschan Petrowitsch, begleitet.

ZWEITER REISENDER Und die Alte hat er zu Hause gelassen. Kein Spaß für Sofia Andrejewna. Dreiundachtzig muss er jetzt alt sein. Wer hätte das von ihm gedacht, und wohin, sagst du, ist er gefahren?

ERSTER REISENDER Das möchten sie eben wissen, die zu Hause und die in den Zeitungen. In der ganzen Welt telegraphieren sie jetzt herum. An der bulgarischen Grenze will ihn einer gesehen haben, und andere reden von Sibirien. Aber kein Mensch weiß etwas Wirkliches. Gut hat er das gemacht, der Alte!

DRITTER REISENDER *(junger Student)* Wie sagt ihr? Leo Tolstoi ist von Haus weggefahren, bitte gebt mir die Zeitung, lasst mich's selber lesen. *Wirft einen Blick hinein.* Oh, das ist gut, das ist gut, dass er sich endlich aufgerafft hat.

ERSTER REISENDER Warum denn gut?

DRITTER REISENDER Weil es schon eine Schande war gegen sein Wort, wie er lebte. Genug lange haben sie ihn gezwungen, den Grafen zu spielen, und mit Schmeicheleien die Stimme erwürgt. Jetzt kann Leo Tolstoi endlich frei aus seiner Seele zu den Menschen sprechen, und Gott gebe, dass durch ihn die Welt erfahre, was hier in Russland am Volke geschieht. Ja, gut ist es, Segen und Genesung für Russland, dass dieser heilige Mann sich endlich gerettet hat.

ZWEITER REISENDER Vielleicht ist aber alles gar nicht wahr, was die hier schwätzen, vielleicht – *er wendet sich um, ob niemand zuhört, und flüstert:* vielleicht haben sie das nur hineingetan in die Zeitungen, um irrezumachen, und in Wahrheit ihn ausgehoben und weggeschafft …

ERSTER REISENDER Wer sollte ein Interesse haben, Leo Tolstoi fortzuschaffen …

ZWEITER REISENDER Sie … sie alle, denen er im Wege ist,

sie alle, der Synod und die Polizei und das Militär, sie alle, die sich vor ihm fürchten. Es sind schon einige so verschwunden – ins Ausland, hat man dann gesagt. Aber wir wissen, was sie mit dem Ausland meinen …

ERSTER REISENDER *auch leise* Das könnte schon sein …

DRITTER REISENDER Nein, das wagen sie doch nicht. Dieser eine Mann ist mit seinem bloßen Wort stärker als sie alle, nein, das wagen sie nicht, denn sie wissen, wir holten ihn heraus mit unseren Fäusten.

ERSTER REISENDER *hastig* Vorsicht … aufgepasst … Cyrill Gregorowitsch kommt … rasch die Zeitung weg …

Der Polizeimeister Cyrill Gregorowitsch ist in voller Uniform hinter der Glastür vom Bahnsteig her aufgetaucht. Er wendet sich sofort zum Zimmer des Stationsvorstehers und klopft an.

IWAN IWANOWITSCH OSOLING *der Stationsvorsteher, aus seinem Zimmer, mit der Dienstkappe auf dem Kopf* Ach, Ihr seid es, Cyrill Gregorowitsch

POLIZEIMEISTER Ich muss Euch sofort sprechen. Ist Eure Frau bei Euch im Zimmer?

VORSTEHER Ja.

POLIZEIMEISTER Dann lieber hier! *Zu den Reisenden in scharfem, befehlshaberischem Ton:* Der Schnellzug aus Danlow wird gleich eintreffen; bitte, sofort das Wartezimmer zu räumen und sich auf den Bahnsteig zu begeben. *Alle stehen auf und drücken sich hastig hinaus. Der Polizeimeister zum Stationsvorsteher.* Eben sind wichtige chiffrierte Telegramme eingelaufen. Man hat festgestellt, dass Leo

Tolstoi auf seiner Flucht vorgestern bei seiner Schwester im Kloster Schamardino eingetroffen ist. Gewisse Anzeichen lassen vermuten, dass er beabsichtigt, von dort weiterzureisen, und jeder Zug von Schamardino nach jeder Richtung wird seit vorgestern von Polizeiagenten begleitet.

VORSTEHER Aber erklärt mir, Väterchen Cyrill Gregorowitsch, weshalb denn eigentlich? Ist doch keiner von den Unruhestiftern, Leo Tolstoi, ist doch unsere Ehre, ein wirklicher Schatz für unser Land, dieser große Mann.

POLIZEIMEISTER Macht aber mehr Unruhe und Gefahr als die ganze Bande von Revolutionären. Übrigens, was kümmert's mich, hab nur Auftrag, jeden Zug zu überwachen. Nun wollen die in Moskau aber unsere Aufsicht vollkommen unsichtbar. Deshalb bitte ich Sie, Iwan Iwanowitsch, statt meiner, den jeder an der Uniform kennt, auf den Bahnsteig zu gehen. Sofort nach Ankunft des Zuges wird ein Geheimpolizist aussteigen und Ihnen mitteilen, was man auf der Strecke beobachtet hat. Ich gebe die Meldung dann sofort weiter.

VORSTEHER Wird zuverlässig besorgt.

Von der Einfahrt her das Glockensignal des nahenden Zuges.

POLIZEIMEISTER Sie begrüßen den Agenten ganz unauffällig wie einen alten Bekannten, nicht wahr? Die Passagiere dürfen die Überwachung nicht merken; kann uns beiden nur von Vorteil sein, wenn wir alles geschickt durchführen, denn jeder Bericht geht nach Petersburg bis an die höchste Stelle: Vielleicht fischt da auch unsereiner einmal das Georgskreuz.

Der Zug fährt rückwärts donnernd ein. Der Stationsvorsteher stürzt sofort durch die Glastür hinaus. Nach einigen Minuten kommen schon die ersten Passagiere, Bauern und Bäuerinnen mit schweren Körben, laut und lärmend durch die Glastür. Einige lassen sich im Wartezimmer nieder, um auszurasten oder Tee zu kochen.

VORSTEHER *plötzlich durch die Tür. Aufgeregt schreit er die Sitzenden an* Sofort den Raum verlassen! Alle! Sofort …

DIE LEUTE *erstaunt und murrend* Aber warum denn … haben doch bezahlt … Warum soll man hier im Warteraum nicht sitzen dürfen … Warten doch nur auf den Personenzug.

VORSTEHER *Schreiend* Sofort, sage ich, sofort alle hinaus! *Er drängt sie hastig weg, eilt wieder zur Tür, die er weit öffnet.* Hier, bitte, führen Sie den Herrn Grafen herein!

Tolstoi rechts von Duschan, links von seiner Tochter Sascha geführt, tritt mühsam herein. Er hat den Pelz hoch aufgeschlagen, einen Schal um den Hals, und doch merkt man, dass der ganze umhüllte Körper friert und zittert. Hinter ihm drängen fünf oder sechs Leute nach.

VORSTEHER *zu den Nachdrängenden* Draußen bleiben!

STIMMEN Aber lassen Sie uns doch … wir wollen ja nur Leo Nikolajewitsch behilflich sein … vielleicht etwas Kognak oder Tee …

VORSTEHER *ungeheuer erregt* Niemand darf hier herein! *Er drängt sie gewaltsam zurück und sperrt die Glastür zum Bahnsteig ab; man sieht aber die ganze Zeit noch neugierige*

Gesichter hinter der Glastür vorübergehen und hereinspähen. Der Stationsvorsteher hat rasch einen Sessel aufgegriffen und neben den Tisch bereitgestellt. Wollen Durchlaucht nicht ein wenig ruhen und sich niedersetzen?

TOLSTOI Nicht Durchlaucht... Gottlob nicht mehr... nie mehr, das ist zu Ende. *Er sieht sich erregt um, bemerkt die Menschen hinter der Glastür.* Weg... weg mit diesen Menschen... will allein sein... immer Menschen... einmal allein sein...

Sascha eilt zur Glastür hin und verhängt sie hastig mit den Mänteln.

DUSCHAN *inzwischen leise mit dem Vorsteher sprechend* Wir müssen ihn sofort zu Bett bringen, er hat plötzlich einen Fieberanfall im Zug bekommen, über vierzig Grad, ich glaube, es steht nicht gut um ihn. Ist hier ein Gasthof in der Nähe mit ein paar anständigen Zimmern?

VORSTEHER Nein, gar nichts! In ganz Astapowo gibt es keinen Gasthof.

DUSCHAN Aber er muss sofort zu Bett. Sie sehen ja, wie er fiebert. Es kann gefährlich werden.

VORSTEHER Ich würde mir's selbstverständlich nur zur Ehre rechnen, mein Zimmer hier nebenan Leo Tolstoi anzubieten... aber verzeihen Sie... es ist so gänzlich ärmlich, so einfach... ein Dienstraum, ebenerdig, eng... Wie dürfte ich wagen, Leo Tolstoi darin zu beherbergen...

DUSCHAN Das tut nichts, wir müssen ihn zunächst um jeden Preis zu Bett bringen. *Zu Tolstoi, der frierend am Tisch sitzt, geschüttelt von plötzlichen Frostschauern:* Der

Herr Stationsvorsteher ist so freundlich, uns sein Zimmer anzubieten. Sie müssen jetzt sofort ausruhen, morgen sind Sie dann wieder ganz frisch, und wir können weiterreisen.

TOLSTOI Weiterreisen?… Nein, nein, ich glaube, ich werde nicht mehr reisen… Das war meine letzte Reise, und ich bin schon am Ziel.

DUSCHAN *ermutigend* Nur keine Sorge wegen der paar Striche Fieber, das hat nichts zu bedeuten. Sie haben sich ein wenig erkältet – morgen fühlen Sie sich wieder ganz wohl.

TOLSTOI Ich fühle mich schon jetzt ganz wohl… ganz, ganz wohl… Nur heute Nacht, das war furchtbar, da kam es über mich, sie könnten mir nachsetzen von zu Hause, sie würden mich einholen und zurück in jene Hölle… und da bin ich aufgestanden und habe euch geweckt, so stark riss es mich auf. Den ganzen Weg ließ mich nicht diese Angst, das Fieber, dass mir die Zähne schlugen… Aber jetzt, seit ich hier bin… aber wo bin ich eigentlich?… Nie habe ich diesen Ort gesehen… Jetzt ist's auf einmal ganz anders… jetzt habe ich gar keine Angst mehr… Sie holen mich nicht mehr ein.

DUSCHAN Gewiss nicht, gewiss nicht. Sie können beruhigt sich zu Bett legen, hier findet Sie niemand.

Die beiden helfen Tolstoi auf.

VORSTEHER *ihm entgegentretend* Ich bitte zu entschuldigen… ich konnte nur ein ganz einfaches Zimmer anbieten… mein eigenes Zimmer… Und das Bett ist vielleicht auch nicht gut… nur ein Eisenbett… Aber ich will alles veranlassen, werde sofort telegraphisch ein anderes kommen lassen mit dem nächsten Zug …

TOLSTOI Nein, nein, nichts anderes … Zu lange, viel zu lange habe ich es besser gehabt als die andern! Je schlechter jetzt, um so besser für mich! Wie sterben denn die Bauern? … Und sterben doch auch einen guten Tod …

SASCHA *ihm weiterhelfend* Komm, Vater, komm, du wirst müde sein.

TOLSTOI *noch einmal stehenbleibend* Ich weiß nicht … ich bin müde, du hast recht, in allen Gliedern zieht's hinab, ich bin sehr müde, und doch erwarte ich noch etwas … Es ist so, wie wenn man schläfrig ist und kann doch nicht schlafen, weil man an etwas Gutes denkt, das einem bevorsteht, und man will den Gedanken nicht an den Schlaf verlieren … Sonderbar, so war's mir noch nie … vielleicht ist das schon etwas vom Sterben … Jahre und jahrelang, ihr wisst ja, habe ich immer Angst gehabt vor dem Sterben, eine Angst, dass ich nicht liegen konnte in meinem Bette, dass ich hätte schreien können wie ein Tier und mich verkriechen. Und jetzt, vielleicht ist er da drinnen im Zimmer, der Tod, und erwartet mich. Und doch, ich gehe ganz ohne Angst ihm entgegen.

Sascha und Duschan haben ihn bis zur Tür gestützt.

TOLSTOI *bei der Tür stehenbleibend und hineinsehend* Gut ist das hier, sehr gut. Klein, eng, nieder, arm … Mir ist, als hätte ich dies einmal geträumt, so ein fremdes Bett, irgendwo in einem fremden Haus, ein Bett, in dem einer liegt … ein alter, müder Mann … Warte, wie hieß er nur, ich habe es doch geschrieben vor ein paar Jahren, wie hieß er doch nur, der alte Mann … der einmal reich war und dann ganz arm zurückkommt, und niemand kennt ihn, und er kriecht auf das Bett neben dem Ofen … Ach, mein Kopf, mein dummer Kopf! …. Wie hieß er nur, der alte Mann? … Er, der reich gewesen ist und hat nur mehr das Hemd auf dem Leibe … und die Frau, die ihn kränkte, ist nicht bei ihm, wie er stirbt … Ja, ja, ich weiß schon, ich weiß, Kornej Wasiljew habe ich ihn damals in meiner Erzählung genannt, den alten Mann. Und in der Nacht, da er stirbt, weckt Gott das Herz auf in seiner Frau, und sie kommt, Marfa, ihn noch einmal zu sehen … Aber sie kommt zu spät, er liegt schon ganz starr auf dem fremden Bett mit geschlossenen Augen, und sie weiß nicht, ob er ihr noch zürnt oder schon vergeben hat. Sie weiß nicht mehr, Sofia Andrejewna … *Wie aufwachend:* Nein, Marfa heißt sie doch … ich verwirre mich schon … Ja, ich will mich hinlegen. *Sascha und der Vorsteher haben ihn weitergeleitet. Tolstoi zum Vorsteher:* Ich danke dir, fremder Mensch, dass du mir Herberge gibst in deinem Haus, dass du mir gibst, was das Tier hat im Walde … und zu dem mich, Kornej Wasiljew, Gott geschickt hat … *Plötzlich ganz schreckhaft:* Aber schließt die Türe, lasst mir niemand herein, ich will keine Menschen mehr … nur allein sein mit ihm, tiefer, besser als jemals im Leben … *Sascha und Duschan führen ihn in den Schlafraum, der Vorsteher schließt hinter ihnen behutsam die Tür und bleibt benommen stehen.*

Heftiges Klopfen von außen an der Glastür. Der Stationsvorsteher sperrt auf, der Polizeimeister tritt hastig herein.

POLIZEIMEISTER Was hat er Ihnen gesagt? Ich muss sofort alles melden, alles! Will er am Ende hierbleiben, wie lange?

VORSTEHER Das weiß weder er noch irgendeiner. Das weiß Gott allein.

POLIZEIMEISTER Aber wie konnten Sie ihm Unterkunft geben in einem staatlichen Gebäude? Ist doch Ihre Dienstwohnung, die dürfen Sie nicht vergeben an einen Fremden!

VORSTEHER Leo Tolstoi ist meinem Herzen kein Fremder. Kein Bruder steht mir näher als er.

POLIZEIMEISTER Aber Ihre Pflicht war, zuvor anzufragen.

VORSTEHER Ich habe mein Gewissen gefragt.

POLIZEIMEISTER Nun, Sie nehmen es auf Ihre Kappe. Ich erstatte sofort die Meldung … Furchtbar, was für eine Verantwortung da plötzlich auf einen fällt! Wenn man wenigstens wüsste, wie man an höchster Stelle zu Leo Tolstoi steht …

VORSTEHER *sehr ruhig* Ich glaube, die wahrhaft höchste Stelle hat es immer gut mit Leo Tolstoi gemeint …

Polizeimeister sieht ihn verdutzt an.

Duschan und Sascha treten, vorsichtig die Tür zuziehend, aus dem Zimmer.

Polizeimeister entfernt sich schnell.

VORSTEHER Wie haben Sie den Herrn Grafen verlassen?

DUSCHAN Er liegt ganz still – nie habe ich sein Gesicht ruhiger gesehen. Hier kann er endlich einmal finden, was ihm die Menschen nicht gönnen. Frieden. Zum ersten Mal ist er allein mit seinem Gott.

VORSTEHER Verzeihen Sie mir, einem einfachen Menschen, aber mir zittert das Herz, ich kann es nicht fassen.

Wie konnte Gott so viel Leides auf ihn häufen, dass Leo Tolstoi fliehen musste aus seinem Haus und hier sterben soll in meinem armen, unwürdigen Bett… Wie können denn Menschen, russische Menschen, eine so heilige Seele verstören, wie vermögen sie ein anderes, denn ihn ehrfürchtig zu lieben…

DUSCHAN Gerade die einen großen Mann lieben, stehen oft zwischen ihm und seiner Aufgabe, und vor jenen, die ihm am nächsten stehen, muss er am weitesten fliehen. Es ist schon recht gekommen, wie es kam: Dieser Tod erst erfüllt und heiligt sein Leben.

VORSTEHER Aber doch… mein Herz kann und will es nicht fassen, dass dieser Mensch, dieser Schatz unserer russischen Erde, hatte leiden müssen an uns Menschen, und man selbst lebte indes sorglos seine Stunden dahin… Da muss man sich doch seines eigenen Atems schämen…

DUSCHAN Beklagen Sie ihn nicht, Sie lieber, guter Mann; ein mattes und niederes Schicksal wäre seiner Größe nicht gemäß gewesen. Hätte er nicht an uns Menschen gelitten, nie wäre Leo Tolstoi geworden, der er heute der Menschheit ist.

Der Kampf um den Südpol
Kapitän Scott, 90. Breitengrad
16. Januar 1912

Der Kampf um die Erde

Das zwanzigste Jahrhundert blickt nieder auf geheimnislose Welt. Alle Länder sind erforscht, die fernsten Meere zerpflügt. Landschaften, die vor einem Menschenalter noch selig frei im Namenlosen dämmerten, dienen schon knechtisch Europas Bedarf, bis zu den Quellen des Nils, den langgesuchten, streben die Dampfer; die Viktoriafälle, erst vor einem halben Jahrhundert vom ersten Europäer erschaut, mahlen gehorsam elektrische Kraft, die letzte Wildnis, die Wälder des Amazonenstromes, ist gelichtet, der Gürtel des einzig jungfräulichen Landes, Tibets, gesprengt. Das Wort »Terra incognita« der alten Landkarten und Weltkugeln ist von wissenden Händen überzeichnet, der Mensch des zwanzigsten Jahrhunderts kennt seinen Lebensstern. Schon sucht sich der forschende Wille neuen Weg, hinab zur phantastischen Fauna der Tiefsee muss er steigen oder empor in die unendliche Luft. Denn unbetretene Bahn ist nur noch im Himmel zu finden, und schon schießen im Wettlauf die stählernen Schwalben der Aeroplane empor, neue Höhen und neue Fernen zu erreichen, seit die Erde der irdischen Neugier brach ward und geheimnislos.

Aber ein letztes Rätsel hat ihre Scham noch vor dem Menschenblick bis in unser Jahrhundert geborgen, zwei winzige Stellen ihres zerfleischten und gemarterten Körpers gerettet vor der Gier ihrer eigenen Geschöpfe. Südpol und Nordpol, das Rückgrat ihres Leibes, diese beiden fast wesenlosen, unsinnlichen Punkte, um die ihre Achse seit Jahrtausenden schwingt, sie hat die Erde sich rein gehütet und unentweiht. Barren von Eis hat sie vor dieses letzte Geheimnis geschoben, einen ewigen Winter als Wächter den Gierigen entgegengestellt. Frost und Sturm halten herrisch den Zugang ummauert, Grauen und Gefahr scheuchen mit Todesdrohung den Kühnen. Flüchtig nur darf selbst die Sonne diese verschlossene Sphäre schauen, und niemals ein Menschenblick.

Seit Jahrzehnten folgen einander die Expeditionen. Keine erreicht das Ziel. Irgendwo, erst jetzt entdeckt, ruht im gläsernen Sarge des Eises, dreiunddreißig Jahre, die Leiche des kühnsten der Kühnen, Andrées, der im Ballon den Pol überfliegen wollte und niemals wiederkam. Jeder Ansturm zerschellte an den blanken Wällen des Frostes. Seit Jahrtausenden bis in unsern Tag verhüllt die Erde ihr Antlitz, zum letzten Mal siegreich gegen die Leidenschaft ihrer Geschöpfe. Jungfräulich und rein trotzt ihre Scham der Neugier der Welt.

Aber das junge zwanzigste Jahrhundert reckt ungeduldig seine Hände. Es hat neue Waffen geschmiedet in Laboratorien, neue Panzer gefunden gegen die Gefahr, und alle Widerstände mehren nur seine Gier. Es will alle Wahrheit wissen, sein erstes Jahrzehnt schon will erobern, was alle Jahrtausende vor ihm nicht zu erreichen vermochten. Dem Mut des Einzelnen gesellt sich die Rivalität der Nationen. Nicht um den Pol allein kämpfen sie mehr, auch um die Flagge, die zuerst über dem Neuland wehen soll: Ein Kreuzzug der Rassen und Völker hebt an um die durch Sehnsucht geheiligte Stätte. Von allen Erdteilen erneut sich der Ansturm. Ungeduldig harrt schon die Menschheit, sie weiß, es gilt das letzte Geheimnis unseres Lebensraumes. Von Amerika rüsten Peary und Cook gegen den Nordpol, nach Süden steuern zwei Schiffe: Das eine befehligt der Norweger Amundsen, das andere ein Engländer, der Kapitän Scott.

Scott

Scott: irgendein Kapitän der englischen Marine. Irgendeiner. Seine Biographie identisch mit der Rangliste. Er hat gedient zur Zufriedenheit seiner Vorgesetzten, hat später an Shackletons Expedition teilgenommen. Keine sonderliche Conduite deutet den Helden an, den Heros. Sein Gesicht, rückgespiegelt von der Fotografie, das von tausend Engländern, von zehntausend, kalt, energisch, ohne Muskelspiel, gleichsam hartgefroren von verinnerlichter Energie. Stahlgrau die Augen, starr geschlossen der Mund. Nirgends eine romantische Linie, nirgends ein Glanz von Heiterkeit in diesem Antlitz aus Willen und praktischem Weltsinn. Seine Schrift: irgendeine englische Schrift, ohne Schatten und Schnörkel, rasch und sicher. Sein Stil: klar und korrekt, packend in den Tatsächlichkeiten und doch phantasielos wie ein Rapport. Scott schreibt Englisch wie Tacitus Latein, gleichsam in unbehauenen Quadern. Man spürt einen völlig traumlosen Menschen, einen Fanatiker der Sachlichkeit, einen echten Menschen also der englischen Rasse, bei der selbst Genialität sich in die kristallene Form der gesteigerten Pflichterfüllung presst. Dieser Scott war schon hundertmal in der englischen Geschichte, er hat Indien erobert und namenlose Inseln im Archipel, er hat Afrika kolonisiert und die Schlachten gegen die Welt geschlagen, immer mit der gleichen ehernen Energie, dem gleichen kollektiven Bewusstsein und dem gleichen kalten, verhaltenen Gesicht.

Stahlhart aber dieser Wille; das spürt man schon vor der Tat. Scott will vollenden, was Shackleton begonnen. Er rüstet eine Expedition, aber die Mittel reichen nicht aus. Das hindert ihn nicht. Er opfert sein Vermögen und macht Schulden in der Sicherheit des Gelingens. Seine junge Frau schenkt ihm einen Sohn – er zögert nicht, ein anderer Hektor, Andromache zu verlassen. Freunde und Gefährten sind bald gefunden, nichts Irdisches kann den Willen mehr beugen. »Terra Nova« heißt das seltsame Schiff, das sie bis an den Rand des Eismeeres bringen soll. Seltsam, weil so zwiefach in seiner Ausrüstung, halb Arche Noah, voll lebenden Getiers, und dann wieder modernes Laboratorium mit tausend Instrumenten und Büchern. Denn alles muss mitgebracht werden, was der Mensch für die Notdurft des Körpers und Geistes bedarf, in diese leere, unbewohnte Welt, sonderbar gattet sich hier das primitive Wehrzeug des Urmenschen, Felle und Pelze, lebendiges Getier, dem letzten Raffinement des neuzeitlichen komplizierten Rüstzeuges. Und phantastisch wie dies Schiff auch das Doppelantlitz der ganzen Unternehmung: ein Abenteuer, aber doch eins, das kalkuliert ist wie ein Geschäft, eine Verwegenheit mit allen Künsten der Vorsicht – eine Unendlichkeit von genauer, einzelner Berechnung gegen die noch stärkere Unendlichkeit des Zufalls.

Am 1. Juni 1910 verlassen sie England. In diesen Tagen leuchtet das angelsächsische Inselreich. Saftig und grün glühen die Wiesen, warm liegt und glänzend die Sonne über der nebellosen Welt. Erschüttert fühlen sie die Küste fortschwinden, wissen sie doch alle, alle, dass sie Wärme und Sonne Abschied sagen auf Jahre, manche vielleicht für immer. Aber dem Schiff zu Haupte weht die englische Flagge, und sie trösten sich in dem Gedanken, dass ein Weltzeichen mitwandert zum einzig noch herrenlosen Strich der eroberten Erde.

Universitas antarctica

Im Januar landen sie nach kurzer Rast in Neuseeland bei Kap Evans, am Rande des ewigen Eises, und rüsten ein Haus zum Überwintern. Dezember und Januar heißen dort die Sommermonate, weil einzig im Jahre dort die Sonne ein paar Stunden des Tages auf dem weißen, metallenen Himmel glänzt. Aus Holz sind die Wände gezimmert, ganz wie bei den früheren Expeditionen, aber innen spürt man den Fortschritt der Zeit. Während ihre Vorgänger damals noch mit stinkenden, schwelenden Tranlampen im Halbdunkel saßen, müde ihres eigenen Gesichts, ermattet von der Eintönigkeit der sonnenlosen Tage, haben diese Menschen des zwanzigsten Jahrhunderts die ganze Welt, die ganze Wissenschaft in Abbreviatur zwischen ihren vier Wänden. Eine Azetylenlampe spendet weißwarmes Licht, Kinematographen zaubern ihnen Bilder der Ferne, Projektionen tropischer Szenen aus linderen Landschaften vor, ein Pianola vermittelt Musik, das Grammophon die menschliche Stimme, die Bibliothek das Wissen ihrer Zeit. In einem Raum hämmert die Schreibmaschine, der zweite dient als Dunkelkammer, in der kinematographische und farbige Aufnahmen entwickelt werden. Der Geologe prüft das Gestein auf seine Radioaktivität, der Zoologe entdeckt neue Parasiten bei den gefangenen Pinguinen, meteorologische Observationen wechseln mit physikalischen Experimenten; jedem Einzelnen ist Arbeit zugeteilt für die Monate der Dunkelheit, und ein kluges System verwandelt die isolierte Forschung in gemeinsame Belehrung. Denn diese dreißig Menschen halten sich allabendlich Vorträge, Universitätskurse in Packeis und arktischem Frost, jeder sucht seine Wissenschaft dem andern zu vermitteln, und im regen Austausch des Gesprächs rundet sich ihnen die Anschauung der Welt. Die Spezialisierung der Forschung gibt hier ihren Hochmut auf und sucht Verständigung in der Gemeinsamkeit. Inmitten einer elementaren Urwelt, ganz einsam im Zeitlosen tauschen da dreißig Menschen die letzten Resultate des zwanzigsten Jahrhunderts miteinander, und hier innen spürt man nicht nur die Stunde, sondern die Sekunde der Weltuhr. Es ist rührend zu lesen, wie diese ernsten Menschen dazwischen sich freuen können an ihrer Christbaumfeier, an den kleinen Späßen der »South Polar Times«, der Scherzzeitung, die sie herausgeben, wie das Kleine – ein

Wal, der auftaucht, ein Pony, das stürzt – zum Erlebnis wird und anderseits das Ungeheure – das glühende Nordlicht, der entsetzliche Frost, die gigantische Einsamkeit – zum Alltäglichen und Gewohnten.

Dazwischen wagen sie kleine Vorstöße. Sie proben ihre Automobilschlitten, sie lernen Ski laufen und dressieren die Hunde. Sie rüsten ein Depot für die große Reise, aber langsam, ganz langsam blättert nur der Kalender ab bis zum Sommer (dem Dezember), der ihnen das Schiff durch das Packeis bringt mit Briefen von zu Hause. Kleine Gruppen wagen auch jetzt schon, inmitten des grimmigsten Winters, abhärtende Tagesreisen, die Zelte werden erprobt, die Erfahrungen befestigt. Nicht alles gelingt, aber gerade die Schwierigkeiten geben ihnen neuen Mut. Wenn sie zurückkommen von ihren Expeditionen, erfroren und abgemüdet, so empfängt sie Jubel und warmer Herdglanz, und dies kleine, behagliche Haus am siebenundsiebzigsten Breitengrad scheint ihnen nach den Tagen der Entbehrung der seligste Aufenthalt der Welt.

Aber einmal kehrt eine Expedition von Westen zurück, und ihre Botschaft wirft Stille ins Haus. Sie haben auf ihrer Wanderung Amundsens Winterquartier entdeckt: Mit einem Male weiß nun Scott, dass außer dem Frost und der Gefahr noch ein anderer ihm den Ruhm streitig macht, als Erster das Geheimnis der störrischen Erde entrafft zu haben: Amundsen, der Norweger. Er misst nach auf den Karten. Und man spürt sein Entsetzen aus den Zeilen nachschwingen, als er gewahr wird, dass Amundsens Winterquartier um hundertzehn Kilometer näher zum Pole postiert ist als das seine. Er erschrickt, aber ohne darum zu verzagen.

»Auf, zur Ehre meines Landes!«, schreibt er stolz in sein Tagebuch.

Ein einziges Mal taucht dieser Name Amundsen in seinen Tagebuchblättern auf. Und dann nicht mehr. Aber man spürt: Seit jenem Tage liegt ein Schatten von Angst über dem einsam umfrorenen Haus. Und es gibt fortan keine Stunde mehr, wo dieser Name nicht seinen Schlaf verängstigt und sein Wachen.

Aufbruch zum Pol

Eine Meile von der Hütte, auf dem Beobachtungshügel, löst sich ständig eine Wache ab. Ein Apparat ist dort aufgerichtet, einsam auf steiler Erhebung, einer Kanone ähnlich gegen unsichtbaren Feind: ein Apparat, um die ersten Wärmeerscheinungen der nahenden Sonne zu messen. Tagelang harren sie auf ihr Erscheinen. Über den morgendlichen Himmel zaubern Reflexe schon glühende Farbenwunder hin, aber noch schwingt sich die runde Scheibe nicht bis zum Horizont empor. Doch dieser Himmel schon, erfüllt mit dem magischen Licht ihrer Nähe, dieser Vorspiegel von Widerschein, befeuert die Ungeduldigen. Endlich klingelt das Telefon von der Hügelspitze herüber zu den Beglückten: Die Sonne ist erschienen, zum ersten Mal seit Monaten hat sie für eine Stunde ihr Haupt erhoben in die winterliche Nacht. Ganz schwach ist ihr Schimmer, ganz blässlich, kaum vermag er die eisige Luft zu beleben, kaum rühren ihre schwingenden Wellen in dem Apparat regere Zeichen an, doch der bloße Anblick löst schon Beglückung aus. Fieberhaft wird die Expedition gerüstet, um restlos die kurze Spanne Licht, die Frühling, Sommer und Herbst in einem bedeutet und für unsere lauen Lebensbegriffe noch immer ein grausamer Winter wäre, zu nützen. Voran sausen die Automobilschlitten. Hinter ihnen die Schlitten mit den sibirischen Ponys und Hunden. In einzelne Etappen ist der Weg vorsorglich aufgeteilt, alle zwei Tagereisen wird ein Depot errichtet, um für die Rückkehrenden neue Bekleidung, Nahrung und das Wichtigste, Petroleum, zu bewahren, kondensierte Wärme im unendlichen Frost. Gemeinsam rückt die ganze Schar aus, um in einzelnen Gruppen allmählich zurückzukehren und so der letzten kleinen Gruppe, den erwählten Eroberern des Pols, das Maximum an Befrachtung, die frischesten Zugtiere und die besten Schlitten zu hinterlassen.

Meisterhaft ist der Plan ausgedacht, selbst das Missgeschick im Einzelnen vorausgesehen. Und das bleibt nicht aus. Nach zwei Tagereisen brechen die Motorschlitten nieder und bleiben liegen, ein unnützer Ballast. Auch die Ponys halten nicht so gut, als man erwarten konnte, aber hier triumphiert das organische über das technische Werkzeug, denn die Niedergebrochenen, die unterwegs erschossen werden müssen, geben den Hunden willkommene heiße, blutkräftige Nahrung und stärken ihre Energie.

Am 1. November 1911 brechen sie auf in einzelnen Trupps. Auf den Bildern sieht man die wundersame Karawane dieser erst dreißig, dann zwanzig, dann zehn und schließlich nur mehr fünf Menschen durch die weiße Wüste einer leblosen Urwelt wandern. Vorn immer ein Mann eingemummt in Pelze und Tücher, ein wildbarbarisches Wesen, dem nur der Bart und die Augen frei aus der Umhüllung lugen. Die bepelzte Hand hält am Halfter ein Pony, das seinen schwerbeladenen Schlitten schleppt, und hinter ihm wieder ein anderer, in gleicher Kleidung und gleicher Haltung, und hinter ihm wieder einer, zwanzig schwarze Punkte in wandelnder Linie in einem unendlichen, blendenden Weiß. Nachts wühlen sie sich in Zelte ein, Schneewälle werden gegraben in der Richtung des Windes, um die Ponys zu schützen, und morgens beginnt wieder der Marsch, eintönig und trostlos, durch die eisige Luft, die seit Jahrtausenden zum ersten Mal menschlicher Atem trinkt.

Aber die Sorgen mehren sich. Das Wetter bleibt unfreundlich, statt vierzig Kilometer können sie manchmal nur dreißig zurücklegen, und jeder Tag wird ihnen zur Kostbarkeit, seit sie wissen, dass unsichtbar in dieser Einsamkeit von einer anderen Seite ein anderer gegen das gleiche Ziel vorrückt. Jede Kleinigkeit schwillt hier zur Gefahr. Ein Hund ist entlaufen, ein Pony will nicht fressen – all dies ist beängstigend, weil hier in der Öde die Werte so furchtbar sich verwandeln. Hier wird jedes Lebensding tausendwertig, ja unersetzlich sogar. An den vier Hufen eines einzelnen Ponys hängt vielleicht die Unsterblichkeit, ein verwölkter Himmel mit Sturm kann eine Tat für die Ewigkeit verhindern. Dabei beginnt der Gesundheitszustand der Mannschaft zu leiden, einige sind schneeblind geworden, anderen sind Gliedmaßen erfroren, immer matter werden die Ponys, denen man die Nahrung kürzen muss, und schließlich, knapp vor dem Beardmoregletscher, brechen sie zusammen. Die traurige Pflicht muss erfüllt werden, diese wackeren Tiere, die hier in der Einsamkeit und darum

Gemeinsamkeit zweier Jahre zu Freunden geworden sind, die jeder beim Namen kennt und hundertmal mit Zärtlichkeit überhäufte, zu töten. Das »Schlachthauslager« nennen sie den traurigen Ort. Ein Teil der Expedition spaltet sich an der blutigen Stätte ab und kehrt zurück, die andern rüsten nun zur letzten Anstrengung, zum grausamen Weg über den Gletscher, den gefährlichen Eiswall, mit dem sich der Pol umgürtet und den nur die Glut eines leidenschaftlichen Menschenwillens zersprengen kann.

Immer geringer werden ihre Marschleistungen, denn der Schnee körnt sich hier krustig, nicht ziehen müssen sie mehr den Schlitten, sondern schleppen. Das harte Eis schneidet die Kufen, die Füße reiben sich wund im Wandern durch den lockeren Eissand. Aber sie geben nicht nach. Am 30. Dezember ist der siebenundachtzigste Breitengrad erreicht, Shackletons äußerster Punkt. Hier muss die letzte Abteilung umkehren: Nur fünf Erlesene dürfen mit bis zum Pol. Scott mustert die Leute aus. Sie wagen nicht zu widerstreben, aber das Herz wird ihnen schwer, so griffnah vom Ziel umkehren zu müssen und den Gefährten den Ruhm zu lassen, als Erste den Pol gesehen zu haben. Doch der Würfel der Wahl ist gefallen. Einmal noch schütteln sie einander die Hände, mit männlicher Anstrengung bemüht, ihre Rührung zu verbergen, dann löst sich die Gruppe. Zwei kleine, winzige Züge ziehen sie, die einen nach Süden zum Unbekannten, die anderen nach Norden, in die Heimat zurück. Immer wieder wenden sie von hüben und drüben den Blick, um noch die letzte Gegenwart eines Befreundet-Belebten zu spüren. Bald entschwindet die letzte Gestalt. Einsam ziehen sie weiter ins Unbekannte, die fünf Auserwählten der Tat: Scott, Bowers, Oates, Wilson und Evans.

Der Südpol

Unruhiger werden die Aufzeichnungen in diesen letzten Tagen, wie die blaue Nadel des Kompasses beginnen sie zu zittern in der Nähe des Pols. »Wie endlos lang dauert das, bis die Schatten langsam um uns herumkriechen, von unserer rechten Seite nach vorn rücken und dann von vorn wieder nach links hinüberschleichen!« Aber zwischendurch funkelt immer heller die Hoffnung. Immer leidenschaftlicher verzeichnet Scott die bewältigten Distanzen: »Nur noch einhundertfünfzig Kilometer zum Pol, wenn das so weitergeht, halten wir's nicht aus«, so meldet noch die Müdigkeit. Und zwei Tage später: »Noch einhundertsiebenunddreißig Kilometer zum Pol, aber sie werden uns bitter schwer werden.« Aber dann plötzlich ein neuer, sieghafter Ton: »Nur noch vierundneunzig Kilometer zum Pol! Wenn wir nicht hingelangen, so kommen wir doch verteufelt nahe.» Am 14. Januar wird die Hoffnung zur Sicherheit: »Nur noch siebzig Kilometer, das Ziel liegt vor uns!« Und am nächsten Tage lodert schon heller Jubel, fast Heiterkeit aus den Aufzeichnungen: »Nur noch lumpige fünfzig Kilometer, wir müssen hinkommen, koste es, was es wolle!« Man spürt bis ins Herz aus den beflügelten Zeilen, wie straff ihre Sehnen von der Hoffnung gespannt sind, wie alles in ihren Nerven bebt von Erwartung und Ungeduld. Die Beute ist nahe; schon recken sie die Hände nach dem letzten Geheimnis der Erde. Nur noch ein letzter Ruck, und das Ziel ist erreicht.

Der sechzehnte Januar

»Gehobene Stimmung« verzeichnet das Tagebuch. Morgens sind sie ausgerückt, früher als sonst, die Ungeduld hat sie aus ihren Schlafsäcken gerissen, eher das Geheimnis, das furchtbar schöne, zu schauen. Vierzehn Kilometer legen die fünf Unentwegten bis nachmittags zurück, heiter marschieren sie durch die seelenlose weiße Wüste dahin: Nun ist das Ziel nicht mehr zu verfehlen, die entscheidende Tat für die Menschheit fast getan. Plötzlich wird einer der Gefährten, Bowers, unruhig. Sein Auge brennt sich fest an einen kleinen, dunklen Punkt in dem ungeheuren Schneefeld. Er wagt seine Vermutung nicht auszusprechen, aber allen zittert nun der gleiche furchtbare Gedanke im Herzen, dass Menschenhand hier ein Wegzeichen aufgerichtet haben könnte. Künstlich versuchen sie sich zu beruhigen. Sie sagen sich – so wie Robinson die fremde Fußspur auf der Insel vergebens erst als die eigene erkennen will –, dies müsse ein Eisspalt sein oder vielleicht eine Spiegelung. Mit zuckenden Nerven marschieren sie näher, noch immer versuchen sie, sich gegenseitig zu täuschen, sosehr sie alle schon die Wahrheit wissen: dass die Norweger, dass Amundsen ihnen zuvorgekommen ist.

Bald zerbricht der letzte Zweifel an der starren Tatsache einer schwarzen Fahne, die an einem Schlittenständer hoch aufgerichtet ist, über den Spuren eines fremden, verlassenen Lagerplatzes – Schlittenkufen und die Abdrücke vieler Hundepfoten: Amundsen hat hier gelagert. Das Ungeheure, das Unfassbare in der Menschheit ist geschehen: Der Pol der Erde, seit Jahrtausenden unbeseelt, seit Jahrtausenden, und vielleicht seit allem Anbeginn ungeschaut vom irdischen Blick, ist in einem Molekül Zeit, ist innerhalb von fünfzehn Tagen zweimal entdeckt worden. Und sie sind die Zweiten – um einen einzigen Monat von Millionen Monaten zu spät –, die Zweiten in einer Menschheit, für die der Erste alles ist und der Zweite nichts. Vergebens also alle Anstrengung, lächerlich die Entbehrungen, irrsinnig die Hoffnungen von Wochen, von Monaten, von Jahren. »All die Mühsal, all die Entbehrung, all die Qual – wofür?«, schreibt Scott in sein Tagebuch. »Für nichts als Träume, die jetzt zu Ende sind.« Tränen treten ihnen in die Augen, trotz ihrer Übermüdung können sie die Nacht nicht schlafen. Missmutig, hoffnungslos, wie Verurteilte treten sie den letzten Marsch zum Pol an, den sie jubelnd zu erstürmen gedachten. Keiner versucht, den andern zu trösten, wortlos schleppen sie sich weiter. Am 18. Januar erreicht Kapitän Scott mit seinen vier Gefährten den Pol. Da die Tat, der Erste gewesen zu sein, ihm nicht mehr den Blick blendet, sieht er nur mit stumpfen Augen das Traurige der Landschaft. »Nichts ist hier zu sehen, nichts, was sich von der schauerlichen Eintönigkeit der letzten Tage unterschiede« – das ist die ganze Beschreibung, die Robert F. Scott vom Südpol gibt. Das einzige Seltsame, das sie dort entdecken, ist nicht von Natur gestaltet, sondern von feindlicher Menschenhand: Amundsens Zelt mit der norwegischen Flagge, die frech und siegesfroh auf dem erstürmten Walle der Menschheit flattert. Ein Brief des Konquistadors wartet hier auf jenen unbekannten Zweiten, der nach ihm diese Stelle betreten würde, und bittet, das Schreiben an König Hakon von Norwegen zu befördern. Scott nimmt es auf sich, diese härteste Pflicht treulich zu erfüllen: Zeuge zu sein vor der Welt für eine fremde Tat, die er als eigene glühend erstrebt.

Traurig stecken sie die englische Flagge, den »zu spät gekommenen Union Jack«, neben Amundsens Siegeszeichen. Dann verlassen sie den »treulosen Ort ihres Ehrgeizes«, kalt fährt der Wind ihnen nach. Mit prophetischem Argwohn schreibt Scott in sein Tagebuch: »Mir graut vor dem Rückweg.«

Der Zusammenbruch

Der Heimmarsch verzehnfacht die Gefahren. Am Wege zum Pol wies sie der Kompass. Nun müssen sie achten, bei der Rückkehr außerdem noch die eigene Spur nicht zu verlieren, wochenlang nicht ein einziges Mal zu verlieren, um nicht von den Depots abzukommen, wo ihre Nahrung liegt, ihre Kleidung und die aufgestaute Wärme in den paar Gallonen Petroleum. Unruhe überkommt sie darum bei jedem Schritt, wenn Schneetreiben ihnen den Blick verklebt, denn jede Abirrung geht geradeaus in den sicheren Tod. Dabei fehlt schon ihren Körpern die unabgenützte Frische des ersten Marsches, da sie noch geheizt waren von den chemischen Energien reichlicher Nahrung, vom warmen Quartier ihrer antarktischen Heimat.

Und dann: Die Stahlfeder des Willens ist gelockert in ihrer

Brust. Beim Hinmarsch straffte die überirdische Hoffnung, einer ganzen Menschheit Neugier und Sehnsucht zu verkörpern, ihre Energien heroisch zusammen, Übermenschliches an Kraft ward ihnen durch das Bewusstsein unsterblicher Tat. Nun kämpfen sie um nichts als die heile Haut, um ihre körperliche, ihre sterbliche Existenz, um eine ruhmlose Heimkehr, die ihr innerster Wille vielleicht mehr fürchtet als ersehnt.

Furchtbar sind die Notizen aus jenen Tagen zu lesen. Das Wetter wird ständig unfreundlicher, früher als sonst hat der Winter eingesetzt, und der weiche Schnee krustet sich dick unter ihren Schuhen zur Fußangel, darin sich ihre Schritte verfangen, und der Frost zermürbt die ermüdeten Körper. Immer ist's ein kleiner Jubel darum, wenn sie wieder ein Depot erreichen nach tagelangem Irren und Zagen, immer flackert dann wieder eine flüchtige Flamme von Vertrauen in ihren Worten auf. Und nichts bezeugt grandioser den geistigen Heroismus dieser paar Menschen in der ungeheuren Einsamkeit, als dass Wilson, der Forscher, selbst hier, haarbreit vom Tod, seine wissenschaftlichen Beobachtungen fortsetzt und auf seinem eigenen Schlitten zu all der notwendigen Last noch sechzehn Kilogramm seltener Gesteinsarten mitschleppt.

Aber allmählich unterliegt der menschliche Mut der Übermacht der Natur, die hier unerbittlich und mit durch Jahrtausende gestählter Kraft gegen die fünf Verwegenen alle Mächte des Untergangs, Kälte, Frost, Schnee und Wind, heraufbeschwört. Längst sind die Füße zerschunden, und der Körper, ungenügend geheizt von der einmaligen warmen Mahlzeit, geschwächt durch die verminderten Rationen, beginnt zu versagen. Mit Schrecken erkennen die Gefährten eines Tages, dass Evans, der Kräftigste unter ihnen, plötzlich phantastische Dinge unternimmt. Er bleibt am Wege zurück, klagt unaufhörlich über wirkliche und eingebildete Leiden; schauernd entnehmen sie seinem seltsamen Gerede, dass der Unglückselige infolge eines Sturzes oder der entsetzlichen Qualen wahnsinnig geworden ist. Was mit ihm beginnen? Ihn verlassen in der Eiswüste? Aber anderseits müssen sie das Depot ohne Verzögerung erreichen, sonst – Scott selbst zögert noch, das Wort hinzuschreiben. Um ein Uhr nachts, am 17. Februar, stirbt der unglückliche Offizier, knapp einen Tagesmarsch vor jenem »Schlachthauslager«, wo sie zum ersten Mal wieder reichlichere Mahlzeit von dem vormonatigen Massaker ihrer Ponys vorfinden.

Zu viert nun nehmen sie den Marsch auf, aber Verhängnis! Das nächste Depot bringt neue herbe Enttäuschungen. Es enthält zu wenig Öl, und das heißt: Sie müssen mit dem Notwendigsten, mit Brennmaterial, haushalten, müssen mit Wärme sparen, der einzigen wehrhaften Waffe gegen den Frost. Eiskalte, sturmumrüttelte Nacht und mutloses Erwachen, kaum haben sie die Kraft mehr, sich die Filzschuhe über die Füße zu stülpen. Aber sie schleppen sich weiter, der eine von ihnen, Oates, schon auf abfrierenden Zehen. Der Wind weht schärfer als je, und im nächsten Depot, am 2. März, wiederholt sich die grausame Enttäuschung: Wiederum ist zu wenig Brennmaterial vorhanden.

Nun fährt die Angst bis in die Worte hinein. Man spürt, wie Scott sich bemüht, das Grauen zu verhalten, aber immer wieder stößt schrill ein Schrei der Verzweiflung nach dem andern seine künstliche Ruhe durch. »So darf es nicht weitergehn«, oder »Gott steh uns bei! Diesen Anstrengungen sind wir nicht mehr gewachsen« oder »Unser Spiel geht tragisch aus«, und schließlich die grauenhafte Erkenntnis: »Käme uns doch die Vorsehung zu Hilfe! Von Menschen haben wir jetzt keine mehr zu erwarten.« Aber sie schleppen sich weiter und weiter, ohne Hoffnung, mit verbissenen Zähnen. Oates kann immer schlechter mitwandern, er ist für seine Freunde immer mehr Last als Hilfe. Sie müssen bei einer Mittagstemperatur von zweiundvierzig Grad den Marsch verzögern, und der Unglückselige spürt und weiß, dass er seinen Freunden Verhängnis bringt. Schon bereiten sie sich auf das Letzte vor. Sie lassen sich von Wilson, dem Forscher, jeder zehn Morphiumtabletten aushändigen, um gegebenenfalls ihr Ende zu beschleunigen. Noch einen Tagesmarsch versuchen sie es mit dem Kranken. Dann verlangt der Unglückselige selbst, sie mögen ihn in seinem Schlafsack zurücklassen und ihr Schicksal von dem seinen trennen. Sie weisen den Vorschlag energisch zurück, wiewohl sie alle darüber klar sind, dass er für sie eine Erleichterung bedeuten würde. Ein paar Kilometer taumelt der Kranke auf seinen erfrorenen Beinen noch mit zum Nachtquartier. Er schläft mit ihnen bis zum nächsten Morgen. Sie blicken hinaus: Draußen tobt ein Orkan.

Plötzlich erhebt sich Oates: »Ich will ein wenig hinausgehen«, sagt er zu den Freunden. »Ich bleibe vielleicht eine Weile draußen.« Die andern zittern. Jeder weiß, was dieser Rundgang bedeutet. Aber keiner wagt ein Wort, um ihn zurückzuhalten. Keiner wagt, ihm die Hand zum Abschied zu bieten, denn sie fühlen alle mit Ehrfurcht, dass der Rittmeister Lawrence J.E. Oates von den Inniskillingdragonern wie ein Held dem Tode entgegengeht.

Drei müde, geschwächte Menschen schleppen sich durch die endlose, eisig-eiserne Wüste, müde schon, hoffnungslos, nur der dumpfe Instinkt der Selbsterhaltung spannt noch die Sehnen zu wankendem Gang. Immer furchtbarer wird das Wetter, bei jedem Depot höhnt sie neue Enttäuschung, immer zu wenig Öl, zu wenig Wärme. Am 21. März sind sie nur noch zwanzig Kilometer von einem Depot entfernt, aber der Wind weht mit so mörderischer Kraft, dass sie ihr Zelt nicht verlassen dürfen. Jeden Abend hoffen sie auf den nächsten Morgen, um das Ziel zu erreichen, indes schwindet der Proviant und die letzte Hoffnung mit ihm. Der Brennstoff ist ihnen ausgegangen, und das Thermometer zeigt vierzig Grad unter Null. Jede Hoffnung erlischt: Sie haben jetzt nur noch die Wahl zwischen Tod durch Hunger oder Frost. Acht Tage kämpfen diese drei Menschen in einem kleinen Zelt inmitten der weißen Urwelt gegen das unabwendbare Ende. Am 29. März wissen sie, dass kein Wunder mehr sie retten kann. So beschließen sie, keinen Schritt dem Verhängnis entgegenzugehen und den Tod stolz wie alles andere Unglück zu erdulden. Sie kriechen in ihre Schlafsäcke, und von ihren letzten Leiden ist nie ein Seufzer in die Welt gedrungen.

In diesen Augenblicken, einsam gegenüber dem unsichtbaren und doch atemnahen Tod, während außen der Orkan an die dünnen Zeltwände wie ein Rasender anrennt, besinnt sich Kapitän Scott aller Gemeinsamkeit, der er verbunden ist. Allein im eisigsten Schweigen, das noch nie die Stimme eines Menschen durchatmet, wird ihm die Brüderschaft zu seiner Nation, zur ganzen Menschheit heroisch bewusst. Eine innere Fata Morgana des Geistes beschwört in diese weiße Wüste die Bilder all jener, die ihm durch Liebe, Treue und Freundschaft jemals verbunden waren, und er richtet das Wort an sie. Mit erstarrenden Fingern schreibt Kapitän Scott, schreibt Briefe aus der Stunde seines Todes an alle Lebendigen, die er liebt.

Wundervoll sind diese Briefe. Alles Kleinliche ist in ihnen vor der gewaltigen Nähe des Todes abgetan, die kristallene Luft dieses unbelebten Himmels scheint in sie eingedrungen. An Menschen sind sie gerichtet und sprechen doch zur ganzen Menschheit. An eine Zeit sind sie geschrieben und sprechen für die Ewigkeit.

Er schreibt an seine Frau. Er mahnt sie, das höchste Vermächtnis, seinen Sohn, zu hüten, er legt ihr nahe, ihn vor allem vor Schlappheit zu bewahren, und bekennt von sich selbst am Ende einer der erhabensten Leistungen der Weltgeschichte: »Ich musste mich, wie Du weißt, zwingen, strebsam zu werden – ich hatte immer Neigung zur Trägheit.« Eine Handbreit vor dem Untergang rühmt er noch, statt zu bedauern, den eigenen Entschluss. »Was könnte ich Dir alles von dieser Reise erzählen. Und wie viel besser war sie doch, als daheim zu sitzen in zu großer Bequemlichkeit!«

Und er schreibt in treuester Kameradschaft an die Frau und die Mutter seiner Leidensgefährten, die mit ihm den Tod erlitten haben, um Zeugnis abzulegen für ihr Heldentum. Er tröstet, selbst ein Sterbender, die Hinterbliebenen der andern mit seinem starken und schon übermenschlichen Gefühl für die Größe des Augenblicks und das Denkwürdige dieses Unterganges.

Und er schreibt an die Freunde. Bescheiden für sich selbst, aber voll herrlichen Stolzes für die ganze Nation, als deren Sohn und würdigen Sohn er sich in dieser Stunde begeistert fühlt: »Ich weiß nicht, ob ich ein großer Entdecker gewesen bin«, bekennt er, »aber unser Ende wird ein Zeugnis sein, dass der Geist der Tapferkeit und die Kraft zum Erdulden aus unserer Rasse noch nicht entschwunden sind.« Und was männliche Starre, seelische Keuschheit ihm ein Leben lang zu sagen wehrte, dies Bekenntnis der Freundschaft entringt ihm nun der Tod. »Ich bin nie in meinem Leben einem Menschen begegnet«, schreibt er an seinen besten Freund, »den ich so bewundert und geliebt habe wie Sie, aber ich konnte Ihnen niemals zeigen, was Ihre Freundschaft für mich bedeutete, denn Sie hatten viel zu geben und ich Ihnen nichts.«

Und er schreibt einen letzten Brief, den schönsten von allen, an die englische Nation. Er fühlt sich bemüßigt, Rechenschaft zu geben, dass er in diesem Kampfe um den englischen Ruhm ohne eigene Schuld unterlegen. Er zählt die einzelnen Zufälle auf, die sich gegen ihn verschworen, und er ruft mit der Stimme, der der Widerhall des Todes ein wundervolles Pathos gibt, alle Engländer mit der Bitte auf, seine Hinterbliebenen nicht zu verlassen. Sein letzter Gedanke reicht noch über das eigene Schicksal hinaus. Sein letztes Wort spricht nicht vom eigenen Tode, sondern vom fremden Leben: »Um Gottes willen, sorgt für unsere Hinterbliebenen!« Dann bleiben die Blätter leer.

Bis zum äußersten Augenblick, bis die Finger ihm festfroren und der Stift seinen steifen Händen entglitt, hat Kapitän Scott sein Tagebuch geführt. Die Hoffnung, dass man bei seiner Leiche die Blätter finden würde, die für ihn und für den Mut der englischen Rasse zeugen könnten, hat ihn zu so übermenschlicher Anstrengung befähigt. Als Letztes zittern die Finger noch den Wunsch hin: »Schickt dies Tagebuch meiner Frau!» Aber dann streicht seine Hand in grausamer Gewissheit das Wort »meiner Frau« aus und schreibt darüber das furchtbare »meiner Witwe«.

Die Antwort

Wochenlang hatten die Gefährten in der Hütte gewartet. Zuerst vertrauensvoll, dann leise besorgt, mit steigender Unruhe schließlich. Zweimal waren Expeditionen zur Hilfe entgegengesandt worden, doch das Wetter peitscht sie zurück. Den ganzen langen Winter verweilen die Führerlosen zwecklos in der Hütte, der Schatten der Katastrophe fällt schwarz in ihr Herz. In diesen Monaten ist das Schicksal und die Tat Kapitän Robert Scotts in Schnee und Schweigen verschlossen. Das Eis hält sie im gläsernen Sarg versiegelt; erst am 29. Oktober, im Polarfrühling, bricht eine Expedition auf, um wenigstens die Leichen der Helden und ihre Botschaft zu finden. Und am 12. November erreichen sie das Zelt; sie finden die Leichen der Helden erfroren in den Schlafsäcken, Scott, der noch im Tode Wilson brüderlich umschlingt, sie finden die Briefe, die Dokumente und schichten den tragischen Helden ein Grab. Ein schlichtes, schwarzes Kreuz über einem Schneehügel ragt nun einsam in die weiße Welt, die unter sich das Zeugnis jener heroischen Leistung der Menschheit für immer verbirgt.

Aber nein! Eine Auferstehung geschieht ihren Taten, unerwartet und wunderbar: herrliches Wunder unserer neuzeitlichen technischen Welt! Die Freunde bringen die Platten und Filme nach Hause, im chemischen Bad befreien sich die Bilder, noch einmal sieht man Scott mit seinen Gefährten auf seiner Wanderschaft und die Landschaft des Pols, die außer ihm nur jener andere, Amundsen, gesehen. Auf elektrischem Draht springt die Botschaft seiner Worte und Briefe in die aufstaunende Welt, in der Kathedrale des Reiches neigt der König dem Gedächtnis der Helden das Knie. So wird, was vergebens schien, noch einmal fruchtbar, das Versäumte zu rauschendem Anruf an die Menschheit, ihre Energien dem Unerreichbaren entgegenzustraffen; in großartigem Widerspiel ersteht aus einem heroischen Tode gesteigertes Leben, aus Untergang Wille zum Aufstieg ins Unendliche empor. Denn nur Ehrgeiz entzündet sich am Zufall des Erfolges und leichten Gelingens, nichts aber erhebt dermaßen herrlich das Herz als der Untergang eines Menschen im Kampf gegen die unbesiegbare Übermacht des Geschickes, diese allezeit großartigste aller Tragödien, die manchmal ein Dichter und tausendmal das Leben gestaltet.

Der versiegelte Zug
Lenin, 9. April 1917

Der Mann, der bei dem Flickschuster wohnt

Die kleine Friedensinsel der Schweiz, von allen Seiten umbrandet von der Sturmflut des Weltkrieges, ist in jenen Jahren 1915, 1916, 1917 und 1918 ununterbrochen die Szene eines aufregenden Detektivromans. In den Luxushotels gehen kühl und als ob sie einander nie gekannt hätten, die Gesandten der feindlichen Mächte aneinander vorüber, die ein Jahr vorher noch freundschaftlich Bridge gespielt und sich ins Haus geladen. Aus ihren Zimmern huscht ein ganzer Schwarm undurchsichtiger Gestalten. Abgeordnete, Sekretäre, Attachés, Geschäftsleute, verschleierte oder unverschleierte Damen, jeder mit geheimnisvollen Aufträgen bedacht. Vor den Hotels fahren prachtvolle Automobile mit ausländischen Hoheitszeichen vor, denen Industrielle, Journalisten, Virtuosen und scheinbar zufällige Vergnügungsreisende entsteigen. Aber fast jeder hat den gleichen Auftrag: etwas zu erfahren, etwas zu erspähen, und der Portier, der sie ins Zimmer führt, und das Mädchen, das die Stuben fegt, auch sie sind bedrängt, zu beobachten, zu belauern. Überall arbeiten die Organisationen gegeneinander, in den Gasthöfen, in den Pensionen, in den Postämtern, den Cafés. Was sich Propaganda nennt, ist zur Hälfte Spionage, was sich als Liebe gebärdet, Verrat, und jedes offene Geschäft all dieser eiligen Ankömmlinge verbirgt ein zweites und drittes im Hintergrund. Alles wird gemeldet, alles überwacht; kaum dass ein Deutscher von irgendwelchem Range Zürich betritt, weiß es die gegnerische Botschaft schon in Bern, und eine Stunde später Paris. Ganze Bände voll wahrer und erfundener Berichte senden Tag für Tag die kleinen und großen Agenten an die Attachés, und diese weiter. Gläsern sind alle Wände, überlauscht die Telefone, aus den Papierkörben und von den Löschblättern wird jede Korrespondenz rekonstruiert, und so toll wird schließlich dieses Pandämonium, dass viele selbst nicht mehr wissen, was sie sind, Jäger oder Gejagte, Spione oder Bespionierte, Verratene oder Verräter.

Nur über einen Mann gibt es wenig Berichte aus jenen Tagen, vielleicht weil er zu unbeachtlich ist und nicht in den vornehmen Hotels absteigt, nicht in den Kaffeehäusern sitzt, nicht den Propagandavorstellungen beiwohnt, sondern mit seiner Frau völlig zurückgezogen bei einem Flickschuster wohnt. Gleich hinter der Limmat in der engen, alten, buckligen Spiegelgasse haust er im zweiten Stock eines jener festgebauten, dachüberwölbten Häuser der Altstadt, das verräuchert ist halb von der Zeit, halb von der kleinen Wurstfabrik, die unten im Hof arbeitet. Eine Bäckersfrau, ein Italiener, ein österreichischer Schauspieler sind seine Nachbarn. Die Hausgenossen wissen von ihm, da er nicht sehr gesprächig ist, kaum mehr, als dass er ein Russe ist und sein Name schwer auszusprechen. Dass er seit vielen Jahren aus seiner Heimat flüchtig ist und dass er über keine großen Reichtümer verfügt und keinerlei ergiebige Geschäfte betreibt, erkennt die Wirtin am besten an den ärmlichen Mahlzeiten und an der abgenützten Garderobe der beiden, die mit allem Hausrat kaum den kleinen Korb ausfüllen, den sie beim Einzug mit sich gebracht haben.

Dieser kleine, untersetzte Mann ist so unauffällig und lebt so unauffällig wie möglich. Er meidet die Gesellschaft, selten sehen die Hausleute den scharfen, dunklen Blick in den schmalgeschlitzten Augen, selten kommen Besucher zu ihm. Aber regelmäßig, Tag für Tag, geht er jeden Morgen um neun Uhr in die Bibliothek und sitzt dort, bis sie um zwölf Uhr geschlossen wird. Genau zehn Minuten nach zwölf ist er wieder zu Hause, zehn Minuten vor eins verlässt er das Haus, um wieder als Erster in der Bibliothek zu sein, und sitzt dort bis sechs abends. Da aber die Nachrichtenagenten nur auf die Leute achten, die viel reden, und nicht wissen, dass immer die einsamen Menschen die gefährlichsten sind für jede Revolutionierung der Welt, die viel lesen und lernen, so schreiben sie keine Berichte über den unbeachtlichen Mann, der bei dem Flickschuster wohnt. In den sozialistischen Kreisen wiederum weiß man gerade von ihm, dass er in London Redakteur einer kleinen, radikalen russischen Emigrantenzeitschrift gewesen und in Petersburg als Führer irgendeiner unaussprechlichen Sonderpartei gilt; aber da er hart und verächtlich über die angesehensten Leute der sozialistischen Partei spricht und ihre Methoden als falsch erklärt, da er sich als unzugänglich erweist und als durchaus unkonziliant, kümmert man sich um ihn nicht viel. Zu den Versammlungen, die er manchmal abends in ein kleines Proletariercafé einberuft, kommen höchstens fünfzehn bis zwanzig Personen, meistens Jugendliche, und so nimmt man diesen Eigenbrötler hin wie alle diese emigrantischen Russen, die sich mit viel Tee und vielen Diskussionen ihre Köpfe erhitzen. Niemand aber nimmt den kleinen strengstirnigen Mann für bedeutend, keine drei Dutzend Menschen in Zürich halten es für wichtig, sich den Namen dieses Wladimir Iljitsch Ulianow zu merken, des Mannes, der bei dem Flickschuster wohnt. Und hätte damals eines der prächtigen Automobile, die in scharfem Tempo von Botschaft zu Botschaft sausen, diesen Mann durch einen Zufall auf der Straße zu Tode gestoßen, auch die Welt würde ihn weder unter dem Namen Ulianow noch unter jenem Lenins kennen.

Erfüllung…

Eines Tages, es ist der 15. März 1917, wundert sich der Bibliothekar der Züricher Bibliothek. Der Zeiger steht auf neun, und der Platz, auf dem dieser pünktlichste aller Bücherentleiher tagtäglich sitzt, ist leer. Es wird halb zehn und wird zehn, der unermüdliche Leser kommt nicht und wird nicht mehr kommen. Denn auf dem Wege zu der Bibliothek hatte ein russischer Freund ihn angesprochen oder vielmehr angefallen mit der Nachricht, in Russland sei die Revolution ausgebrochen.

Lenin will es zuerst nicht glauben. Er ist wie betäubt von der Nachricht. Aber dann stürmt er hin mit seinen kurzen, scharfen Schritten zu dem Kiosk an dem Seeufer, und dort und vor der Redaktion der Zeitung wartet er nun Stunde auf Stunde und Tag auf Tag. Es ist wahr. Die Nachricht ist wahr und wird jeden Tag herrlich wahrer für ihn. Zuerst nur ein Gerücht einer Palastrevolution und scheinbar nur ein Ministerwechsel, dann die Absetzung des Zaren, die Einsetzung einer provisorischen Regierung, die Duma, die russische Freiheit, die Amnestierung der politischen Gefangenen – alles, was er seit Jahren erträumt, alles, wofür er seit zwanzig Jahren in geheimer Organisation, im Kerker, in Sibirien, im Exil gearbeitet, ist erfüllt. Und mit einem Mal scheinen ihm die Millionen Toten, welche dieser Krieg gefordert, nicht vergebens gestorben. Nicht sinnlos Getötete scheinen sie ihm mehr, sondern Märtyrer für das neue Reich der Freiheit und der Gerechtigkeit und des ewigen Friedens, das nun anbricht, wie ein Berauschter fühlt sich dieser sonst so eisig klare und rechnerisch kalte Träumer. Und wie erbeben und jubeln jetzt die Hunderte anderen, die in ihren kleinen Emigrantenstuben sitzen in Genf und Lausanne und Bern, bei der beglückenden Botschaft: heimkehren dürfen nach Russland! Heimkehren dürfen nicht auf falsche Pässe, nicht mit erborgten Namen und unter Todesgefahr in das Kronreich des Zaren, sondern als freier Bürger in das freie Land. Schon rüsten sie alle ihre kärgliche Habe, denn in den Zeitungen steht Gorkis lakonisches Telegramm »Kehrt alle heim!«. Nach allen Richtungen senden sie Briefe und Telegramme: heimkehren, heimkehren! Sich sammeln! Sich vereinigen! Nun nochmals das Leben einsetzen für das Werk, dem sie seit der ersten wachen Stunde ihr Leben gewidmet: für die russische Revolution.

... und Enttäuschung

Aber konsternierende Erkenntnis nach einigen Tagen: Die russische Revolution, deren Botschaft wie mit Adlerschwingen ihr Herz aufgehoben, ist nicht die Revolution, von der sie träumten, und ist keine russische Revolution. Es ist ein Palastaufstand gegen den Zaren gewesen, angezettelt von englischen und französischen Diplomaten, um den Zaren zu verhindern, mit Deutschland Frieden zu schließen, und nicht die Revolution des Volkes, das diesen Frieden und seine Rechte will. Es ist nicht die Revolution, für die sie gelebt haben und für die sie zu sterben bereit sind, sondern eine Intrige der Kriegsparteien, der Imperialisten und der Generäle, die sich in ihren Plänen nicht stören lassen wollen. Und bald erkennen Lenin und die Seinen, dass jenes Versprechen, alle sollten zurückkehren, für alle die nicht gilt, welche diese wirkliche, diese radikale, diese Karl-Marx'sche Revolution wollen. Schon haben Miljukow und die andern Liberalen Auftrag gegeben, ihnen die Rückreise zu sperren. Und während die gemäßigten, die für eine Kriegsverlängerung brauchbaren Sozialisten wie Plechanow auf liebenswürdigste Weise von England mit Torpedobooten nach Petersburg unter Ehrengeleit befördert werden, hält man Trotzki in Halifax und die andern Radikalen an den Grenzen fest. In allen Ententestaaten liegen an den Grenzen schwarze Listen mit den Namen all derjenigen, die am Kongress der Dritten Internationale in Zimmerwald teilgenommen haben. Verzweifelt jagt Lenin Telegramm auf Telegramm nach Petersburg, aber sie werden abgefangen oder bleiben unerledigt; was man in Zürich nicht weiß, und kaum jemand in Europa, das weiß man in Russland genau: wie stark, wie energisch, wie zielstrebig und wie mörderisch gefährlich seinen Gegnern Wladimir Iljitsch Lenin ist.

Grenzenlos ist die Verzweiflung der ohnmächtig Zurückgehaltenen. Seit Jahren und Jahren haben sie in zahllosen Generalstabssitzungen in London, in Paris, in Wien ihre russische Revolution strategisch ausgedacht. Jede Einzelheit der Organisation haben sie erwogen und vorgeprobt und durchdiskutiert. Jahrzehntelang haben sie in ihren Zeitschriften theoretisch und praktisch die Schwierigkeiten, die Gefahren, die Möglichkeiten gegeneinander abgewogen. Sein ganzes Leben hat dieser Mann nur diesen einen Gedankenkomplex immer und immer wieder revidierend durchgedacht und zu den endgültigsten Formulierungen gebracht. Und nun soll, weil er hier festgehalten ist in der Schweiz, diese seine Revolution verwässert und verpfuscht werden von andern, die ihm heilige Idee der Volksbefreiung in den Dienst gestellt fremder Nationen und fremder Interessen. In merkwürdiger Analogie erlebt Lenin in diesen Tagen das Schicksal Hindenburgs in den ersten Tagen des Krieges, der gleichfalls vierzig Jahre den Russenfeldzug manövriert und exerziert und, da er ausbricht, im Zivilrock zu Hause sitzen muss und auf der Landkarte mit Fähnchen die Fortschritte und Fehler der einberufenen Generäle verfolgt. Die törichtsten, die phantastischsten Träume wälzt und erwägt der sonst eherne Realist Lenin in jenen Tagen der Verzweiflung. Ob man nicht ein Flugzeug mieten könne und über Deutschland oder Österreich fahren? Aber schon der Erste, der sich zur Hilfe anbietet, erweist sich als Spion.

Immer wilder und wüster werden die Fluchtideen: Er schreibt nach Schweden, man solle ihm einen schwedischen Pass besorgen, und will den Stummen spielen, um keine Auskunft geben zu müssen. Selbstverständlich erkennt am Morgen nach all diesen phantasierenden Nächten Lenin immer selbst, dass alle diese Wahnträume unausführbar sind, aber dies weiß er auch am lichten Tag: Er muss nach Russland zurück, er muss seine Revolution machen statt der andern, die richtige und ehrliche statt der politischen. Er muss zurück und bald zurück nach Russland. Zurück um jeden Preis!

Durch Deutschland: Ja oder nein?

Die Schweiz liegt eingebettet zwischen Italien, Frankreich, Deutschland und Österreich. Durch die alliierten Länder ist Lenin der Weg als Revolutionär gesperrt, durch Deutschland und Österreich als russischer Untertan, als Angehöriger einer feindlichen Macht. Aber absurde Konstellation: Von dem Deutschland Kaiser Wilhelms hat Lenin mehr Entgegenkommen zu erwarten als von dem Russland Miljukows und dem Frankreich Poincarés. Deutschland braucht am Vorabend der amerikanischen Kriegserklärung Frieden um jeden Preis mit Russland. So muss ein Revolutionär, der dort den Gesandten Englands und Frankreichs Schwierigkeiten macht, ihnen nur ein willkommener Helfer sein.

Aber ungeheure Verantwortung eines solchen Schrittes, mit dem kaiserlichen Deutschland, das er hundertmal in seinen Schriften beschimpft und bedroht, nun mit einem Mal

Verhandlungen anzuknüpfen. Denn im Sinne aller bisherigen Moral ist es selbstverständlich Hochverrat, mitten im Kriege und unter Billigung des feindlichen Generalstabes gegnerisches Land zu betreten und zu durchfahren, und selbstverständlich muss Lenin wissen, dass er damit die eigene Partei und die eigene Sache anfänglich kompromittiert, dass er verdächtig sein wird, dass er als bezahlter und gemieteter Agent der deutschen Regierung nach Russland geschickt wird und dass, falls er sein Programm des sofortigen Friedens verwirklicht, ihm ewig die Schuld in der Geschichte aufgelastet wird, den richtigen, den Siegfrieden Russlands verhindert zu haben. Selbstverständlich sind nicht nur die linderen Revolutionäre, sondern auch die meisten Gesinnungsgenossen Lenins entsetzt, wie er seine Bereitschaft kundgibt, notfalls auch diesen allergefährlichsten und kompromittierendsten Weg zu gehen. Bestürzt verweisen sie darauf, dass durch die Schweizer Sozialdemokraten längst schon Verhandlungen angeknüpft sind, um die Rückführung der russischen Revolutionäre auf dem legalen und neutralen Wege des Gefangenenaustausches in die Wege zu leiten. Aber Lenin erkennt, wie langwierig dieser Weg sein wird, wie künstlich und absichtsvoll die russische Regierung ihre Heimkehr bis ins Endlose hinausziehen wird, indes er weiß, dass jeder Tag und jede Stunde entscheidend ist. Er sieht nur das Ziel, während die andern, minder zynisch und minder verwegen, nicht wagen, sich zu einer Tat zu entschließen, die nach allen bestehenden Gesetzen und Anschauungen eine verräterische ist. Aber Lenin hat innerlich entschieden und eröffnet für seine Person auf seine Verantwortung die Verhandlungen mit der deutschen Regierung.

Gerade weil Lenin um das Aufsehenerregende und Herausfordernde seines Schrittes weiß, handelt er mit möglichster Offenheit. In seinem Auftrag begibt sich der schweizerische Gewerkschaftssekretär Fritz Platten zu dem deutschen Gesandten, der schon vordem allgemein mit den russischen Emigranten verhandelt hatte, und legt ihm die Bedingungen Lenins vor. Denn dieser kleine unbekannte Flüchtling stellt – als ob er seine kommende Autorität schon ahnen könnte – keineswegs eine Bitte an die deutsche Regierung, sondern legt ihr die Bedingungen vor, unter denen die Reisenden bereit wären, das Entgegenkommen der deutschen Regierung anzunehmen: dass dem Wagen das Recht der Exterritorialität zuerkannt wird. Dass eine Pass- oder Personenkontrolle weder beim Eingang noch beim Ausgang ausgeübt werden dürfe. Dass sie ihre Reise zu den normalen Tarifen selbst bezahlen. Dass ein Verlassen des Wagens weder angeordnet noch auf eigene Initiative stattfinden darf. Der Minister Romberg gibt diese Nachrichten weiter. Sie gelangen bis in die Hände Ludendorffs, der sie zweifellos befürwortet, obwohl in seinen Erinnerungen über diesen welthistorisch vielleicht wichtigsten Entschluss seines Lebens kein Wort zu finden ist. In manchen Einzelheiten versucht der Gesandte noch Änderungen zu erreichen, denn mit Absicht ist das Protokoll so zweideutig von Lenin abgefasst, dass nicht nur Russen, sondern auch ein Österreicher wie Radek in dem Zug unkontrolliert mitfahren dürfen. Aber ebenso wie Lenin hat auch die deutsche Regierung Eile. Denn an diesem Tage, dem 5. April, erklären die Vereinigten Staaten Amerikas Deutschland den Krieg.

Und so erhält Fritz Platten am 6. April mittags den denkwürdigen Bescheid: »Angelegenheit in gewünschtem Sinne geordnet.« Am 9. April 1917, um halb drei Uhr, bewegt sich vom Restaurant Zähringerhof ein kleiner Trupp schlechtgekleideter, Koffer tragender Leute zum Bahnhof von Zürich. Es sind im Ganzen zweiunddreißig, darunter Frauen und Kinder. Von den Männern ist nur der Name Lenins, Sinowjews und Radeks weiter bekannt geblieben. Sie haben gemeinsam ein bescheidenes Mittagsmahl genommen, sie haben gemeinsam ein Dokument unterzeichnet, dass ihnen die Mitteilung des »Petit Parisien« bekannt ist, wonach die russische provisorische Regierung beabsichtigt, die durch Deutschland Reisenden als Hochverräter zu behandeln. Sie haben mit ungelenken, schwerflüssigen Lettern unterschrieben, dass sie die ganze, volle Verantwortung für diese Reise auf sich nehmen und alle Bedingungen gebilligt haben. Still und entschlossen rüsten sie nun zu der welthistorischen Fahrt.

Ihre Ankunft auf dem Bahnhof verursacht keinerlei Aufsehen. Es sind keine Reporter erschienen und keine Fotografen. Denn wer kennt in der Schweiz diesen Herrn Ulianow, der mit zerdrücktem Hut, in einem abgetragenen Rock und lächerlich schweren Bergschuhen (er hat sie bis nach Schweden gebracht) da inmitten eines Trupps mit Kisten beladener, korbbepackter Männer und Frauen schweigsam und unauffällig einen Platz im Zuge sucht. Nicht anders sehen diese Leute aus als die zahllosen Auswanderer, die von Jugoslawien, von Ruthenien, von Rumänien her oft in Zürich auf ihren Holzkoffern sitzen und ein paar Stunden Rast halten, ehe man sie weiterbefördert ans französische Meer und von dort nach Übersee. Die schweizerische Arbeiterpartei, die die Abreise missbilligt, hat keinen Vertreter gesandt, nur ein paar Russen sind gekommen, um ein bisschen Lebensmittel und Grüße in die Heimat mitzugeben, ein paar auch, um in der letzten Minute noch Lenin von »der unsinnigen, der verbrecherischen Reise« abzumahnen. Aber die Entscheidung ist gefallen. Um drei Uhr zehn Minuten gibt der Schaffner das Signal. Und der Zug rollt fort nach Gottmadingen, zur deutschen Grenzstation. Drei Uhr zehn Minuten, und seit dieser Stunde hat die Weltuhr andern Gang.

Der plombierte Zug

Millionen vernichtender Geschosse sind in dem Weltkrieg abgefeuert worden, die wuchtigsten, die gewaltigsten, die weithintragendsten Projektile von den Ingenieuren ersonnen worden. Aber kein Geschoss war weittragender und schicksalsentscheidender in der neueren Geschichte als dieser Zug, der, geladen mit den gefährlichsten, entschlossensten Revolutionären des Jahrhunderts, in dieser Stunde von der Schweizer Grenze über ganz Deutschland saust, um in Petersburg zu landen und dort die Ordnung der Zeit zu zersprengen.

In Gottmadingen steht auf den Schienen dieses einzigartige Projektil, ein Wagen zweiter und dritter Klasse, in dem die Frauen und Kinder die zweite Klasse, die Männer die dritte belegen. Ein Kreidestrich auf dem Boden begrenzt als neutrale Zone das Hoheitsgebiet der Russen gegen das Abteil der zwei deutschen Offiziere, welche diesen Transport lebendigen Ekrasits begleiten. Der Zug rollt ohne Zwischenfall durch die Nacht. Nur in Frankfurt stürmen plötzlich deutsche Sodaten heran, die von der Durchreise russischer Revolutionäre gehört haben, und einmal wird ein Versuch der deutschen Sozialdemokraten, sich mit den Reisenden zu verständigen, zurückgewiesen. Lenin weiß wohl, welchem Verdacht er sich aussetzt, wenn er ein einziges Wort mit einem Deutschen auf deutschem Boden wechselt. In Schweden werden sie feierlich begrüßt. Ausgehungert stürzen sie über den schwedischen Frühstückstisch, dessen Smörgas ihnen wie ein unwahrscheinliches Wunder erscheint. Dann muss sich Lenin erst statt seiner schwerfälligen Bergstiefel noch Schuhe kaufen lassen und ein paar Kleider. Endlich ist die russische Grenze erreicht.

Das Projektil schlägt ein

Die erste Geste Lenins auf russischem Boden ist charakteristisch: Er sieht nicht die einzelnen Menschen, sondern wirft sich vor allem auf die Zeitungen. Vierzehn Jahre war er nicht in Russland gewesen, hat er die Erde nicht gesehen, nicht die Landesfahne und die Uniform der Soldaten. Aber nicht wie die andern bricht dieser eiserne Ideologe in Tränen aus, nicht umarmt er wie die Frauen die ahnungslos überraschten Soldaten. Die Zeitung, die Zeitung zuerst, die *Prawda*, um zu untersuchen, ob das Blatt, sein Blatt, den internationalen Standpunkt genug entschlossen einhält. Zornig zerknüllt er die Zeitung. Nein, nicht genug, noch immer Vaterländerei, noch immer Patriotismus, noch immer nicht genug in seinem Sinne reine Revolution. Es ist Zeit, fühlt er, dass er gekommen ist, um das Steuerrad herumzureißen und seine Lebensidee vorzustoßen gegen Sieg oder Untergang. Aber wird er dazu kommen? Letzte Unruhe, letztes Bangen. Wird nicht Miljukow gleich in Petrograd – so heißt die Stadt damals noch, aber nicht lange mehr – ihn verhaften lassen? Die Freunde, die ihm entgegengefahren sind in dem Zuge, Kamenew und Stalin, zeigen ein merkwürdiges geheimnisvolles Lächeln in dem dunklen Abteil dritter Klasse, das von einem Lichtstumpf unsicher beleuchtet ist. Sie antworten nicht oder wollen nicht antworten.

Aber unerhört ist dann die Antwort, die die Wirklichkeit gibt. Wie der Zug einläuft in den finnischen Bahnhof, ist der riesige Platz davor voll von Zehntausenden von Arbeitern, Ehrenwachen aller Waffengattungen erwarten den aus dem Exil Heimgekehrten, die Internationale erbraust. Und wie Wladimir Iljitsch Ulianow jetzt heraustritt, ist der Mann, der vorgestern noch bei dem Flickschuster gewohnt, schon von Hunderten Händen gefasst und auf ein Panzerautomobil gehoben. Scheinwerfer von den Häusern und der Festung sind auf ihn gerichtet, und von dem Panzerautomobil herab hält er seine erste Rede an das Volk. Die Straßen beben, und bald haben die »zehn Tage, die die Welt erschüttern«, begonnen. Das Geschoss hat eingeschlagen und zertrümmert ein Reich, eine Welt.

Cicero

[erstmals 1940 in englicher Übersetzung erschienen]

Das Weiseste, was ein kluger und nicht sehr tapferer Mann tun kann, wenn er einem Stärkeren begegnet, ist: ihm auszuweichen und ohne Beschämung die Wende abzuwarten, bis die Bahn ihm selbst wieder frei wird. Marcus Tullius Cicero, der erste Humanist des römischen Weltreiches, der Meister der Rede, der Verteidiger des Rechts, hat drei Jahrzehnte lang um den Dienst vor dem ererbten Gesetz und die Erhaltung der Republik sich gemüht; seine Reden sind eingemeißelt in die Annalen der Geschichte, seine literarischen Werke in die Quadern der lateinischen Sprache. Er hat in Catilina die Anarchie, in Verres die Korruption, in den siegreichen Generälen die drohende Diktatur befeindet, und sein Buch ›De re publica‹ [Vom Gemeinwesen] gilt innerhalb seiner Zeit als der sittliche Kodex der idealen Staatsform. Aber nun ist ein Stärkerer gekommen. Julius Caesar, den er als der Ältere und Berühmtere anfänglich ohne Misstrauen gefördert, hat sich über Nacht mit seinen gallischen Legionen zum Herrn Italiens gemacht; als unumschränkter Gebieter der militärischen Macht brauchte er nur die Hand auszustrecken, um die Königskrone zu fassen, die Antonius ihm vor dem versammelten Volke angeboten. Vergebens hat Cicero Caesars Alleinherrschaft bekämpft, sobald dieser zugleich mit dem Rubikon das Gesetz überschritt. Vergebens hat er versucht, die letzten Verteidiger der Freiheit gegen den Vergewaltiger aufzurufen. Aber die Kohorten erwiesen sich wie immer stärker als die Worte. Caesar, Geistmensch und Tatmensch zugleich, hat restlos triumphiert, und wäre er wie die meisten der Diktatoren rachsüchtig, so könnte er nun nach seinem schmetternden Siege leichthin diesen starrsinnigen Verteidiger des Gesetzes beseitigen oder zumindest in die Acht tun. Jedoch mehr als alle seine militärischen Triumphe ehrt Julius Caesar seine Großmut nach dem Siege. Er schenkt Cicero, dem erledigten Widersacher, ohne jeden Versuch der Erniedrigung das Leben und legt ihm einzig nahe, von der politischen Bühne abzutreten, die ihm nun allein gehört und auf der jedem andern bloß die Rolle eines stummen und gehorsamen Statisten zugeteilt bliebe.

Nun kann einem geistigen Menschen nichts Glücklicheres geschehen als die Ausschaltung vom öffentlichen, vom politischen Leben; sie treibt den Denker, den Künstler aus einer seiner unwürdigen Sphäre, die nur mit Brutalität oder Verschlagenheit zu bemeistern ist, in seine innere unberührbare und unzerstörbare zurück. Jede Form des Exils wird für einen geistigen Menschen Antrieb zur inneren Sammlung, und Cicero begegnet dieses gesegnete Missgeschick in dem besten und glücklichsten Augenblick. Der große Dialektiker nähert sich mählich der Alterswende eines Lebens, das mit ständigen Stürmen und Spannungen ihm wenig Zeit zu schöpferischer Übersicht gelassen. Wie viel und wie viel Gegensätzliches hat der Sechzigjährige im engen Raum seiner Zeit durchlebt! Durch Zähigkeit, Wendigkeit und geistige Überlegenheit sich vorstoßend und durchdrückend hat er, der *homo novus* [der Emporkömmling], der Reihe nach alle öffentlichen Stellen und Ehren errungen, die sonst einem kleinen Provinzmenschen verwehrt und eifersüchtig einzig der angestammten Adelsclique vorbehalten waren. Er hat das höchste Hoch und das tiefste Tief der öffentlichen Gunst erfahren, nach der Niederschlagung Catilinas im Triumph die Stufen des Kapitols emporgeführt, vom Volk bekränzt, vom Senat mit dem ruhmreichen Titel eines »pater patriae« [eines Vaters des Vaterlandes] geehrt. Und er hat anderseits über Nacht in die Verbannung fliehen müssen, von dem gleichen Senat verurteilt und von demselben Volk im Stiche gelassen. Kein Amt, in dem er nicht gewirkt, kein Rang, den er sich nicht kraft seiner Unermüdlichkeit errungen hatte. Er hat Prozesse geführt auf dem Forum, er hat als Soldat Legionen kommandiert im Felde, er hat als Konsul die Republik, als Prokonsul Provinzen verwaltet, Millionen Sesterzen sind durch seine Hände gegangen und unter seinen Händen zu Schulden zerflossen. Er hat das schönste Haus am Palatin besessen und hat es in Trümmern gesehen, verbrannt und verwüstet von seinen Feinden. Er hat denkwürdige Traktate geschrieben und klassische Reden gehalten. Er hat Kinder gezeugt und Kinder verloren, er ist mutig gewesen und schwach, eigenwillig und dann wieder lobdienerisch, viel bewundert und viel gehasst, ein wetterwendischer Charakter voll Brüchigkeit und Glanz, in summa die anziehendste und wiederum erregendste Persönlichkeit seiner Zeit, weil mit allen Geschehnissen dieser vierzig überfüllten Jahre von Marius bis Caesar unlösbar verknüpft. Zeitgeschichte, Weltgeschichte, sie hat Cicero wie kein anderer erlebt und durchlebt; nur für eines – für das Wichtigste – ist ihm nie Zeit geblieben: zum Blick in das eigene Leben. Nie hat der Rastlose in seinem Ehrgeiztaumel Zeit gefunden, sich still und gut zu besinnen und die Summe seines Wissens, seines Denkens zu ziehen.

Nun endlich ist ihm durch Caesars Staatsstreich, der ihn ausschaltet von der *res publica* [von den Staatsgeschäften], Gelegenheit gegeben, diese *res privata* [Privatangelegenheit], die wichtigste der Welt, fruchtbar zu pflegen; resignierend überlässt Cicero Forum, Senat und das Imperium der Diktatur Julius Caesars. Eine Unlust vor allem Öffentlichen beginnt den Zurückgestoßenen zu überwältigen. Er resigniert: Mögen andere die Rechte des Volkes verteidigen, dem Gladiatorenkämpfe und Spiele wichtiger sind als seine Freiheit, für ihn gilt es jetzt nur mehr, eigene, die innere Freiheit zu suchen, zu finden und zu gestalten. So blickt Marcus Tullius Cicero zum ersten Mal im sechzigsten Jahr still sinnend in sich, um der Welt zu erweisen, wofür er gewirkt und gelebt.

Als der geborene Künstler, der nur versehentlicherweise aus der Welt der Bücher in die brüchige der Politik geraten war, sucht Marcus Tullius Cicero sein Leben klarsichtig gemäß seinem Alter und seinen innersten Neigungen zu gestalten. Er zieht sich von Rom, der lärmenden Metropole, nach Tusculum, dem heutigen Frascati, zurück und stellt damit eine der schönsten Landschaften Italiens rings um sein Haus. In linden, dunkel bewaldeten Wellen fluten die Hügel hinab in die Campagna, mit silbernem Ton musizieren die Quellen in die abseitige Stille. Nach all den Jahren auf dem Markte, dem Forum, im Kriegszelt und Reisewagen ist dem schöpferischen Nachsinner endlich die Seele hier voll aufgetan. Die Stadt, die verführerische, die ermüdende, sie liegt fern wie ein bloßer Rauch am Horizont und liegt doch nah genug, dass oftmals Freunde kommen zu geistig anregendem Gespräch, Atticus, der innig vertraute, oder der junge Brutus, der junge Cassius, und einmal sogar – gefährlicher Gast! – der große Diktator selbst, Julius Caesar. Aber bleiben die römischen Freunde aus, so sind doch immer andere zur Stelle, herrliche, nie enttäuschende Gefährten, gleich willig zum Schweigen und zur Rede: die Bücher. Eine wundervolle Bibliothek, eine wahrhaft unerschöpfliche Wabe der Weisheit, baut sich Marcus Tullius Cicero in sein ländliches Haus ein, die Werke der griechischen Weisen anreihend den römischen Chroniken und den Kompendien der Gesetze; mit solchen Freunden aus allen Zeiten und allen Sprachen kann kein Abend mehr einsam sein. Der Morgen gehört der Arbeit. Immer wartet gehorsam der gelehrte Sklave zum Diktat, zu den Mahlzeiten kürzt ihm die Tochter Tullia, die innig geliebte, die Stunden, die Erziehung des Sohnes bringt täglich neue Anregung oder Abwechslung. Und dann, letzte Weisheit: Der Sechzigjährige begeht noch die süßeste Torheit des Alters, er nimmt eine junge Frau, jünger als seine Tochter, um als Künstler des Lebens Schönheit statt in Marmor oder Versen auch in ihrer sinnlichsten und bezauberndsten Form zu genießen.

So scheint in seinem sechzigsten Jahre Marcus Tullius Cicero endlich heimgekehrt zu sich selbst, Philosoph nur mehr und nicht mehr Demagog, Schriftsteller und nicht mehr Rhetor, Herr seiner Muße und nicht mehr geschäftiger Diener der Volksgunst. Statt vor bestechlichen Richtern auf dem Markte zu perorieren [mit Nachdruck zu sprechen], legt er lieber das Wesen der Rednerkunst in seinem ›De oratore‹ [Über den Redner] vorbildlich für alle seine Nachahmer fest und sucht gleichzeitig in seinem Traktat ›De senectute‹ [›Cato maior de senectute‹ (Cato der Ältere, über das Alter)] sich selbst zu belehren, dass ein wirklich Weiser als die wahre Würde des Alters und seiner Jahre Resignation zu erlernen hat. Die schönsten, die harmonischesten seiner Briefe stammen aus jener Zeit der inneren Sammlung, und selbst als niederschmetterndes Unglück ihn betrifft, der Tod seiner geliebten Tochter Tullia, hilft ihm seine Kunst zu philosophischer Würde: Er schreibt jene ›Consolationes‹ [Tröstungen], die noch heute durch Jahrhunderte Tausende in gleichem Schicksal getröstet haben. Nur dem Exil dankt die Nachwelt den großen Schriftsteller in dem einstigen geschäftigen Redner. Innerhalb dieser stillen drei Jahre schafft er mehr für sein Werk und seinen Nachruhm als vordem in den dreißig, die er verschwenderisch der *res publica* [den Staatsgeschäften] hingegeben.

Schon scheint sein Leben das eines Philosophen geworden. Die täglichen Nachrichten und Briefe aus Rom beachtet er kaum, Bürger schon mehr jener ewigen Republik des Geistes als der römischen, die Caesars Diktatorschaft entmannt hat. Der Lehrer des irdischen Rechts hat endlich das bittre Geheimnis erlernt, das jeder im öffentlichen Wirken schließlich erfahren muss: dass man auf die Dauer nie die Freiheit von Massen verteidigen kann, sondern immer nur die eigne, die innere.

So verbringt Weltbürger, Humanist, Philosoph Marcus Tullius Cicero einen gesegneten Sommer, einen schöpferischen Herbst, einen italienischen Winter, abseits – und wie er meint: für immer abseits – vom zeitlichen, vom politischen Getriebe. Die täglichen Nachrichten und Briefe aus Rom beachtet er kaum, gleichgültig für ein Spiel, das ihn nicht mehr als Partner benötigt. Schon scheint er vom eitlen Öffentlichkeitsgelüst des Literaten gänzlich genesen, Bürger nur mehr der unsichtbaren Republik und nicht jener korrumpierten und vergewaltigten mehr, die sich dem Terror widerstandslos unterworfen. Da, an einem Mittag des März stürmt ein Bote ins Haus, staubbedeckt, mit pochenden Lungen. Gerade noch kann er die Nachricht melden: Julius Caesar, der Diktator, ist ermordet worden auf dem Forum von Rom, dann knickt er zu Boden.

Cicero erblasst. Vor Wochen ist mit dem großmütigen Sieger er noch an der gleichen Tafel gesessen, und so gehässig er auch in Gegnerschaft gegen diesen gefährlich Überlegenen gestanden, so misstrauisch er seine militärischen Triumphe betrachtet, immer doch war er genötigt, innerlich den souveränen Geist, das organisatorische Genie und die Humanität dieses einzig respektablen Feindes heimlich zu ehren. Aber bei aller Abscheu vor dem gemeinen Argument des Mordvolkes, hat dieser Mann Julius Caesar, mit allen seinen Vorzügen und Leistungen, nicht selbst die fluchwürdigste Art des Mordes begangen, *parricidium patriae*, den Mord des Sohnes am Vaterland? War eben nicht gerade sein Genie die gefährlichste Gefahr der römischen Freiheit? Mag der Tod dieses Mannes menschlich bedauerlich sein, so fördert die Untat doch den Sieg der heiligsten

Sache, denn, nun da Caesar tot ist, kann die Republik wiederauferstehn: Durch diesen Tod triumphiert die erhabenste Idee, die Idee der Freiheit.

So überwindet Cicero sein erstes Erschrecken. Er hat die heimtückische Tat nicht gewollt, vielleicht nicht einmal im innersten Traum zu wünschen gewagt. Brutus und Cassius, obwohl Brutus, während er den blutigen Dolch aus Caesars Brust reißt, seinen Namen, Ciceros Namen, aufgerufen und damit den Lehrer der republikanischen Gesinnung als Zeugen seiner Tat gefordert, haben ihn nicht in die Verschwörung eingeweiht. Aber nun, da die Tat unwiderruflich geschehen ist, muss sie wenigstens zugunsten der Republik ausgewertet werden. Cicero erkennt: Der Weg zur alten römischen Freiheit geht über diese königliche Leiche, und es ist Pflicht, den andern diesen Weg zu weisen. Ein solcher einmaliger Augenblick darf nicht vergeudet werden. Noch am selben Tag lässt Marcus Tullius Cicero seine Bücher, seine Schriften und das heilige Otium [die Beschaulichkeit] des Künstlers. In pochender Eile des Herzens eilt er nach Rom, um die Republik als das wahre Erbe Caesars gleicherweise vor seinen Mördern wie vor seinen Rächern zu retten.

In Rom trifft Cicero auf eine verwirrte, bestürzte und ratlose Stadt. Schon in der Stunde ihres Geschehens hat sich die Tat der Ermordung Julius Caesars größer erwiesen als ihre Täter. Nur zu ermorden, nur zu beseitigen wusste der zusammengewürfelte Klüngel der Verschwörer den ihnen allen überlegenen Mann. Aber nun, da es gilt, die Tat auszunützen, stehen sie hilflos und wissen nicht, was beginnen.

Die Senatoren schwanken, ob sie dem Morde beipflichten oder ihn verurteilen sollen, das Volk, längst gewöhnt, von einer rücksichtslosen Hand gegängelt zu werden, wagt keine Meinung. Antonius und die andern Freunde Caesars fürchten sich vor den Verschworenen und zittern um ihr Leben. Die Verschworenen wiederum fürchten sich vor den Freunden Caesars und deren Rache.

In dieser allgemeinen Bestürzung erweist sich Cicero als der Einzige, der Entschlossenheit zeigt. Sonst zögernd und ängstlich, wie immer der Nerven- und Geistmensch, stellt er sich, ohne zu zögern, hinter die Tat, an der er selbst keinen Anteil gehabt. Aufrecht tritt er auf die Fliesen, die noch feucht sind vom Blute des Ermordeten, und rühmt vor dem versammelten Senat die Beseitigung des Diktators als einen Sieg der republikanischen Idee. »O mein Volk, noch einmal bist du zur Freiheit zurückgekehrt!«, ruft er aus. »Ihr, Brutus und Cassius, ihr habt die größte Tat nicht nur Roms, sondern der ganzen Welt vollbracht.« Aber gleichzeitig verlangt er, dass dieser an sich mörderischen Tat nun ihr höherer Sinn gegeben werde. Die Verschworenen sollen energisch die Macht ergreifen, die nach Caesars Tode brachliegt, und sie schleunigst zur Rettung der Republik, zur Wiederherstellung der alten römischen Verfassung nützen. Antonius solle das Konsulat genommen, Brutus und Cassius die Exekutive übertragen werden. Zum ersten Mal hat der Mann des Gesetzes für eine kurze Weltstunde das starre Gesetz zu brechen, um die Diktatur der Freiheit für immer zu erzwingen.

Aber nun zeigt sich die Schwäche der Verschwörer. Nur eine Verschwörung konnten sie anzetteln, nur einen Mord vollbringen. Sie hatten nur Kraft, fünf Zoll tief ihre Dolche in den Leib eines Wehrlosen zu stoßen; damit war ihre Entschlossenheit zu Ende. Statt die Macht zu ergreifen und für die Wiederherstellung der Republik zu nutzen, mühen sie sich um eine billige Amnestie und verhandeln mit Antonius; sie lassen den Freunden Caesars Zeit, sich zu sammeln, und versäumen damit die kostbarste Zeit. Cicero erkennt hellsichtig die Gefahr. Er merkt, dass Antonius einen Gegenschlag vorbereitet, der nicht nur die Verschwörer, sondern auch den republikanischen Gedanken erledigen soll. Er warnt und eifert und agitiert und spricht, um die Verschworenen, um das Volk zu entschlossenem Handeln zu zwingen. Aber – welthistorischer Fehler! – er selbst handelt nicht. Alle Möglichkeiten liegen jetzt offen in seiner Hand. Der Senat ist bereit, ihm beizupflichten, das Volk wartet eigentlich nur auf einen, der entschlossen und kühn die Zügel anreißt, die Caesars starken Händen entfallen. Niemand würde widerstreben, alle erleichtert aufatmen, ergriffe er jetzt die Regierung und schaffte Ordnung im Chaos.

Marcus Tullius Ciceros welthistorische Stunde, die er seit seinen catilinarischen Reden so glühend ersehnt, nun ist sie endlich gekommen mit diesen Iden des März, und wüsste er sie zu nützen, wir alle hätten anders Geschichte in unseren Schulen gelernt; nicht bloß als der eines ansehnlichen Schriftstellers, sondern als des Retters der Republik, als des wahren Genius der römischen Freiheit wäre der Name Cicero in den Annalen des Livius und Plutarch überliefert. Sein wäre der unsterbliche Ruhm: die Macht eines Diktators besessen und sie freiwillig dem Volke wieder zurückgegeben zu haben.

Doch unablässig wiederholt sich in der Geschichte die Tragödie, dass gerade der geistige Mensch, weil innerlich von der Verantwortung beschwert, in entscheidender Stunde selten zum Tatmenschen wird. Immer wieder erneut sich derselbe Zwiespalt im geistigen, im schöpferischen Menschen: Weil er besser die Torheiten der Zeit sieht, drängt es ihn, einzugreifen, und für eine Stunde des Enthusiasmus wirft er sich leidenschaftlich in den politischen Kampf. Aber gleichzeitig zögert er auch, Gewalt mit Gewalt zu erwidern. Seine innere Verantwortung schrickt zurück, Terror zu üben und Blut zu vergießen, und dieses Zögern und Rücksichtnehmen gerade in jenem einzigen Augenblick, der Rücksichtslosigkeit nicht nur verstattet, sondern sogar fordert, lähmt seine Kraft. Nach dem ersten Impuls der Begeisterung blickt Cicero mit gefährlicher Klarsichtigkeit auf die Situation. Er blickt auf die Verschwörer, die er gestern noch als Helden gerühmt, und sieht, dass es nur schwachmütige Menschen sind, flüchtend vor dem Schatten der eigenen Tat. Er blickt auf das Volk und sieht, dass es längst nicht mehr das alte römische *populus romanus* ist, jenes heldische Volk, von dem er geträumt, sondern ein entarteter Plebs, einzig nur auf Vorteil und Vergnügen bedacht, auf Futter und Spiel, *panem et circenses*, einen Tag Brutus und Cassius, den Mördern, zujubelnd und am nächsten Antonius, der zur Rache gegen sie ruft, und am dritten wieder Donabella, der die Bildnisse Caesars niederschlagen lässt. Niemand, erkennt er, in dieser entarteten Stadt dient noch ehrlich der Idee der Freiheit. Alle wollen sie nur Macht oder ihr Behagen: Vergebens ist Caesar beseitigt worden, denn nur um sein Erbe, um sein Geld, seine

Legionen, um seine Macht buhlen und schachern und streiten sie alle; nur für sich selbst und nicht für die einzig heilige, die römische Sache suchen sie Vorteil und Gewinn.

Immer müder, immer skeptischer wird Cicero in diesen zwei Wochen nach der voreiligen Begeisterung. Niemand außer ihm selbst bekümmert sich um die Wiederaufrichtung der Republik, das nationale Gefühl ist erloschen, der Sinn für die Freiheit völlig dahin. Schließlich überkommt ihn Ekel vor diesem trüben Tumult. Er kann sich nicht länger einer Täuschung über die Ohnmacht seines Worts hingeben, er muss sich angesichts seines Misserfolgs eingestehen, dass seine conciliatorische [ausgleichende] Rolle ausgespielt ist, dass er entweder zu schwach oder zu mutlos gewesen, um seine Heimat vor dem drohenden Bürgerkrieg zu retten; so überlässt er sie ihrem Schicksal. Anfang April verlässt er Rom und kehrt – abermals enttäuscht, abermals besiegt – zu seinen Büchern, in seine einsame Villa in Puteoli am Golf von Neapel zurück.

Zum zweiten Mal ist Marcus Tullius Cicero aus der Welt in seine Einsamkeit geflüchtet. Nun ist er endgültig gewahr, dass er als Gelehrter, als Humanist, als Wahrer des Rechts von Anfang an fehl in einer Sphäre gewesen, wo Macht als Recht gilt und Skrupellosigkeit mehr fördert als Weisheit und Versöhnlichkeit. Erschüttert hat er erkennen müssen, dass jene ideale Republik, wie er sie für seine Heimat erträumt, dass eine Auferstehung der alten römischen Sittlichkeit nicht mehr zu verwirklichen ist in dieser verweichlichten Zeit. Aber da er die rettende Tat in der widerspenstigen Materie der Wirklichkeit selbst nicht vollbringen konnte, will er wenigstens seinen Traum für eine weisere Nachwelt retten; nicht völlig ohne Wirkung sollen die Mühen und Erkenntnisse eines sechzigjährigen Lebens verloren sein. So besinnt sich der Gedemütigte seiner eigentlichen Kraft, und als Vermächtnis für andere Generationen verfasst er in diesen einsamen Tagen sein letztes und zugleich sein größtes Werk ›De officiis‹, die Lehre von den Pflichten, die der unabhängige, der moralische Mensch gegen sich selbst und gegen den Staat zu erfüllen hat. Es ist sein politisches, sein moralisches Testament, das Marcus Tullius Cicero im Herbst des Jahres 44 und zugleich im Herbst seines Lebens in Puteoli aufzeichnet.

Dass dieses Traktat über das Verhältnis des Individuums zum Staate ein Testament ist, das endgültige Wort eines abgedankten und aller öffentlichen Leidenschaften entsagenden Menschen, beweist schon die Ansprache dieser Schrift. ›De officiis‹ ist an seinen Sohn gerichtet; Cicero gesteht freimütig seinem Kinde, dass er nicht aus Gleichgültigkeit aus dem öffentlichen Leben sich zurückgezogen habe, sondern weil er als freier Geist, als römischer Republikaner es unter seiner Würde und Ehre halte, einer Diktatur zu dienen. »Solange der Staat noch von Männern verwaltet war, die er selbst sich erwählte, habe ich meine Kraft und Gedanken der *res publica* [dem Staat] gewidmet. Aber seit alles unter die *dominatio unius* [die Herrschaft eines Einzelnen] geriet, war länger kein Raum mehr für öffentlichen Dienst oder Autorität.« Seit der Senat abgeschafft sei und die Gerichtshöfe geschlossen, was habe er da mit einigem Selbstrespekt noch im Senat oder auf dem Forum zu suchen? Bis jetzt habe ihm die öffentliche, die politische

Tätigkeit zu sehr seine eigene Zeit entwendet. »Scribendi otium non erat« [dem Schreibenden war keine Muße gegeben], und er konnte niemals in geschlossener Form seine Weltanschauung niederlegen. Nun aber, da er zur Untätigkeit gezwungen sei, wolle er sie wenigstens nützen, im Sinne des großartigen Worts des Scipio, der von sich gesagt hatte, er sei »nie tätiger gewesen, als wenn er nichts zu tun hatte, und nie weniger einsam, als wenn er allein mit sich selbst war«.

Diese Gedanken über das Verhältnis des Einzelnen zum Staate, die Marcus Tullius Cicero nun seinem Sohne entwickelt, sind vielfach nicht neu und original. Sie verbinden Angelesenes mit sonst Übernommenem: Auch im sechzigsten Jahr wird ein Dialektiker nicht plötzlich zum Dichter und ein Kompilator zum ursprünglichen Schöpfer. Aber Ciceros Ansichten gewinnen diesmal ein neues Pathos durch den mitschwingenden Ton der Trauer und Erbitterung. Inmitten von blutigen Bürgerkriegen und einer Zeit, wo Prätorianerhorden und Parteibanditen um die Macht kämpfen, träumt ein wahrhaft humaner Geist wieder einmal – wie immer die Einzelnen in solchen Zeiten – den ewigen Traum einer Weltbefriedung durch sittliche Erkenntnis und Konzilianz. Gerechtigkeit und Gesetz, sie allein sollen die ehernen Grundpfeiler des Staates sein. Die innerlich Redlichen, nicht die Demagogen müssten die Gewalt und damit das Recht im Staate erhalten. Niemand dürfe versuchen, seinen persönlichen Willen und damit seine Willkür dem Volke aufzuprägen, und es sei Pflicht, jedem dieser Ehrgeizigen, die dem Volk die Führung entreißen, »hoc omne genus pestiferum acque impium« den Gehorsam zu verweigern. Erbittert weist er als unbeugsam Unabhängiger jede Gemeinschaft mit einem Diktator und jeden Dienst unter ihm zurück. »Nulla est enim societas nobis cum tyrannis et potius summa distractio est.«

Gewaltherrschaft vergewaltigt jedes Recht, argumentiert er. Wahre Harmonie kann in einem Gemeinwesen nur entstehen, wenn der Einzelne, statt zu versuchen aus seiner öffentlichen Stellung persönlichen Vorteil zu ziehen, seine privaten Interessen hinter jenen der Gemeinschaft zurückstellt. Nur wenn der Reichtum sich nicht in Luxus und Verschwendung vergeudet, sondern verwaltet wird und verwandelt in geistige, in künstlerische Kultur, wenn die Aristokratie auf ihren Hochmut verzichtet und der Plebs, statt sich bestechen zu lassen von Demagogen und den Staat an eine Partei zu verkaufen, seine natürlichen Rechte fordert, kann das Gemeinwesen gesunden. Wie alle Humanisten ein Lobredner der Mitte, fordert Cicero den Ausgleich der Gegensätze. Rom braucht keine Sullas und keine Caesars und anderseits keine Gracchen; die Dikatatur ist gefährlich, und ebenso die Revolution.

Vieles von dem, was Cicero sagt, war vordem schon im Staatstraum Platos zu finden und wird wieder bei Jean-Jacques Rousseau und allen idealistischen Utopisten zu lesen sein. Aber was dies sein Testament so erstaunlich über seine Zeit hebt, ist jenes neue Gefühl, das hier ein halbes Jahrhundert vor dem Christentum zum ersten Mal zu Worte kommt: das Gefühl der Humanität. In einer Epoche der brutalsten Grausamkeit, wo selbst ein Caesar bei der Eroberung einer Stadt noch zweitausend Gefangenen die Hände abhacken lässt, wo Martern und Gladiatorenkämpfe,

Kreuzigungen und Niederschlachten tägliche und selbstverständliche Geschehnisse sind, erhebt als Erster und Einziger Cicero Protest gegen jeden Missbrauch der Gewalt. Er verurteilt den Krieg als die Methode der *beluarum*, der Bestien, er verurteilt den Militarismus und Imperialismus seines eigenen Volkes, die Ausbeutung der Provinzen, und fordert, dass einzig durch Kultur und Sitte und niemals durch das Schwert Länder dem römischen Reiche einverleibt werden sollten. Er eifert gegen das Plündern von Städten und verlangt – eine im damaligen Rom absurde Forderung – Milde selbst gegenüber den Rechtlosesten der Rechtlosen, gegenüber den Sklaven (»adversus infimos iustitiam esse servandam«). Mit prophetischem Blick sieht er Roms Niedergang durch die allzu rasche Folge seiner Siege und seiner ungesunden, weil nur militärischen Welteroberungen voraus. Seit mit Sulla die Nation Kriege begonnen habe, nur um Beute zu gewinnen, sei die Gerechtigkeit im Reiche selbst verlorengegangen. Und immer wenn ein Volk andern Völkern ihre Freiheit gewaltsam nehme, verliere es dabei in geheimnisvoller Rache seine eigene, wunderbare Kraft der Einsamkeit.

Während die Legionen unter den ehrgeizigen Führern nach Parthien und Persien, nach Germanien und Britannien, nach Spanien und Mazedonien marschieren, um dem vergänglichen Wahn eines Imperiums zu dienen, erhebt hier eine einsame Stimme Protest gegen diesen gefährlichen Triumph: Denn er hat gesehen, wie aus der blutigen Saat der Eroberungskriege die noch blutigere Ernte der Bürgerkriege erwächst, und feierlich beschwört dieser eine machtlose Sachwalter der Menschlichkeit seinen Sohn, die *adiu-*

menta hominum, das Zusammenwirken der Menschen, als das höchste und wichtigste Ideal zu ehren. Endlich ist, der allzu lange Rhetor gewesen, Advokat und Politiker, der für Geld und Ruhm jede gute und schlechte Sache mit gleicher Bravour verteidigt, der selbst sich um jedes Amt gedrängt, der um Reichtum, um öffentliche Ehre und Volksbeifall gebuhlt, im Herbst seines Lebens zu dieser klaren Erkenntnis gelangt. Knapp vor seinem Ende wird Marcus Tullius Cicero, bisher nur Humanist, der erste Anwalt der Humanität.

Während Cicero dieserart in seinem Abseits ruhig und gelassen Sinn und Form einer moralischen Staatsverfassung durchdenkt, wächst die Unruhe im römischen Reiche. Noch immer hat sich der Senat, hat sich das Volk nicht entschieden, ob es die Mörder Caesars lobpreisen oder verbannen solle. Antonius rüstet zum Kriege gegen Brutus und Cassius, und unvermutet schon ist ein neuer Prätendent zur Stelle, Octavian, den Caesar zu seinem Erben ernannt und der dies Erbe nun wirklich antreten möchte. Kaum dass er in Italien gelandet ist, schreibt er an Cicero, um seinen Beistand zu gewinnen, aber gleichzeitig bittet ihn Antonius, er solle nach Rom kommen, und ebenso rufen ihn von ihren Kriegsplätzen Brutus und Cassius. Alle buhlen sie um den großen Verteidiger, dass er ihre Sache verteidige, alle werben sie um den berühmten Rechtslehrer, dass er ihr Unrecht zum Recht machen solle; aus einem richtigen Instinkt suchen sie, wie immer Politiker, die an die Macht wollen, solange sie diese Macht noch nicht haben, den geistigen Menschen (den sie dann verächtlich zur Seite stoßen werden) als Stütze. Und wäre Cicero noch der eitle, ambitiöse Politiker von vordem, er ließe sich verleiten.

Aber Cicero ist halb müde, halb weise geworden, zwei Gefühle, die oftmals einander gefährlich gleichen. Er weiß, dass ihm nur eines jetzt wahrhaft nottut: sein Werk zu vollenden, Ordnung zu machen in seinem Leben, Ordnung in seinen Gedanken. Wie Odysseus vor dem Gesang der Sirenen verschließt er sein inneres Ohr vor den lockenden Rufen der Machthaber, er folgt nicht dem Ruf des Antonius, nicht jenem des Octavian, nicht jenem des Brutus und des Cassius und selbst nicht dem des Senats und seiner Freunde, sondern schreibt in dem Gefühl, stärker zu sein im Wort als in der Tat und klüger allein als inmitten eines Klüngels, weiter und weiter an seinem Buche, ahnend, dass es sein Abschiedswort an diese Welt sein wird.

Erst wie er dies sein Testament vollendet hat, blickt er auf. Es ist ein schlimmes Erwachen. Das Land, seine Heimat steht vor dem Bürgerkrieg. Antonius, der die Kassen Caesars und des Tempels geplündert hat, ist es gelungen, mit gestohlenem Gelde Söldner zu sammeln. Aber gegen ihn stehen drei Armeen, und jede in Waffen, die des Octavian, des Lepidus und jene des Brutus und Cassius. Es ist zu spät geworden für Versöhnung und Vermittlung: Jetzt muss entschieden werden, ob ein neues Caesarentum unter Antonius über Rom herrschen soll oder die Republik weiterbestehen. Jeder muss sich in solcher Stunde entscheiden. Und auch dieser Vorsichtigste und Behutsamste, der, immer den Ausgleich suchend, über den Parteien gestanden oder zwischen ihnen zaghaft gependelt hatte, auch Marcus Tullius Cicero muss sich endgültig entscheiden.

Und nun geschieht das Sonderbare. Seit Cicero ›De officiis‹, sein Testament, seinem Sohne übermittelt hat, ist – aus Verachtung des Lebens – gleichsam ein neuer Mut über ihn gekommen. Er weiß, dass seine politische, seine literarische Karriere abgeschlossen ist. Was er zu sagen hatte, hat er gesagt, was ihm zu erleben bleibt, ist nicht mehr viel. Er ist alt, er hat sein Werk getan, was da noch diesen kläglichen Rest verteidigen? Wie ein müdgehetztes Tier, wenn es die kläffenden Rüden schon knapp hinter sich weiß, plötzlich sich umwendet und, um das Ende zu beschleunigen, sich den Hetzhunden entgegenstößt, so wirft sich Cicero mit wahrhaftem Todesmut noch einmal mitten in den Kampf und an seine gefährliche Stelle. Der Monate und Jahre nur mehr den stummen Griffel geführt, nimmt wieder den Donnerkeil der Rede und schleudert ihn gegen die Feinde der Republik.

Erschütterndes Schauspiel: Im Dezember steht der grauhaarige Mann wieder auf dem Forum Roms, um noch einmal das römische Volk aufzurufen, sich der Ehre ihrer Ahnen, »ille mos virtusque maiorum«, würdig zu zeigen. Vierzehn »Philippikas« donnert er gegen den Usurpator Antonius, der Senat und Volk den Gehorsam versagt hat, vollkommen der Gefahr bewusst, die es bedeutet, waffenlos gegen einen Diktator aufzutreten, der seine marschbereiten und mordbereiten Legionen bereits um sich versammelt hat. Aber wer andere zum Mute aufrufen will, hat nur dann überzeugende Kraft, wenn er selbst diesen Mut vorbildlich erweist; Cicero weiß, dass er nicht wie einst auf diesem selben Forum müßig mit Worten ficht, sondern diesmal sein Leben für seine Überzeugung einzusetzen hat.

Entschlossen bekennt er von der Rostra [der Rednertribüne]: »Schon als junger Mann habe ich die Republik verteidigt. Ich werde sie nicht im Stich lassen, nun da ich alt geworden bin. Gern bin ich bereit, mein Leben hinzugeben, wenn die Freiheit dieser Stadt durch meinen Tod wiederhergestellt werden kann. Mein einziger Wunsch ist, dass ich sterbend das römische Volk frei zurücklassen möge. Keine größere Gunst als diese könnten die unsterblichen Götter mir gewähren.« Jetzt sei keine Zeit mehr, verlangt er nachdrücklich, mit Antonius zu verhandeln. Man müsse Octavian stützen, der, obwohl Blutsverwandter und Erbe Caesars, die Sache der Republik vertrete. Es gehe nicht mehr um Menschen, es gehe um eine Sache, um die heiligste Sache – »res in extremum est adducta discrimen: de libertate decernitur« –, die Sache sei zur letzten und äußersten Entscheidung gekommen: Es gehe um die Freiheit. Wo aber dieser heiligste Besitz bedroht sei, sei jedes Zögern verderbnisvoll. So verlangt der Pazifist Cicero Armeen der Republik gegen die Armeen der Diktatur, und er, der wie sein später Schüler Erasmus den »tumultus«, den Bürgerkrieg, über alles hasst, beantragt den Ausnahmezustand für das Land und die Acht gegen den Usurpator.

In diesen vierzehn Reden findet, seit er nicht mehr Advokat zweifelhafter Prozesse ist, sondern Anwalt einer erhabenen Sache, Cicero wirklich großartige und lodernde Worte. »Mögen andere Völker in Sklaverei leben«, ruft er seine Mitbürger an. »Wir Römer wollen es nicht. Können wir nicht die Freiheit erobern, so lasst uns sterben.« Sei der Staat wirklich zu seiner letzten Erniedrigung gekommen, dann gezieme es einem Volk, das die ganze Welt beherrsche –

»nos principes orbis terrarum gentiumque omnium« –, so zu handeln, wie es selbst die versklavten Gladiatoren in der Arena täten: lieber mit dem Antlitz gegen den Feind zu sterben, als sich hinschlachten zu lassen. »Ut cum dignitate potius cadamus quam cum ignominia serviamus«, um lieber in Ehren zu sterben, als in Schande zu dienen.

Staunend lauscht der Senat, lauscht das versammelte Volk diesen Philippikas. Manche ahnen vielleicht, es werde für Jahrhunderte zum letzten Mal sein, dass solche Worte am Markte ausgesprochen werden dürfen. Bald wird man sich dort nur mehr vor den marmornen Statuen der Imperatoren sklavisch verbeugen müssen, bloß Schmeichlern und Angebern wird ein hinterhältiges Flüstern statt der einstmaligen freien Rede im Reiche der Caesaren erlaubt sein. Ein Schauer überkommt die Hörer: halb Schauer der Angst und halb der Bewunderung für diesen alten Mann, der einsam, mit dem Mute eines Desperados, eines innerlich Verzweifelten, die Unabhängigkeit des geistigen Menschen und das Recht der Republik verteidigt. Zögernd stimmen sie ihm zu. Aber auch der Feuerbrand der Worte kann den vermorschten Stamm des römischen Stolzes nicht mehr entflammen. Und während dieser einsame Idealist am Markte Aufopferung predigt, schließen hinter seinem Rücken die skrupellosen Machthaber der Legionen bereits den schmählichsten Pakt der römischen Geschichte.

Derselbe Octavian, den Cicero als den Verteidiger der Republik gerühmt, derselbe Lepidus, für den er eine Statue für seine Verdienste um das römische Volk gefordert, weil sie beide ausgezogen waren, um den Usurpator Antonius zu vernichten, ziehen beide vor, ein privates Geschäft zu machen. Da keiner von den drei Rottenführern, nicht Octavian und nicht Antonius und nicht Lepidus, stark genug ist, um allein sich des römischen Reiches als einer persönlichen Beute zu bemächtigen, kommen die drei Todfeinde überein, lieber das Erbe Caesars privat unter sich zu teilen; anstelle des großen Caesar hat Rom über Nacht drei kleine Caesaren.

Es ist eine welthistorische Stunde, da die drei Generäle, statt dem Senat zu gehorchen und die Gesetze des römischen Volkes zu achten, sich einigen, ihr Triumvirat zu bilden und ein riesiges Reich, das drei Erdteile umspannt, als billige Kriegsbeute zu teilen. Auf einer kleinen Insel nahe von Bologna, wo der Rheno und der Lavino zusammenfließen, wird ein Zelt errichtet, in dem sich die drei Banditen treffen sollen. Selbstverständlich traut keiner der großen Kriegshelden dem andern. Zu oft haben sie sich in ihren Proklamationen Lügner, Schurken, Usurpatoren, Staatsfeinde, Räuber und Diebe genannt, um nicht einer über den Zynismus des andern genau Bescheid zu wissen. Aber Machthungrigen ist nur ihre Macht wichtig und nicht Gesinnung, nur die Beute und nicht Ehre. Mit allen Vorsichtsmaßregeln nähern die drei Partner sich einer nach dem andern dem verabredeten Platz; erst nachdem sich die zukünftigen Herrscher der Welt gegenseitig überzeugt haben, dass keiner von ihnen Waffen mit sich führt, um den allzu neuen Verbündeten zu ermorden, lächeln sie sich freundlich zu und betreten gemeinsam das Zelt, in dem das zukünftige Triumvirat beschlossen und errichtet werden soll.

Drei Tage verbleiben Antonius, Octavian und Lepidus ohne Zeugen in diesem Zelt. Sie haben dreierlei zu tun. Über den ersten Punkt – wie sie die Welt teilen sollen – einigen sie sich rasch. Octavian soll Afrika und Numidien, Antonius Gallien und Lepidus Spanien erhalten. Auch die zweite Frage macht ihnen wenig Sorge: wie das Geld aufzubringen für den Sold, den sie ihren Legionen und Parteilumpen seit Monaten schuldig sind. Dieses Problem löst sich flink nach einem seitdem oftmals nachgeahmten System. Man wird einfach den reichsten Männern im Lande das Vermögen rauben und, damit sie nicht allzu laut darüber klagen können, sie gleichzeitig beseitigen. Gemächlich setzen an ihrem Tisch die drei Männer eine Proskriptionsliste [eine öffentliche Bekanntmachung der Namen der Geächteten] auf mit den zweitausend Namen der reichsten Leute Italiens, darunter hundert Senatoren. Jeder nennt diejenigen, die er kennt, und dazu noch seine persönlichen Feinde und Gegner. Mit ein paar hastigen Griffelstrichen hat das neue Triumvirat nach der territorialen auch die ökonomische Frage vollkommen erledigt.

Nun kommt der dritte Punkt zur Sprache. Wer eine Diktatur begründen will, muss, um der Herrschaft sicherzubleiben, vor allem die ewigen Gegner jeder Tyrannei zum Schweigen bringen – die unabhängigen Menschen, die Verteidiger jener unausrottbaren Utopie: der geistigen Freiheit. Als ersten Namen für diese letzte Liste fordert Antonius den Marcus Tullius Ciceros. Dieser Mann hat ihn in seinem wahren Wesen erkannt und bei seinem wahren Namen genannt. Er ist gefährlicher als alle, weil er geistige Kraft hat und den Willen zur Unabhängigkeit. Er muss aus dem Wege.

Octavian erschrickt und weigert sich. Als junger Mensch noch nicht ganz verhärtet und vergiftet von der Perfidie der Politik, scheut er sich, seine Herrschaft mit der Beseitigung des berühmtesten Schriftstellers Italiens zu beginnen. Cicero ist sein getreuester Sachwalter gewesen, er hat ihn gerühmt vor dem Volke und Senat; vor wenigen Monaten noch hat Octavian seine Hilfe, seinen Rat demütig angesprochen und den alten Mann ehrfürchtig seinen »wahren Vater« genannt. Octavian schämt sich und beharrt in seinem Widerstand. Aus einem richtigen Instinkt, der ihm Ehre macht, will er diesen erlauchtesten Meister der lateinischen Sprache nicht dem schmählichen Dolch bezahlter Mörder hingeben. Aber Antonius beharrt, er weiß, dass zwischen Geist und Gewalt eine ewige Feindschaft ist und niemand der Diktatur gefährlicher werden kann als der Meister des Worts. Drei Tage währt der Kampf um Ciceros Haupt. Schließlich gibt Octavian nach, und so beschließt Ciceros Name das vielleicht schmählichste Dokument der römischen Geschichte. Mit dieser einen Proskription ist das Todesurteil der Republik erst richtig besiegelt.

In der Stunde, da Cicero von der Einigung der früheren drei Erzfeinde erfährt, weiß er, dass er verloren ist. Er weiß genau, dass er in dem Freibeuter Antonius, den Shakespeare zu Unrecht ins Geistige emporgeadelt hat, zu schmerzhaft die niederen Instinkte der Habgier, der Eitelkeit, der Grausamkeit, der Skrupellosigkeit mit der Weißglut des Wortes gebrandmarkt hat, als dass er von diesem brutalen Gewaltmenschen Caesars Großmut erhoffen könnte. Das einzig Logische, falls er sein Leben retten wollte, wäre rasche

Flucht. Cicero müsste hinüber nach Griechenland zu Brutus, zu Cassius, zu Cato in das letzte Heerlager der republikanischen Freiheit; dort wäre er zumindest vor den bereits ausgesandten Meuchelmördern gesichert. Und tatsächlich, zweimal, dreimal scheint der Geächtete schon zur Flucht entschlossen. Er bereitet alles vor, er verständigt seine Freunde, er schifft sich ein, er macht sich auf den Weg. Aber immer wieder hält Cicero im letzten Augenblick inne; wer einmal die Trostlosigkeit des Exils gekannt, spürt selbst in der Gefahr die Wollust der heimischen Erde und die Unwürdigkeit eines Lebens in ewiger Flucht. Ein geheimnisvoller Wille jenseits der Vernunft und sogar wider die Vernunft zwingt ihn, sich dem Schicksal zu stellen, das ihn erwartet. Nur noch ein paar Tage Rast begehrt der müde Gewordene von seinem schon erledigten Dasein. Nur noch ein wenig still nachsinnen, noch ein paar Briefe schreiben, ein paar Bücher lesen – möge dann kommen, was ihm bestimmt ist. In diesen letzten Monaten verbirgt sich Cicero bald in dem einen, bald in dem anderen seiner Landgüter, immer wieder aufbrechend, sobald eine Gefahr droht, aber niemals ihr vollkommen entflüchtend. Wie ein Fieberkranker die Kissen, so wechselt er diese halben Verstecke, nicht ganz entschlossen, seinem Schicksal entgegenzutreten, und nicht auch entschlossen, ihm auszuweichen, als wollte er mit dieser Todesbereitschaft unbewusst die Maxime erfüllen, die er in seinem ›De senectute‹ niedergelegt, dass ein alter Mann den Tod weder suchen dürfe noch ihn verzögern; wann immer er komme, müsse man ihn gelassen empfangen. »Neque turpis mors forti viro potest accedere«: Für den Seelenstarken gibt es keinen schmählichen Tod.

In diesem Sinne befiehlt Cicero, der schon nach Sizilien unterwegs gewesen, plötzlich seinen Leuten, noch einmal den Kiel zum feindlichen Italien zurückzuwenden und in Cajeta, dem heutigen Gaeta, zu landen, wo er ein kleines Gütchen besitzt. Eine Müdigkeit, die nicht bloß eine der Glieder, der Nerven ist, sondern eine Müdigkeit des Lebens und geheimnisvolles Heimweh nach dem Ende, nach der Erde hat ihn übermannt. Nur rasten noch einmal. Noch einmal die süße Luft der Heimat atmen und Abschied nehmen, Abschied von der Welt, aber ruhen und rasten, sei es ein Tag oder eine Stunde nur!

Ehrfürchtig begrüßt er, kaum gelandet, die heiligen Laren [Schutzgeister] des Hauses. Er ist müde, der vierundsechzigjährige Mann, und die Seefahrt hat ihn erschöpft, so streckt er sich hin auf das *cubiculum* [in dem Schlafraum bzw. in der Grabkammer], die Augen geschlossen, um in lindem Schlafe die Vorlust des ewigen Ausruhens zu genießen.

Aber kaum hat Cicero sich hingestreckt, so stürzt schon ein getreuer Sklave herein. Es seien verdächtige bewaffnete Männer in der Nähe; ein Angestellter seines Haushalts, dem er viele Freundlichkeiten zeitlebens erwiesen, habe um der Belohnung willen seinen Aufenthalt den Mördern verraten. Cicero möge flüchten, rasch flüchten, eine Sänfte sei bereit, und sie selbst, die Sklaven des Hauses, wollten sich bewaffnen und ihn verteidigen während des kurzen Weges hin zum Schiff, wo er dann gesichert sei. Der alte erschöpfte Mann wehrt ab. »Was soll es«, sagt er, »ich bin müde zu fliehen und müde zu leben. Lass mich hier in diesem Lande sterben, das ich gerettet habe.« Schließlich überredet ihn doch der alte getreue Diener; bewaffnete Sklaven tragen die Sänfte auf Umwegen durch das kleine Wäldchen zu der rettenden Barke.

Aber der Verräter in seinem Hause will sich um sein Schandgeld nicht betrügen lassen, hastig ruft er einen *Centurio* [Hauptmann] und ein paar Bewaffnete zusammen. Sie jagen dem Zuge nach durch den Wald und erreichen noch rechtzeitig ihre Beute.

Sofort scharen sich die bewaffneten Diener um die Sänfte und machen sich zum Widerstand bereit. Jedoch Cicero befiehlt ihnen abzulassen. Sein eigenes Leben ist abgelebt, wozu noch fremde und jüngere opfern? In dieser letzten Stunde fällt von diesem ewig schwankenden, unsicheren und nur selten mutigen Mann alle Angst. Er fühlt, dass er als Römer sich nur in der letzten Probe noch bewähren kann, wenn er – »sapientissimus quisque aequissimo animo moritur« – aufrecht dem Tode entgegengeht. Auf sein Geheiß weichen die Diener zurück, unbewaffnet und ohne Widerstand bietet er sein greises Haupt den Mördern mit dem großartig überlegenen Wort dar: »Non ignoravi me mortalem genuisse«, ich habe immer gewusst, dass ich sterblich bin. Die Mörder aber wollen nicht Philosophie, sondern ihren Sold. Sie zögern nicht lange. Mit einem mächtigen Hieb schlägt der Centurio den Wehrlosen nieder.

So stirbt Marcus Tullius Cicero, der letzte Anwalt der römischen Freiheit, heroischer, mannhafter und entschlossener in dieser seiner letzten Stunde als in den Tausenden und Tausenden seines abgelebten Lebens.

Auf die Tragödie folgt das blutige Satyrspiel. Aus der Dringlichkeit, mit der von Antonius gerade dieser eine Mord anbefohlen war, mutmaßen die Mörder, dass dieser Kopf einen besonderen Wert haben müsse – nicht natürlich seinen Wert im geistigen Gefüge der Welt und der Nachwelt ahnen sie, sondern wohl aber den besonderen Wert für den Auftraggeber der blutigen Tat. Um sich die Prämie nicht streitig machen zu lassen, beschließen sie, als sprechenden Beweis des vollzogenen Befehls den Kopf Antonius persönlich zu überbringen. So hackt der Banditenführer der Leiche Haupt und Hände ab, stopft sie in einen Sack und eilt, diesen Sack, aus dem noch das Blut des Gemordeten tropft, auf den Rücken geschultert, eiligst nach Rom, um den Diktator mit der Nachricht zu erfreuen, dass der beste Verteidiger der römischen Republik auf übliche Weise erledigt worden sei.

Und der kleine Bandit, der Banditenführer, hat richtig gerechnet. Der große Bandit, der diesen Mord anbefohlen, münzt seine Freude über die begangene Untat in fürstliche Belohnung um. Nun, da er die zweitausend reichsten Leute Italiens ausplündern und morden ließ, kann Antonius endlich freigiebig sein. Eine blanke Million Sesterzen zahlt er dem Centurio für den blutigen Sack mit Ciceros abgeschlagenen Händen und geschändetem Haupt. Aber noch immer ist damit seine Rache nicht gekühlt, so ersinnt der stupide Hass dieses Blutmenschen für diesen Toten noch eine besondere Schmach, ahnungslos, dass sie ihn selbst erniedrigen wird für alle Zeiten. Antonius befiehlt, dass das Haupt und die Hände Ciceros an die Rostra, an dieselbe Rednerbühne genagelt werden sollen, von der herab er das Volk gegen ihn zur Verteidigung der römischen Freiheit aufgerufen.

Ein schmähliches Schauspiel erwartet am nächsten Tag das römische Volk. An der Rednerkanzel, der gleichen, von der Cicero seine unsterblichen Reden gehalten, hängt fahl das abgeschlagene Haupt des letzten Anwalts der Freiheit. Ein wuchtiger rostiger Nagel geht quer durch die Stirn, die tausend Gedanken gedacht; fahl und bitter verklammen sich die Lippen, die schöner als alle das metallische Wort der lateinischen Sprache geformt, verschlossen decken die bläulichen Lider das Auge, das durch sechzig Jahre über die Republik gewacht, machtlos spreizen sich die Hände, die die prachtvollsten Briefe der Zeit geschrieben.

Aber dennoch, keine Anklage, die der großartige Redner gegen Brutalität, gegen Machtkoller, gegen Gesetzlosigkeit von dieser Tribüne gesprochen, spricht so beredt gegen das ewige Unrecht der Gewalt als nun sein stummes, gemordetes Haupt: Scheu drängt das Volk um die geschändete Rostra, bedrückt, beschämt weicht es wieder zur Seite. Keiner wagt – es ist Diktatur! – eine Widerrede, aber ein Krampf presst ihre Herzen, und betroffen schlagen sie die Augen nieder vor diesem tragischen Sinnbild ihrer gekreuzigten Republik.

Wilson versagt

[erstmals 1940 in englicher Übersetzung erschienen]

Am 13. Dezember 1918 steuert der mächtige Dampfer ›George Washington‹ mit dem Präsidenten Woodrow Wilson an Bord der europäischen Küste zu. Nie seit Anbeginn der Welt ist ein einzelnes Schiff, ist ein einzelner Mann von so vielen Millionen Menschen mit so viel Hoffnung und Vertrauen erwartet worden. Vier Jahre haben die Nationen Europas gegeneinander gewütet, Hunderttausende ihrer besten, ihrer blühendsten Jugend haben sie gegenseitig hingeschlachtet mit Maschinengewehren und Kanonen, mit Flammenwerfern und Giftgasen, vier Jahre lang haben sie nur Hass und Geifer gegeneinander gesprochen und geschrieben. Aber all diese aufgepeitschte Erregung konnte nicht eine geheime Stimme im Innern stumm machen, dass, was sie taten, was sie sagten, widersinnig war und eine Entehrung unseres Jahrhunderts. Alle diese Millionen hatten, bewusst oder unbewusst, das geheime Gefühl, die Menschheit sei zurückgestürzt in wüste und längst verschollen geglaubte Jahrhunderte der Barbarei.

Da war vom andern Weltteil, von Amerika, diese Stimme gekommen, die klar über die noch dampfenden Schlachtfelder hinweg forderte: »Nie wieder Krieg.« Nie wieder

Entzweiung, nie wieder die alte verbrecherische Geheimdiplomatie, welche die Völker ohne ihr Wissen und Wollen auf die Schlachtbank getrieben, sondern eine neue und bessere Weltordnung, »the reign of law, based upon the consent of the governed and sustained by the organised opinion of mankind« [die Herrschaft des Rechtes, gegründet auf die Zustimmung der Regierten und gestützt durch die organisierte Meinung der Menschheit]. Und wunderbar: In allen Ländern und Sprachen verstand man sofort diese Stimme. Der Krieg, gestern noch ein sinnloses Gezänke um Landstriche, um Grenzen, um Rohstoffe und Erzgruben und Petroleumfelder, hatte plötzlich einen höheren, einen beinahe religiösen Sinn bekommen: den ewigen Frieden, das messianische Reich des Rechts und der Humanität. Mit einmal schien das Blut der Millionen nicht mehr vergebens vergossen; dies eine Geschlecht, es hatte nur gelitten, damit nie wieder solches Leiden über unsere Erde käme. Hunderttausende, Millionen Stimmen rufen, von einem Taumel des Vertrauens gepackt, diesen Mann heran; er, Wilson, soll den Frieden zwischen Siegern und Besiegten machen, damit es ein Friede des Rechts werde. Er, Wilson, soll, ein anderer Moses, die Tafeln des neuen Bundes den verirrten Völkerschaften bringen. In wenigen Wochen wird der Name Woodrow Wilsons eine religiöse, eine messianische Macht. Man benennt Straßen nach ihm und Gebäude und Kinder. Jedes Volk, das sich in Not oder benachteiligt fühlt, schickt an ihn Delegierte; die Briefe, die Telegramme mit Vorschlägen, mit Bitten, mit Beschwörungen aus allen fünf Erdteilen stauen sich zu Tausenden und Tausenden, ganze Kisten davon werden noch auf das Schiff gebracht, das nach Europa steuert. Ein ganzer Erdteil, die ganze Erde fordert einhellig diesen Mann als Schiedsrichter ihres letzten Streits vor der erträumten endgültigen Versöhnung.

Und Wilson kann dem Ruf nicht widerstehen. Seine Freunde in Amerika raten ihm ab, persönlich zur Friedenskonferenz zu reisen. Als Präsident der Vereinigten Staaten habe er die Pflicht, sein Land nicht zu verlassen und lieber von der Ferne die Verhandlungen zu leiten. Aber Woodrow Wilson lässt sich nicht umstimmen. Selbst die höchste Würde seines Landes, die Präsidentschaft der Vereinigten Staaten, scheint ihm gering gegen die Aufgabe, die ihn fordert. Nicht einem Land, nicht einem Kontinent will er dienen, sondern der ganzen Menschheit, nicht diesem einen Augenblick, sondern der besseren Zukunft. Nicht Amerikas Interessen will er engherzig vertreten, denn »interest does not bind men together, interest separates men« [Nutzen bindet Menschen nicht zusammen, Nutzen trennt Menschen], sondern den Vorteil aller. Er selbst, so fühlt er, muss sorgsam darüber wachen, dass nicht abermals Militärs und Diplomaten, für deren verhängnisvollen Beruf eine Einigung der Menschheit die Totenglocke bedeutete, sich der nationalen Leidenschaften bemächtigen. Persönlich muss er Garant sein, dass »the will of the people rather than of their leaders« [vielmehr der Wille des Volkes denn ihrer Führer] sich das Wort erzwinge, und jedes Wort soll bei offenen Türen und offenen Fenstern vor der ganzen Welt gesprochen werden bei diesem Friedenskongress, dem letzten und endgültigen der Menschheit.

Und so steht er auf dem Schiffe und blickt auf die europäische Küste, die aus dem Nebel auftaucht, ungewiss und ungestaltet wie sein eigener Traum von der künftigen Völkerbrüderschaft. Aufrecht steht er, ein hochgewachsener Mann, fest das Gesicht, die Augen scharf und klar unter den Brillen, amerikanisch-energisch das Kinn vorstoßend, aber verschlossen die vollen fleischigen Lippen. Sohn und Enkel presbyterianischer Pastoren, hat er in sich die Strenge und Enge jener Männer, für die es nur eine Wahrheit gibt und die gewiss sind, diese Wahrheit zu wissen. Er hat die Inbrunst all seiner frommen schottischen und irischen Ahnen in seinem Blut und den Eifer calvinistischen Glaubens, der dem Führer und Lehrer die Aufgabe setzt, die sündige Menschheit zu retten, ungebrochen wirkt in ihm der Starrsinn der Ketzer und Märtyrer, die sich eher verbrennen ließen für ihre Überzeugung, als von einem Jota der Bibel zu weichen. Und für ihn, den Demokraten, den Gelehrten, sind die Begriffe »humanity« (Menschlichkeit), »mankind« (Menschheit), »liberty« (Freiheit), »freedom« (Frieden), »human rights« (Menschenrechte) nicht kalte Worte, sondern was für seine Väter das Gospel; sie bedeuten für ihn nicht ideologische und vage Begriffe, sondern religiöse Glaubensartikel, die er entschlossen ist, Silbe um Silbe zu verteidigen wie seine Ahnen das Evangelium. Viele Kämpfe hat er gefochten, dieser aber, er fühlt es, wie er auf das europäische Land blickt, das sich immer mehr vor seinen Blicken erhellt, wird der entscheidende sein. Und unwillkürlich spannen sich ihm die Muskeln, »to fight for the new order, agre[e]ably if we can, disagre[e]ably if we must« [für die neue Ordnung zu kämpfen, einvernehmlich, wenn wir können, kontrovers, so wir es müssen].

Aber bald weicht die Strenge aus seinem ins Ferne gerichteten Blick. Die Kanonen, die Fahnen, die ihn im Hafen von Brest begrüßen, ehren nur vorschriftsmäßig den Präsidenten der verbündeten Republik; aber was ihm dann vom Ufer entgegenbraust, das ist, er fühlt es, nicht gestellter, nicht organisierter Empfang, nicht bestellter Jubel, sondern lodernde Begeisterung eines ganzen Volkes. Wo immer der Zug durchfährt, von jedem Dorf, jedem Weiler, jedem Haus winken Fahnen, die Flammen der Hoffnung. Hände recken sich ihm entgegen, Stimmen umbrausen ihn, und wie er durch die Champs Elysées einfährt in Paris, stürzen Kaskaden der Begeisterung von den lebendigen Wänden. Das Volk von Paris, das Volk von Frankreich als Symbol aller fernen Völker Europas, sie schreien, sie jubeln, sie drängen ihm ihre Erwartung entgegen. Immer mehr entspannt sich sein Gesicht, ein freies, ein glückliches, ein fast trunkenes Lächeln entblößt seine Zähne, und er schwenkt den Hut zur Rechten, zur Linken, als wollte er alle grüßen, die ganze Welt. Ja, er hat recht getan, selbst zu kommen, nur der lebendige Wille kann triumphieren über das starre Gesetz. Eine solche glückliche Stadt, eine solche hoffnungsfreudige Menschheit, kann man, soll man sie nicht für immer und für alle schaffen? Eine Nacht noch Ruhe und Rast und dann gleich morgen beginnen, um der Welt den Frieden zu geben, den sie seit Tausenden Jahren erträumt, und damit die größte Tat tun, die je ein Irdischer vollbracht.

Vor dem Palais, das ihm die französische Regierung zugewiesen, in den *Couloirs des Ministère des Affaires Etrangères* [in den Gängen des Außenministeriums], vor dem Hôtel de Crillon, dem Hauptquartier der amerikanischen

Delegation, drängen ungeduldig die Journalisten, für sich allein eine stattliche Armee. Hundertfünfzig sind allein von Nordamerika gekommen, jedes Land, jede Stadt hat ihre Korrespondenten entsandt, und alle verlangen sie Einlasskarten zu allen Sitzungen. Zu allen! Denn ausdrücklich ist der Welt »complete publicity« [vollständige Öffentlichkeit] versprochen worden, es soll diesmal keine geheimen Sitzungen oder Vereinbarungen geben. Wort für Wort lautet der erste Absatz der vierzehn Punkte: »Open covenants of Peace, openly arrived at, after which there shall be no private international understandings of any kind.« [Offene Friedenssatzungen, offen erreicht, nach denen keine geheimen internationalen Verständigungen jeder Art stattfinden sollen]. Die Pest der Geheimverträge, welche mehr Tote gefordert hat als alle andern Epidemien, soll endgültig beseitigt werden durch das neue Serum der Wilson'schen »open diplomacy« [offene Diplomatie].

Aber zu ihrer Enttäuschung begegnen die Ungestümen verlegenen Hinhaltungen. Gewiss, sie würden alle zu den großen Sitzungen zugelassen werden und die Protokolle dieser öffentlichen – in Wirklichkeit von allen Spannungen schon chemisch gereinigten – Sitzungen vollinhaltlich der Welt übermittelt werden. Aber zunächst könne man noch keine Informationen geben. Es müsse erst der *modus procedendi* [die Verhandlungsordnung] festgelegt werden. Unwillkürlich spüren die Enttäuschten, dass etwas nicht ganz in Einstimmigkeit vor sich geht. Aber die Informatoren haben nicht völlig die Unwahrheit gesagt. Es ist der *modus procedendi*, bei dem Wilson gleich bei der ersten Aussprache der »big four« [der großen Vier] den Widerstand der

Alliierten spürt: Man will nicht alles offen verhandeln und mit gutem Grund. In den Mappen und Aktenschränken aller kriegführenden Nationen liegen geheime Verträge, die jedem ihren Teil und ihre Beute zugesichert haben, schmutzige und diskrete Wäsche, die man nur in *camera caritatis* [im Raum der Nächstenliebe] ausbreiten möchte. Um nicht von vornherein die Konferenz zu kompromittieren, muss darum manches hinter geschlossenen Türen erst besprochen und bereinigt werden. Aber nicht nur im *modus procedendi* liegt Unstimmigkeit, sondern auch in einer tieferen Schicht. Im Grunde ist die Situation völlig eindeutig bei beiden Gruppen, der amerikanischen und der europäischen, klare Stellungnahme rechts, klare Stellungnahme links. Bei dieser Konferenz soll nicht Friede geschlossen werden, sondern eigentlich zwei Frieden, zwei völlig verschiedene Verträge. Der eine Friede, der zeitliche, der aktuelle, der den Krieg mit dem besiegten Deutschland, das die Waffen gestreckt hat, beendigen soll, und gleichzeitig der andere, der Friede der Zukunft, der jeden künftigen Krieg für immer unmöglich machen soll. Einerseits der Friede nach alter harter Art, andererseits der neue, der *Wilson'sche Covenant* [die Satzung], der die *League of Nations* [den Völkerbund] begründen will. Welcher von beiden soll zuerst verhandelt werden?

Hier stoßen die beiden Anschauungen scharf gegeneinander. Wilson hat wenig Interesse für den zeitlichen Frieden. Die Bestimmung der Grenzen, die Zahlung der Kriegsentschädigungen, die Reparationen, sollen seiner Auffassung nach die Fachleute und Kommissionen auf der Grundlage der in den vierzehn Punkten festgelegten Prinzipien bestimmen. Das ist Kleinarbeit, Nebenarbeit, Fachmannsarbeit. Aufgabe der führenden Staatsmänner aller Nationen dagegen soll und möge es sein, das Neue, das Werdende zu schaffen, die Einheit der Nationen, den ewigen Frieden. Jeder Gruppe ist ihre Auffassung dringlich. Die europäischen Alliierten monieren mit Recht, man dürfe die erschöpfte und verstörte Welt nach vier Jahren Krieg nicht noch monatelang auf einen Frieden warten lassen, sonst breche das Chaos über Europa herein. Erst die realen Dinge, die Grenzen, die Entschädigungen in Ordnung bringen, die Männer, die noch immer in Waffen stehen, zu ihren Frauen und Kindern zurückschicken, die Währungen stabilisieren, Handel und Verkehr wieder in Schwung setzen, und erst dann, über einer gefestigten Erde, die Fata Morgana der Wilson'schen Projekte aufleuchten lassen. So wie Wilson innerlich nicht interessiert ist an dem aktuellen Frieden, so sind Clemenceau, Lloyd George, Sonnino als gewiegte Taktiker und Praktiker im Innersten ziemlich gleichgültig gegen die Wilson'sche Forderung. Sie haben aus politischer Berechnung und teilweise auch aus ehrlicher Sympathie seinen humanen Forderungen und Ideen Beifall gezollt, weil sie bewusst oder unbewusst die hinreißende und zwingende Kraft eines unegoistischen Prinzips bei ihren Völkern fühlen; sie sind darum gewillt, mit gewissen Abschwächungen und Verklausulierungen seinen Plan zu diskutieren. Aber zuerst der Friede mit Deutschland als Abschluss des Krieges und dann der Covenant.

Jedoch Wilson ist selbst Praktiker genug, um zu wissen, wie man durch Verschleppungen eine vitale Forderung ermüden und entbluten kann. Er weiß selbst, wie man lästige

Interpellationen dilatorisch beiseite schiebt: Man wird nicht Präsident von Amerika nur durch Idealismus. Deshalb beharrt er unbeugsam auf seinem Standpunkt, zuerst müsse der Covenant ausgearbeitet werden, und verlangt sogar, dass er wörtlich in den Friedensvertrag mit Deutschland aufgenommen werde. Aus dieser seiner Forderung kristallisiert sich organisch ein zweiter Konflikt. Denn für die Alliierten hieße der Einbau dieser Prinzipien, dem schuldigen Deutschland, das durch den Einbruch in Belgien das Völkerrecht brutal verletzt und in Brestlitowsk mit dem Faustschlag des General Hoffmann das schlimmste Beispiel eines rücksichtslosen Gewaltdiktats gegeben, schon im Voraus das unverdiente Praemium der künftigen Humanitätsprinzipien zu gewähren. Erst die Abrechnung mit alter harter Münze, dann erst die neue Methode, fordern sie. Noch liegen die Felder verwüstet und ganze Städte zerschossen; um Wilson zu beeindrucken, nötigt man ihn, sie persönlich zu besichtigen. Aber Wilson, der »impracticable man« [der unpraktische Mann], sieht an den Ruinen bewusst vorbei. Er blickt nur in die Zukunft, und statt der zerschossenen Gebäude sieht er den ewigen Bau. Nur eines ist seine Aufgabe, »to do away with an old order and establish a new one« [die alte Ordnung abzuschaffen und eine neue zu errichten]. Unerschütterlich und starr beharrt er trotz des Protestes seiner eigenen Berater Lansing und House auf seiner Forderung. Zuerst den Covenant. Erst die Sache der ganzen Menschheit und dann erst die Interessen der einzelnen Völker.

Der Kampf wird hart, und – was sich als verhängnisvoll erweisen wird – er verschwendet viel Zeit. Woodrow Wilson hat unseligerweise verabsäumt, seinem Traum im

Voraus festumrissene Gestalt zu geben. Das Projekt des Covenant, das er mitbringt, ist keineswegs endgültig formuliert, sondern nur ein »first draft«, ein erster Entwurf, der in unzähligen Sitzungen erst diskutiert, verändert, verbessert, verstärkt oder abgeschwächt werden muss. Überdies verlangt es die Höflichkeit, dass er nach Paris auch den anderen Hauptstädten seiner Verbündeten zwischendurch Besuche abstatte. Wilson fährt also nach London, spricht in Manchester, fährt nach Rom, und da in seiner Abwesenheit die andern Staatsmänner nicht mit rechter Lust und Liebe sein Projekt vorwärtsbringen, geht mehr als ein ganzer Monat verloren, ehe es zur ersten »plenary session« [zur ersten Plenarsitzung] kommt, ein Monat, währenddessen in Ungarn, Rumänien, in Polen, im Baltikum, an der dalmatinischen Grenze reguläre und freiwillige Truppen Kämpfe improvisieren, Länder besetzen, in Wien die Hungersnot steigt und in Russland sich die Lage bedenklich verschärft.

Aber selbst in dieser ersten »plenary session« am 18. Januar wird nur theoretisch bestimmt, dass der Covenant einen »integral part of the general treaty of peace« [wesentlichen Bestandteil des allgemeinen Friedensvertrags] bilden solle. Noch immer ist das Dokument nicht entworfen, noch immer wandert es in endlosen Diskussionen von Hand zu Hand, von einer Redigierung zur andern. Abermals vergeht ein Monat, ein Monat der entsetzlichsten Unruhe für Europa, das immer ungestümer seinen wirklichen, seinen faktischen Frieden haben will; erst am 14. Februar 1919, ein Vierteljahr nach dem Waffenstillstand, kann Wilson den Covenant in endgültiger Form vorlegen, in der er auch einstimmig angenommen wird.

Einmal noch jubelt die Welt. Wilsons Sache hat gesiegt, dass in Hinkunft Friede nicht durch Waffengewalt und Terror, sondern durch Einverständnis und den Glauben an ein übergeordnetes Recht gesichert werden solle. Stürmisch wird Wilson akklamiert, wie er das Palais verlässt. Noch einmal, zum letzten Mal, blickt er mit einem stolzen, dankbaren Lächeln des Glücks über die Menge, die ihn umdrängt, und spürt hinter diesem Volk die anderen Völker, hinter dieser einen Generation, die so viel gelitten, die künftigen, die dank dieser endgültigen Sicherung nie mehr die Geißel des Krieges und der Erniedrigung der Diktate und Diktaturen kennen werden. Es ist sein größter Tag und ist zugleich sein letzter glücklicher Tag. Denn Wilson verdirbt sich seinen Sieg, indem er zu früh triumphierend das Schlachtfeld verlässt und am nächsten Tage, dem 15. Februar, nach Amerika zurückreist, um dort seinen Wählern und Landsleuten die *magna charta* des ewigen Friedens vorzulegen, ehe er wiederkehrend den andern, den letzten Kriegsfrieden unterzeichnet.

Wieder donnern die Kanonen zum Salut, wie die ›George Washington‹ von Brest wegsteuert, doch schon ist die zudrängende Menge lockerer und gleichgültiger. Etwas von der großen leidenschaftlichen Spannung, etwas von der messianischen Hoffnung der Völker ist bereits abgeklungen, da Wilson Europa verlässt. Auch in New York erwartet ihn kühler Empfang. Keine Flugzeuge, die das heimkehrende Schiff umflattern, kein lauter stürmischer Jubel, und in den eigenen Ämtern, im Senat, im Congress, bei der eigenen Partei, bei dem eigenen Volke eine eher misstrauische

Begrüßung. Europa ist unzufrieden, dass Wilson nicht weit genug gegangen ist, Amerika ist unzufrieden, dass er zu weit gegangen sei. Europa scheint seine Bindung der widerstrebenden Interessen in ein großes, allgemeines Menschheitsinteresse noch nicht weitreichend genug, in Amerika agitieren seine politischen Gegner, die schon die nächste Präsidentenwahl im Auge haben, er habe ohne Berechtigung den neuen Kontinent politisch zu eng an den unruhigen und unberechenbaren europäischen gebunden und damit gegen ein Grundprinzip der nationalen Politik, gegen die Monroedoktrin verstoßen. Sehr dringlich wird Woodrow Wilson daran gemahnt, dass er nicht Gründer eines zukünftigen Traumreichs zu sein und nicht für fremde Nationen zu denken habe, sondern in erster Linie an die Amerikaner, die ihn als Repräsentanten ihres eigenen Willens gewählt. So muss Wilson, noch von den europäischen Verhandlungen erschöpft, neue Verhandlungen sowohl mit seinen eigenen Parteileuten als mit seinen politischen Gegnern beginnen. Er muss vor allem in den stolzen Bau des Covenant, den er unantastbar und uneinnehmbar aufgebaut zu haben meinte, eine Hintertür nachträglich einmauern, die gefährliche »provision for withdrawal of America from the League« [Vorsorge für den Rückzug Amerikas aus dem Bündnis], durch die im beliebigen Augenblick Amerika sich zurückziehen könne. Damit ist der erste Stein aus dem für alle Ewigkeit geplanten Gebäude der *League of Nations* gerissen, der erste Sprung in der Mauer hat sich aufgetan, jener verhängnisvolle, der ihren endgültigen Einsturz verschulden wird.

Aber wenn auch mit Einschränkungen und Korrekturen,

setzt Wilson seine neue Magna Charta der Menschheit wie in Europa nun auch in Amerika durch, aber es ist nur mehr ein halber Sieg. Nicht mehr so frei, so selbstsicher wie er ausgefahren, reist Wilson nach Europa zurück, um den zweiten Teil seiner Aufgabe zu erfüllen. Wieder steuert das Schiff dem Hafen von Brest zu; schon ist es nicht mehr derselbe hoffnungsfreudige Blick, mit dem er auf das Ufer blickt. Er ist älter geworden und müder, weil enttäuschter, in diesen wenigen Wochen, strenger und straffer zieht sich das Gesicht zusammen, ein harter und verbissener Ausdruck beginnt um den Mund sich abzuzeichnen, hie und da läuft ein Zucken über die linke Wange, warnendes Wetterleuchten der Krankheit, die sich in ihm zusammenballt. Der begleitende Arzt versäumt keinen Augenblick, ihn zur Schonung zu mahnen. Ein neuer, ein vielleicht noch härterer Kampf steht ihm bevor. Er weiß, dass es schwieriger ist, Prinzipien durchzusetzen, als sie zu formulieren. Aber er ist entschlossen, keinen Punkt seines Programms zu opfern. Alles oder nichts. Der ewige Friede oder keiner.

Kein Jubel mehr, wie er landet, kein Jubel mehr in den Straßen von Paris, die Zeitungen abwartend und kühl, die Menschen vorsichtig und misstrauisch. Wieder einmal ist Goethes Wort wahr geworden: »Begeisterung ist keine Ware, die man einpökelt für viele Jahre.« Statt die Stunde zu nützen, solange sie ihm günstig war, statt das heiße Eisen nach seinem Willen zu schmieden, solange es noch weich und gefügig glühte, hat Wilson die idealistische Disposition Europas erstarren lassen. Der eine Monat seiner Abwesenheit hat alles verändert. Gleichzeitig mit ihm hat Lloyd George von der Konferenz Urlaub genommen, Clemenceau ist, durch den Pistolenschuss eines Attentäters verletzt, zwei Wochen arbeitsunfähig gewesen, und diesen unbewachten Augenblick haben die Exponenten privater Interessen benützt, um sich in die Sitzungssäle der Kommissionen einzudrängen. Am energischsten, am gefährlichsten haben die Militärs gearbeitet; alle die Marschälle und die Generäle, die jetzt vier Jahre lang im Lichtschein des Interesses gestanden, deren Wort, deren Entscheidung, deren Willkür Hunderttausende durch vier Jahre hörig gemacht, sind keineswegs gewillt, nun bescheiden abzutreten. Ein Covenant, der ihnen ihr Machtmittel, die Armeen, nehmen will, indem er fordert, »to abolish conscription and all other forms of compulsory military service« [Militärdienstpflicht und alle anderen Formen der allgemeinen Wehrpflicht abzuschaffen], bedroht ihre Existenz. Darum muss diese Faselei vom ewigen Frieden, der ihnen den Sinn ihres Berufs rauben würde, unbedingt beseitigt oder auf ein totes Geleise geschoben werden. Drohend fordern sie Aufrüstung statt der Wilson'schen Abrüstung, neue Grenzen und nationale Garantien statt der übernationalen Lösung; nicht mit vierzehn in die Luft gezeichneten Punkten könne man die Wohlfahrt eines Landes sichern, sondern nur mit Bewaffnung der eigenen Armee und Entwaffnung des Gegners. Hinter den Militaristen drängen die Vertreter der industriellen Gruppen, die ihre Kriegsbetriebe im Gang halten, die Zwischenhändler, die an den Reparationen verdienen wollen, immer schwankender werden die Diplomaten, die, im Rücken bedroht von den Oppositionsparteien, jeder seinem Lande ein fettes Stück Land als Zuwachs bringen wollen. Ein paar geschickte Fingerdrucke auf die Klaviatur der öffentlichen Meinung, und alle europäischen Zeitungen, sekundiert von den amerikanischen, variieren in allen Sprachen das gleiche Thema: Wilson verzögere durch seine Phantastereien den Frieden. Seine an sich sehr lobenswerten und sicherlich von idealem Geist erfüllten Utopien verhinderten die Konsolidierung Europas. Keine Zeit jetzt mehr verlieren mit moralischen Bedenken und supermoralischer Rücksichtnahme! Wenn nicht sofort Friede geschlossen werde, breche das Chaos in Europa los.

Unseligerweise sind diese Anwürfe nicht ganz unberechtigt. Wilson, der seinen Plan auf Jahrhunderte einstellt, misst die Zeit mit anderem Maße als die Völker Europas. Vier Monate, fünf Monate scheinen ihm wenig für eine Aufgabe, die einen Tausende Jahre alten Traum verwirklichen soll. Aber inzwischen marschieren im Osten Europas von dunklen Mächten organisierte Freicorps herum, besetzen Territorien, ganze Landstriche wissen noch nicht, wohin sie gehören und wohin sie gehören sollen. Die deutschen, die österreichischen Delegationen sind nach vier Monaten noch nicht empfangen worden, hinter den noch nicht gezogenen Grenzen werden die Völker unruhig, deutliche Wetterzeichen kündigen an, dass sich morgen Ungarn, übermorgen Deutschland aus Verzweiflung den Bolschewisten überantworten werde. Also rasch zu einem Resultat kommen, zu einem Vertrag, gerecht oder ungerecht, drängen die Diplomaten, und weg zunächst mit allem, was ihm hindernd im Wege steht: in erster Linie mit dem unglückseligen Covenant!

Die erste Stunde in Paris genügt bereits, Wilson zu zeigen, dass alles, was er in drei Monaten aufgebaut, in dem einen Monat seiner Abwesenheit unterminiert worden ist und einzustürzen droht. Marschall Foch hat beinahe durchgesetzt, dass der Covenant aus dem Friedensvertrag verschwindet, sinnlos scheinen die drei ersten Monate vertan. Aber wo es um das Entscheidende geht, ist Wilson ehern entschlossen, nicht einen Schritt zurückzuweichen. Am nächsten Tag, am 15. März, lässt er durch die Presse offiziell verkünden, die Resolution vom 25. Januar sei nach wie vor gültig, dass »that covenant is to be an integral part of the treaty of peace« [diese Satzung ein wesentlicher Bestandteil des Friedensvertrags sein wird]. Diese Erklärung ist der erste Gegenstoß gegen den Versuch, den Friedensvertrag mit Deutschland nicht auf der Basis des neuen Covenant, sondern aufgrund der alten Geheimverträge zwischen den Alliierten abzuschließen. Präsident Wilson weiß jetzt genau, was dieselben Mächte, die eben noch feierlich beschworen haben, die Selbstbestimmung der Völker zu achten, zu fordern beabsichtigen, Frankreich das Rheinland und die Saar, Italien Fiume und Dalmatien, Rumänien, Polen und die Tschechoslowakei ihr Stück an der Beute. Wenn er nicht Widerstand leistet, wird der Friede abermals nach den von ihm gebrandmarkten Methoden Napoleons, Talleyrands und Metternichs und nicht nach den von ihm vorgelegten und feierlich angenommenen Prinzipien abgeschlossen.

Vierzehn Tage vergehen in erbittertem Kampf. Wilson will selbst die Saar nicht Frankreich concedieren, weil er diesen ersten Durchbruch der »self-determination« [Selbstbestimmung] als beispielgebend für alle anderen Voraussetzungen betrachtet, und tatsächlich, Italien, das all seine Forderungen an diesen ersten Durchbruch gebunden fühlt, droht bereits, die Konferenz zu verlassen. Die französische Presse verstärkt ihr Trommelfeuer, von Ungarn dringt der Bolschewismus vor, und bald, so argumentieren die Alliierten, wird er die Welt überschwemmen. Selbst bei seinen nächsten Beratern, Colonel House und Robert Lansing, erhebt sich immer fühlbarerer Widerstand. Sogar sie, seine ehemaligen Freunde, raten, jetzt eilig den Frieden zu schließen angesichts des chaotischen Zustandes der Welt und lieber ein paar idealistische Forderungen zu opfern. Vor Wilson schließt sich eine einhellige Front, und von Amerika hämmert gegen seinen Rücken die öffentliche Meinung, geschürt von seinen politischen Feinden und Rivalen; in manchen Augenblicken fühlt Wilson sich am Ende seiner Kraft. Er gesteht einem Freund, dass er allein gegen alle nicht länger durchhalten könne und entschlossen sei, falls er seinen Willen nicht durchsetzen könne, die Konferenz zu verlassen.

Mitten in diesem Kampf gegen alle fällt ihn schließlich noch ein letzter Feind an, und von innen her, von seinem eigenen Leibe. Am 3. April, gerade da der Kampf zwischen brutaler Wirklichkeit und noch ungestaltetem Ideal auf dem entscheidenden Punkte angelangt ist, vermag Wilson sich nicht mehr aufrecht zu halten; eine Influenza-Attacke zwingt den Dreiundsechzigjährigen, sich zu Bett zu begeben. Aber die Zeit drängt noch stürmischer als sein fieberndes Blut und lässt selbst dem Kranken keine Rast; Katastrophenbotschaften blitzen vom verdüsterten Himmel; am 5. April gelangt der Kommunismus in Bayern zur Macht, in

München wird die Räterepublik ausgerufen, jede Stunde kann Österreich, halb verhungert und eingeschlossen zwischen einem bolschewistischen Bayern und einem bolschewistischen Ungarn, sich anschließen: Mit jeder Stunde des Widerstands wächst die Verantwortung dieses Einen für Alles. Bis an das Bett drängt und bedrängt man den Erschöpften. Im Nachbarzimmer beraten Clemenceau, Lloyd George, Colonel House, alle sind entschlossen, man müsse zu einem Ende kommen um jeden Preis. Und diesen Preis soll Wilson mit seinen Forderungen, seinen Idealen zahlen; sein »during peace« [= »lasting peace« – dauerhafter Friede] müsse, so fordern einmütig jetzt alle, zurückgestellt werden, weil er dem realen, dem militärischen, dem materiellen Frieden den Weg versperrt.

Aber Wilson, ermüdet, erschöpft, von der Krankheit unterhöhlt, von den Angriffen in der Presse, die ihn beschuldigt, den Frieden zu verzögern, irritiert, von den eigenen Beratern verlassen, von den Vertretern der andern Regierungen bestürmt, gibt noch immer nicht nach. Er fühlt, dass er sein eigenes Wort nicht verleugnen darf und dass er diesen Frieden nur dann richtig erkämpft, wenn er ihn mit dem unmilitärischen, dem dauernden, dem künftigen Frieden in Einklang bringt, wenn er für die einzig Europa errettende »world federation« [Weltordnung] das Äußerste versucht. Kaum aus dem Bett aufgestanden, führt er den entscheidenden Schlag. Am 7. April sendet er ein Telegramm an das Navy Department [Marineministerium] in Washington: »What is the earliest possible date U.S.S. George Washington can sail for Brest France, and what is probable earliest date of arrival Brest. President desires movements this vessel expedited.« [Zu welch frühestmöglichem Termin kann U.S.S. George Washington nach Brest Frankreich auslaufen, und wann ist der wahrscheinlich früheste Ankunftstermin Brest. Präsident wünscht eiligen Aufbruch dieses Schiffes]. Am gleichen Tag wird der Welt mitgeteilt, dass Präsident Wilson sein Schiff nach Europa beordert habe.

Die Nachricht wirkt wie ein Donnerschlag und wird sofort verstanden. Rund um die Erde weiß man: Präsident Wilson weigert sich gegen jeden Frieden, der auch nur in einem Punkte die Prinzipien des Covenant verletzt, und ist entschlossen, eher die Konferenz zu verlassen als nachzugeben. Ein historischer Augenblick ist gekommen, der für Jahrzehnte, für Jahrhunderte das Schicksal Europas, das Schicksal der Welt bestimmt. Steht Wilson vom Konferenztisch auf, dann bricht die alte Weltordnung zusammen, das Chaos beginnt, aber eines vielleicht von jenen, die den neuen Stern gebären. Ungeduldig schauert Europa: Werden die anderen Konferenzteilnehmer diese Verantwortung übernehmen? Wird er selbst sie übernehmen? Entscheidende Minute.

Entscheidende Minute. Im Augenblick ist Woodrow Wilson noch ehern entschlossen. Kein Kompromiss, keine Nachgiebigkeit, keinen »hard peace« [erdrückenden Frieden], sondern »the just peace« [den gerechten Frieden]. Nicht den Franzosen die Saar, nicht den Italienern Fiume, keine Zerstückelung der Türkei, kein »bartering of peoples« [Vertauschen von Völkern]. Das Recht hat obzusiegen über die Macht, das Ideal über die Wirklichkeit, die Zukunft über die Gegenwart! *Fiat justitia, pereat mundus.*

[Das Recht muss seinen Gang gehen, und sollte die Welt darüber zugrunde gehen.] Diese knappe Stunde wird Wilsons großer, sein größter, sein menschlichster, sein heroischster Augenblick: Hat er die Kraft, ihn zu bestehen, so ist sein Name verewigt in der kleinen Zahl der wahren Menschheitsfreunde und eine Tat ohnegleichen getan. Aber auf diese Stunde, auf diesen Augenblick folgt eine Woche, und von allen Seiten dringt es auf ihn ein; die französische, die englische, die italienische Presse klagt ihn, den Friedenstäter, den »Eirenopoieis«, an, den Frieden durch theoretisch-theologischen Starrsinn zu zerstören und die reale Welt einer privaten Utopie zu opfern. Sogar Deutschland, das von ihm alles erhofft, nun aber verstört ist durch den Ausbruch des Bolschewismus in Bayern, wendet sich gegen ihn. Und nicht minder die eigenen Landsleute Colonel House und Lansing beschwören ihn, von seinem Entschluss abzusehen, derselbe Staatssekretär Tumulty, der noch vor wenigen Tagen aufmunternd aus Washington gedrahtet: »Only a bold stroke by the President will save Europe and perhaps the world« [Nur ein mutiger Schlag durch den Präsidenten wird Europa und möglicherweise die Welt retten], kabelt jetzt, da Wilson den »bold stroke« [mutigen Schlag] geführt, verstört aus der gleichen Stadt: »... Withdrawal most unwise and fraught with most dangerous possibilities here and abroad... President should... place the responsibility for a break of the Conference where it properly belongs... A withdrawal at this time would be a desertion.« [... Rückzug überaus unklug und voller gefährlicher Möglichkeiten hier und im Ausland... Präsident sollte... die Verantwortung für den Abbruch der Konferenz platzieren, wohin sie eigentlich gehört … Ein Rückzug zu dieser Zeit wäre eine Desertion.]

Verstört, verzweifelt und durch diesen einmütigen Andrang in seiner Sicherheit verwirrt, blickt Wilson um sich. Niemand steht an seiner Seite, alle sind gegen ihn im Konferenzsaal, alle in seinem eigenen Stabe, und die Stimmen der unsichtbaren Millionen und Millionen, die ihn von der Ferne beschwören, standzuhalten und treu zu bleiben, erreichen ihn nicht. Er ahnt nicht, dass, wenn er seine Drohung wahr machte und aufstünde, er seinen Namen verewigen würde für alle Zeiten, dass er nur, wenn er sich treu bliebe, makellos seine Idee der Zukunft als ein immer wieder zu erneuerndes Postulat hinterlassen würde. Er ahnt nicht, welche schöpferische Macht ausginge von diesem Nein, das er ansagte den Mächten der Gier, des Hasses und des Unverstands. Er fühlt nur, dass er allein ist und zu schwach, die letzte Verantwortung zu übernehmen. Und so gibt – verhängnisvollerweise – Wilson allmählich nach, er lockert seine Starre. Colonel House bildet die Brücke; es werden Konzessionen gemacht, acht Tage geht der Handel um die Grenzen hin und her. Endlich – ein dunkler Tag der Geschichte –, am 15. April willigt Wilson schweren Herzens und verstörten Gewissens in die schon merklich herabgestimmten militärischen Forderungen Clemenceaus ein: Die Saar wird nicht für immer ausgeliefert, sondern bloß für fünfzehn Jahre. Der erste Kompromiss des bisher Kompromisslosen ist abgeschlossen, und wie mit einem Zauberschlag ändert sich am nächsten Morgen die Stimmung der Pariser Presse. Die Zeitungen, die ihn gestern noch als den

Störer des Friedens, den Zerstörer der Welt beschimpft, preisen ihn als den weisesten Staatsmann der Welt. Aber dies Lob brennt ihm wie ein Vorwurf in der innersten Seele. Wilson weiß, dass er vielleicht tatsächlich den Frieden gerettet hat, den Frieden der Stunde, aber der dauernde Friede im Geist der Versöhnung, der einzig rettende, ist versäumt und vertan. Der Widersinn hat gesiegt über den Sinn, die Leidenschaft wider die Vernunft. Die Welt ist zurückgeworfen im Ansturm gegen ein überzeitliches Ideal, und er, der Führer und Bannerträger, hat die entscheidende Schlacht verloren, die Schlacht gegen sich selbst.

Hat Wilson recht gehandelt oder unrecht in dieser schicksalhaften Stunde? Wer vermag es zu sagen? Jedenfalls: Eine Entscheidung ist an diesem historischen und unwiederbringlichen Tage gefallen, die weit hinausreicht über Jahrzehnte und Jahrhunderte und deren Schuld wir abermals mit unserem Blut, unserer Verzweiflung, unserer machtlosen Verstörung bezahlen. Von diesem Tage an ist Wilsons Macht, die eine moralische ohnegleichen in seiner Zeit gewesen, entzweigebrochen, sein Prestige dahin und damit seine Kraft. Wer eine Konzession macht, kann dann nicht mehr innehalten. Kompromisse führen zwanghaft zu immer neuen Kompromissen.

Unehrlichkeit schafft Unehrlichkeit, Gewalt erzeugt Gewalt. Der Friede, von Wilson als eine Ganzheit geträumt und von ewiger Dauer, bleibt Stückwerk, ein unvollkommenes Gebilde, weil nicht im Sinn der Zukunft geformt und nicht aus dem Geist der Humanität und aus der reinen Materie der Vernunft gestaltet: Eine einzigartige Gelegenheit, vielleicht die schicksalhafteste der Geschichte, ist kläglich vertan, und dumpf und verworren fühlt es die enttäuschte, die wieder entgötterte Welt. Der Mann, der heimkehrt, einst als der Heilsbringer der Welt begrüßt, ist niemandem ein Heiland mehr und nichts als ein müder, ein kranker, ein zu Tod getroffener Mann. Kein Jubel begleitet ihn mehr, keine Fahnen schwingen ihm nach. Wie das Schiff ausfährt von der europäischen Küste, wendet der Besiegte sich ab. Er verweigert seinem Blick, zurückzuschauen nach unserem unseligen Land, das seit Jahrtausenden Frieden und Einheit ersehnt und nie doch gestaltet. Und noch einmal zerrinnt in Nebel und Ferne das ewige Traumbild der humanisierten Welt.

Stefan Zweig im Diogenes Verlag

Stefan Zweig, Dichter, Biograph, Übersetzer, Bestsellerautor, Humanist, Europäer, geboren 1881 in Wien. 1934 emigrierte er und gelangte über die Stationen London, New York, Argentinien und Paraguay schließlich nach Brasilien. Dort schied er 1942 gemeinsam mit seiner Frau freiwillig aus dem Leben.

»Wenige haben über die Liebe und Freundschaft so tief, mit einem so unermesslichen Mitgefühl für den Menschen geschrieben wie Stefan Zweig.«
Maxim Gorki

»Nie ist mit tieferer Bescheidenheit ein Weltruhm getragen worden.« *Thomas Mann*

Sternstunden der Menschheit
Vierzehn historische Miniaturen

Brief einer Unbekannten
und andere Meistererzählungen
Ausgewählt von Daniel Kampa
und Winfried Stephan
Mit einem Nachwort von
Donald Prater

Ungeduld des Herzens
Roman

Schachnovelle

Kurt Tucholsky im Diogenes Verlag

Kurt Tucholsky, 1890 in Berlin geboren, arbeitete – obgleich promovierter Jurist – als Journalist und Schriftsteller. Er schrieb sowohl unter seinem eigenen Namen als auch unter verschiedenen Pseudonymen. 1929 emigrierte er nach Schweden. Nach der Machtergreifung bürgerten ihn die Nationalsozialisten 1933 aus, seine Bücher wurden öffentlich verbrannt. 1935 beging Tucholsky in Schweden Suizid.

»Kurt Tucholsky hat seinen Platz im Pantheon der deutschen Literatur des 20. Jahrhunderts.«
Marcel Reich-Ranicki

Die schönsten Gedichte
Ausgewählt von Daniel Kampa

Schloß Gripsholm
Eine Sommergeschichte
Auch als Diogenes E-Hörbuch erschienen,
gelesen von Heike Makatsch

Sehnsucht nach der Sehnsucht
Die schönsten Liebesgedichte
von Kurt Tucholsky
Ausgewählt von Daniel Keel
und Daniel Kampa

Das Tucholsky Lesebuch
Ausgewählt von Daniel Keel
und Winfried Stephan

Außerdem erschienen:

Rheinsberg
Ein Hörbuch für Verliebte
Diogenes Hörbuch, 1 CD, gelesen von Helene Grass

Arthur Schopenhauer im Diogenes Verlag

Der komplette Schopenhauer: Jeder Band bringt den integralen Text in der originalen Orthographie und Interpunktion Schopenhauers; Übersetzungen und seltene Fremdwörter sind in eckigen Klammern eingearbeitet; ein Glossar wissenschaftlicher Fachausdrücke ist als Anhang jeweils dem letzten Band der *Welt als Wille und Vorstellung*, der *Kleineren Schriften* und der *Parerga und Paralipomena* beigegeben. Die Textfassung geht auf die historisch-kritische Gesamtausgabe von Arthur Hübscher zurück; das editorische Material besorgte Angelika Hübscher.

Gesammelte Werke
10 Bände in Kassette
Alle Bände auch als Einzelausgaben erhältlich

Die Welt als Wille und Vorstellung I
in zwei Teilbänden

Die Welt als Wille und Vorstellung II
in zwei Teilbänden

Über die vierfache Wurzel des Satzes vom zureichenden Grunde / Über den Willen in der Natur
Kleinere Schriften I

Die beiden Grundprobleme der Ethik: Über die Freiheit des menschlichen Willens / Über die Grundlage der Moral
Kleinere Schriften II

Parerga und Paralipomena I
in zwei Teilbänden, wobei der zweite Teilband die ›Aphorismen zur Lebensweisheit‹ enthält

Parerga und Paralipomena II
in zwei Teilbänden

Außerdem erschienen:

Denken mit Arthur Schopenhauer
Vom Lauf der Zeit, dem wahren Wesen der Dinge, dem Pessimismus, dem Tod und der Lebenskunst
Herausgegeben und mit einem Nachwort von Otto A. Böhmer

Aphorismen zur Lebensweisheit
Mit einem Nachwort von Egon Friedell

Andrzej Szczypiorski im Diogenes Verlag

Andrzej Szczypiorski, geboren 1928 in Warschau, nahm 1944 am Aufstand dieser Stadt gegen die deutsche Besatzung teil und kam ins KZ. Nach dem Krieg betätigte er sich als Schriftsteller und Publizist. 1989 wurde er von Solidarnosc als Kandidat aufgestellt und in den polnischen Senat gewählt. Er erhielt den Österreichischen Staatspreis für Europäische Literatur und das Bundesverdienstkreuz der Bundesrepublik Deutschland. Andrzej Szczypiorski starb 2000 in Warschau.

»Ich beschreibe die totalitäre Herausforderung des zwanzigsten Jahrhunderts, weil das mein Leben, meine Erinnerung und meine Erfahrung ist.«
Andrzej Szczypiorski

»Andrzej Szczypiorski belegt, dass der Roman keineswegs tot ist, dass menschliche Schicksale im doppelten Sog der Geschichte und der Zeit noch immer, und zwar auf höchstem Niveau, in der Romanform darstellbar sind.« *Neue Zürcher Zeitung*

Die schöne Frau Seidenman
Roman. Aus dem Polnischen von
Klaus Staemmler

Außerdem erschienen:

Marta Kijowska
Andrzej Szczypiorski
Eine Biographie